Müchen, Florenz, Edinburgh, Tel Aviv. In »Aus Liebe zum Wahnsinn« erzählt Georg Cadeggianini von seiner achtköpfigen Familie. Vom Leben zwischen Umzugskartons und Erinnerungen, zwischen Wildschweinjagd mit dem blinden italienischen Onkel und Lachgas im Kreißsaal, zwischen Tumult und Leichtsinn, Zukunftsplänen und Fingernägelschneiden – 70 Stück pro Woche.

Je komplizierter, je verrückter, desto besser.

Georg Cadeggianini, geboren 1977, ist Brigitte-Kolumnist und Redakteur im Ressort Zeitgeschehen. Er schreibt unter anderem für »Stern«, »Süddeutsche Zeitung«, »Nido«, »Zeit Campus«, »Chrismon«. Er arbeitet in Hamburg und lebt in München.

Weitere Informationen, auch zur E-Book-Ausgabe, finden Sie bei www.fischerverlage.de

GEORG CADEGGIANINI

AUS LIEBE ZUM WAHNSINN

MIT SECHS KINDERN IN DIE WELT

FISCHER
TASCHENBUCH
VERLAG

2. Auflage: April 2012

Veröffentlicht im Fischer Taschenbuch Verlag,
einem Unternehmen der S. Fischer Verlag GmbH,
Frankfurt am Main, April 2012

© S. Fischer Verlag GmbH, Frankfurt am Main 2012
Satz: pagina GmbH, Tübingen
Druck und Bindung: CPI – Clausen & Bosse, Leck
Printed in Germany
ISBN 978-3-596-18867-3

Aus Liebe zum Wahnsinn

1 Frau
1 Mann
6 Kinder
1 Überraschungsgast
1 Abend
in Haidhausen, München

wo die Salami überm Ehebett hängt, Eltern zu Toreros werden und Entenform-Eiswürfel im Gin schwimmen. Und warum wir bei alledem nur mit einer Strategie weiterkommen:
Complicate Your Life

Zu CYL kam ich wie der heilige Joseph zum Kind: weitgehend unbeteiligt, en passant – durch Reden. Sagen wir: Ich kannte die richtigen Leute. CYL ist Sinn und Speed in einem. CYL ist das Wichtigste, was ein Mensch lernen kann: Complicate Your Life. Wer sich für den CYL-Weg entscheidet, ist schon fast da: im Glück.

Es könnte alles so einfach sein, dachte ich früher. Entschleunigen, Runterfahren, ein Leben in Basics. Was braucht man denn schon wirklich? Simplifying, den Alltag entschlacken, immer mal wieder ein paar Schlucke Yogi-Tee, nicht zu heiß. Einfach mal richtig entspannen.

Ein Irrweg.

Es war jener Abend mit Simon, an dem ich die Kraft von CYL in meinem Leben erkannte.

Wer die Idee mit der selbstgemachten Pasta hatte, ist im Nachhinein nicht mehr rekonstruierbar. Wahrscheinlich ich. Sicher sind nur zwei Dinge. Erstens: Die Idee passte ganz wunderbar zu diesem Abend. Zweitens: Sie war Mist.

Da waren:

6 bettreif-unwirsche Kinder,

1 Frau im Mantel,

1 Mann ohne Nerven,

3 Dutzend Murmeln,

1 Glas Waldhonig (750 Gramm), das aus Brusthöhe der Schwerkraft überlassen wurde,

35,8 Kilo Lego und

1 Überraschungsgast.

Ja, und hinzukamen dann noch 5 Eier, Salz, 500 Gramm Mehl, um ebenjene vermaledeite, geknetete, gewalzte, geschnittene Hausmacherpasta zu machen.

Aber vielleicht beginnt man so einen Abend am besten unten. Beginnen wir also mit dem Kleinsten. Beginnen wir mit Jim.

Jim, 1, stapft in die Küche, die Windel hängt tief, in der Hand eine Blechdose mit Murmeln.

»Ech. Mörmeln.« Jim sagt »Ech« statt »Ich«, »Mörmeln« statt »Murmeln«, und wenn es etwas zu verteilen gibt, dann meldet er sich stets beidhändig.

Camilla, 7, jagt Lorenzo, 6, durch den Raum, rempelt Jim an. Er wankt, fliegt ein wenig gegen den Kühlschrank. Die Murmeln scheppern in der Blechdose. Das ist laut. Jim lacht.

Er ist Sechstgeborener – mit allem was dazugehört. Das sind neben fünf größeren Geschwistern vor allem zwei Eigenschaften: Standfestigkeit und eine Art Lückenintuition.

Ein Sechstgeborener probiert nicht einfach mal eben so das große Ding mit dem Laufen aus. Wenn Jim sich hinstellt, dann breitbeinig, so als ob er normalerweise auf einem Pferd durchs Leben reiten würde, das ihm aber aus unerklärlichen Gründen abhandengekommen ist, was er jedoch – wie man aus seiner Beinstellung schließen muss – noch gar nicht bemerkt hat. Und falls Jim trotzdem mal hinknallt, dann auch nicht einfach so – mit Karacho auf den Hinterkopf, lang, langes Luftholen, Platzwunde, Krankenhaus –, nein, sondern tapfer und falltechnisch ausgebufft. Jim findet immer noch irgendeinen Halt, einen Kühlschrankgriff, ein Telefonkabel, ein Geschwister, irgendwas, um die Wucht abzubremsen. Ihm genügen Millisekunden, um den Arm noch zur Seite zu nehmen, sich im Fallen einzudrehen und dann abzurollen. Das tut natürlich trotzdem weh. Man sieht das. Und wenn es sehr weh tut, dann schreit Jim auch. Aber dann eben verdichtet: also kürzer und dafür lauter. Als er sich neulich seinen linken Ringfingernagel bis kurz vors Nagelbett eingeschnitten hat, haben wir das weder mitbekommen, noch uns im Nachhinein erklären können. Den Blutspuren folgend haben wir den kleinen Mann gefunden: aufrecht, tonlos, staunend.

Neben der Standfestigkeit ist es zweitens eben auch die Lückenintuition, die unseren Jüngsten auszeichnet. Jim ist Nischenmeister.

Als er auf die Welt kam, waren Leben und Wohnung

der Eltern bereits voll. Drei Zimmer, acht Leute – das wird eng, dachte er sich wohl und schulte von Anfang an jenen Instinkt zur Lücke, mit dem er sich bis heute, etwa beim Buchvorlesen, so lang aalt, bis er auf einem Premiumplatz sitzt.

Ein normaler Würfel hat sechs Seiten, ein normaler Vorleser drei: links, rechts und Schoß. Nur wer einen dieser drei Plätze ergattert, dem ist der freie Blick ins Bilderbuch gewiss. Nischenmeister Jim hat nun – sehr zu meinem Leidwesen – einen vierten Platz aufgetan: auf dem Kopf des Vorlesers. Jim ist der, der sich bei der Polonaise einfach vorne randrückt, während andere noch auf das Schlangenende warten. Und beim abendlichen Akkordzähneputzen ist er es, der es immer schafft, sich bereits vor Ablauf der Minimalzeit wieder aus dem Bad zu winden. Sollen doch die anderen Zähne putzen.

Die anderen: Da gibt es die ehrgeizig-sportlich Pflichtbewusste (Gianna, die Älteste) und die kreativ-konfliktscheu Intuitive (Elena, die Zweite), die ruppig-laut Herzensnahbare (Camilla, die Dritte), den launisch-leidenschaftlich Cholerischen (Lorenzo, der Vierte) und den bedächtig Überlegten, ewig verschnupft (Gionatan, der Fünfte). Alle Rollen, die irgendwie das rare Gut elterlicher Aufmerksamkeit generieren können, schienen bei Jims Geburt also bereits vergeben. Unsere fünf Kinder hatten sich – wie Fahrgäste im Zugabteil – gleichmäßig verteilt, in Charakterecken zurückgezogen, Raum für sich gefunden. Alles voll. Es gab nur eine Sache, mit der Jim, der Letztgeborene, wirklich punkten konnte: mit chronisch guter Laune.

Und da lehnt Jim nun am Kühlschrank, lacht und schüttelt die Dose: »Mörmeln.« Aufmerksamkeit, für ein paar Momente zumindest, bevor wieder das familiäre Hintergrundrauschen Oberhand gewinnt.

Gianna, 11, will, dass ich ihren Zauberwürfel verdrehe. Ich, 33, stecke mit den Händen im Teig.

»Gianna, schütt' mir mal noch etwas Mehl rein, bitte.« Gionatan, 3, will wissen, wer das Schneeräumgerät erfunden hat, mit dem er mir gerade gegen die Füße fährt. Meine Frau Viola, 34, kommt in die Küche. Im Mantel. – Im Mantel?

Jetzt hat Camilla Lorenzo erwischt. Handgemenge. Ich brülle ein wenig. Viel Mehl landet auf dem Boden, vor dem Schneeräumgerät. Elena, 9, geht dazwischen. Halbherzig. – Warum hat Viola eigentlich diesen verdammten Mantel an? – Sie brauche höchstens vier Minuten, sagt Gianna. In vier Minuten bekomme sie den Würfel aus jeder Position wieder in die Ausgangslage. – Natürlich habe sie das in unseren Onlinekalender eingetragen, meint Viola. Kino mit Freundin, Donnerstagabend.

Der Nudelteig muss jetzt ruhen, mindestens eine halbe Stunde – eigentlich.

Dann löst sich der Blechdosendeckel. Etwa drei Dutzend Murmeln klacken, springen, lärmen über die Fliesen, ziehen Spuren im Mehl. Jim reißt beide Arme hoch und lacht.

»Mörmeln«, sagt er.

»Ich verwürg dich!«, schreit Lorenzo und rennt hinter Camilla her.

»Da. Jetzt verdreh halt endlich!«, fordert Gianna.

»Also, tschüs dann«, sagt Viola und geht.

Wer Nudeln selber macht, braucht Kraft, Geduld und Platz. Kraft, weil der Teig trocken, fast spröde sein muss. Geduld, weil er x-mal durch die Walzen muss. Platz, weil aus einem faustgroßen Klumpen ein eineinhalb Meter langes Band wird, das man erst mal zwischenlagern muss. Und ja, ich verstehe, warum es Fertignudeln gibt. Ich kenne auch Geschäfte, in denen man Fertignudeln kaufen kann. Mache ich auch. Habe ich auch. Nudeln sind im Schrank. Kiloweise. Aber diesmal, da soll es eben was Besonderes sein.

Lorenzo und Camilla, soeben frisch versöhnt, kommen in die Küche, als ich gerade die »Imperia« vom Schrank wuchte, die tonnenschwere Nudelmaschine, so alt wie meine Frau, eine Dauer-Leihgabe meiner italienischen Schwiegereltern.

»Wir helfen dir«, sagen Lorenzo und Camilla.

Mit Kinderhilfe ist das so eine Sache. Wenn es sich nicht gerade um Cocktail-Mixen oder Horrorvideos-Sortieren geht, ist es absolut verpönt, sie auszuschlagen. Ich sehe Kinderhilfe als extrem harte Schule der Teamfähigkeit. Kinderhilfe bedeutet: Du befindest dich in einem Team, in dem dein Partner ständig das genaue Gegenteil von dem macht, was du willst, du ihn dafür auch noch loben sollst und am Ende du derjenige bist, der alles aufräumen muss. Und zwar allein. Dabei erhöht jedes mithelfende Kind das Endchaos exponentiell. Das bleibt so, bis die Kinder aus dem Besteckkastenalter raus sind. Bis dahin können Kinder nicht sinnvoll im Haushalt mithelfen. Außer bei zwei Dingen: Daumen auf den Geschenkbandknoten drücken und eben Ausräumen des Spülmaschinenbesteckkastens.

Ist ja auch nicht schlimm.
Müssen sie ja auch nicht.
Wollen sie aber.

»Ich darf kurbeln«, bestimmt Camilla, schiebt schnell einen Stuhl an die Arbeitsfläche und greift sich die Nudelkurbel. Damit hat sie alle Produktionsmittel in der Hand. Lorenzo, 18 Monate jünger, beginnt umgehend mit lauten »Unfair!«-Rufen. Aus Erfahrung weiß ich, dass »unfair« nur die erste Stufe ist. Die zweite lautet: »Dann zerreiß ich dir die Pasta / gebe dir nie mehr was von meinen Süßigkeiten / bin ich nie wieder dein Freund / verhaue dich.« Und die dritte Stufe ist dann – und zwar unabhängig davon, wie die zweite lautete: Hauen.

Ich befriede ein wenig, da ich keine Zeit für Streit habe: »Du darfst auch kurbeln.« Natürlich werde abgewechselt, aber einer müsse sich auch der schwierigen und delikaten Aufgabe des Pasta-Entgegennehmens widmen.

»Lorenzo, ich glaube, dafür bist du zu klein.« Große Egos muss man bei ihrem Ego packen.

Camilla kurbelt und kurbelt, treibt Teigbrocken durch zwei Stahlwalzen, legt sie dann einmal zusammen, und wieder von vorne. Und noch mal. Und noch mal. Das Ganze in sechs verschiedenen Stufen, immer feiner.

Sie schnauft. Beim Abnehmen passieren Ungenauigkeiten, die sich Lorenzo und Camilla gegenseitig vorwerfen. Manchmal verwechselt Camilla die Kurbelrichtung, dann saugt es den Teig zurück und er bekommt Löcher.

»Soll ich mal?«, frage ich. Camilla schüttelt den Kopf: »Ich bin der Kurbler«, zischt sie mit zusammengebissenen Zähnen.

Camilla hat eine heisere Stimme, eigentlich immer. So wie Gianna Nannini, nur mit weniger Publikum. Unsere Kinderärztin meinte, das seien »Schreiknötchen«, Folgen einer Überbeanspruchung der Stimme. Camilla sollte eine Zeitlang ruhig sein, die Stimme schonen, nur ein paar Tage lang. Ich schwieg und starrte. Mitten ins Gesicht der Ärztin. Wahrscheinlich gibt es wenig, was diesen ungläubigen Blick beschreiben könnte. Ungläubig, das war er auf jeden Fall. Wie Josef, als er im Stall zu Bethlehem vor gut 2000 Jahren – die Hirten waren endlich gegangen, sogar die Engel waren still – jäh aus dem Schlaf gerissen wurde.

»Guten Abend, israelisches Jugendamt. Entschuldigen Sie bitte die Störung.« Man hört Strohraschelns, Josef erhebt sich.

Jugendamt: »Ist das Ihr Kind?«

Maria: »Ja«

Josef: »Äh...«

»Sie brauchen nichts zu sagen, wir sind gut informiert – der israelische Geheimdienst. Sie wissen schon...« Jugendamt räuspert sich. »Nur eine Frage, Herr Josef: Fechten Sie die Vaterschaft an?«

Es war dieser ungläubige Gesichtsausdruck des Josef, der mal eben die Unterhaltszahlungen für Gottes Sohn im Kopf durchrechnete, der nun meine Mimik im Behandlungszimmer der Kinderärztin beherrschte.

Eine Zeitlang ruhig sein? Die Stimme schonen? Nur ein paar Tage lang? Camilla? Ganz große, ungläubige Josefverwirrung. Dann meinte die Ärztin: »Wir können auch auf den Stimmbruch warten, dann gibt sich das normalerweise.«

Als Camilla noch Zöpfe trug, im Kindergarten, wollte sie eine Zeitlang immer exakt ein und dasselbe Kleid anhaben, nur dieses eine, roter Samt, rosa Tüll mit silbernen Punkten, Riesenschleife. Das Kleid musste nachts gewaschen und trockengeföhnt werden. Sie ist unsere dritte Tochter, die beiden älteren waren sehr pflegeleicht. Wir hatten Zeit, wir machten den Quatsch mit.

Camilla änderte sich radikal, als Haudegen Lorenzo in den Kindergarten kam. Plötzlich ging sie in den Fußballverein, wollte nur noch Hosen anziehen, und als ihr Violas italienische Tante, Inhaberin eines Friseursalons, zum sechsten Geburtstag einen kompletten Salonbesuch schenkte – »Hier, schau mal in die Magazine. Ich mach dir jede Frisur, was immer du willst. Paintings, Foliensträhnchen, Extensions?« –, da überlegte Camilla kurz und sagte dann mit ihrer Gianna-Nannini-Stimme: »Ich will die Haare so wie Lorenzo.«

Bis heute hat Camilla zwar keine Lieblingsfarbe, aber eine Hassfarbe: Rosa. Jetzt ist sie sieben, sie geht klettern statt Fußballspielen, trägt weiterhin Hosen, die Schreiknötchen sind geblieben, sie krempelt gern ihr T-Shirt hoch: »Schau mal, meine Muscoli.«

In der Küche steht sie immer noch auf dem Stuhl, verklebt mit Nudelteigresten, der Kurbelchef, und weist fachmännisch Lorenzo ein: »Immer so rum.« – »Immer gleich schnell.« – »Das braucht richtig viel Kraft.« Noch ist kein einziger Klumpen durch Stufe sechs gegangen, kein einziger Klumpen auf Nudeldicke gewalzt.

»Mehr muscoli!«, stachelt Camilla.

Ich drücke mich dazu, drängle, drehe, bringe das erste Nudelband schließlich zum Abschluss. Wie das Goldene

Vlies wird es von Lorenzo und Camilla ins Wohnzimmer getragen.

»Wohin?«, brüllt Camilla. Ich schiebe schnell zwei Tripp Trapps, die bunten Mitwachsstühle, auf gleiche Höhe. Das Pastaband baumelt über den Lehnen, quer durchs Wohnzimmer.

Ich rechne hoch, wie lang wir in diesem Tempo wohl brauchen, mache mir erste Sorgen über den Ablauf des Abends, pfusche bei der zweiten Teigportion immer wieder dazwischen – mit Erfolg: Lorenzo verliert die Lust am Nudelnmachen. Das ist unfair, denke ich mir, aber auch verdammt praktisch. Vor mir noch sieben weitere Teigklumpen.

Wir wohnen in München, auf 93 Quadratmetern. Noch sind die Kinder klein, die Betten zweistöckig, ihre Pullis kann man auf DIN A 5 falten, das Bad wird nicht abgesperrt, ihre Schuhe passen ins ausrangierte CD-Regal. Aber lang wird das nicht mehr gutgehen. So wie es jetzt schon manchmal nicht mehr gutgeht. Anzeichen sind Lorenzos geschleuderte Salamibrote, Sätze wie »Ich will aus der Welt springen« oder »Ich wandere aus«. Dann Wohnungstürschlagen. Und einmal ist Lorenzo dabei sogar durch eine bodentiefe Duplex-Thermofensterscheibe gekracht, im dritten Stock, mit dem Po voraus. Zum Glück haben wir einen Balkon.

Unsere Strategie bei der Mangelverwaltung: Wir bündeln Wohnabsichten. Also kein Gießkannenprinzip (gleichmäßige Verteilung der Kinder: immer zwei Betten in ein Zimmer, schaut, wer sich am besten miteinander verträgt; pro Raum einen Arbeitsplatz für jedes Schulkind; Spielecken nach Alter und Interessen). Lieber in Themen wohnen: Lieber nur zwei Schlafzimmer à drei Kinder und dafür noch ein extra Spielzimmer. Lieber enge Schreibtischplätze wie auf der Hühnerstange, als im großzügigen Wohnzimmer noch eine Arbeitsecke aufmachen. Wir, die Eltern, schlafen ohnehin schon seit Jahren in der Küche.

Bei all dem Bündeln und Themengewohne fällt natürlich immer wieder was hinten runter. So ist zum Beispiel die Liegesituation für den Erziehungsberechtigten, der im Krisenfall (Albtraum, Backenzähne, Unwille) bei den Kindern schlafen muss, sehr, sehr lausig. Früher stand da, wo jetzt kein Platz mehr ist, noch eine Schlafcouch, aber die haben die Kinder ohnehin durchgehüpft. Der Schreibtischplatz von Camilla hat wenig, eigentlich gar kein natürliches Licht. Und nein, für acht teenagerlange Pastabänder haben wir weder einen Extraraum noch einen Hängeturm. Aber Tripp Tapps – davon haben wir genug.

Themenwohnungen haben sich in ihrer Radikalität noch nicht durchgesetzt. In München zum Beispiel bekommt man geförderte Familienwohnungen nur, wenn man nicht mehr als zwei Kinder für ein Zimmer einplant. Und selbst diese Kleinbündelung ist nur erlaubt, wenn die Kinder gleichgeschlechtlich sind. Der Hausmeister versteht unser Winterkonzept nicht: Natürlich passen Schlitten, Doppelkinderwagen, acht Paar Winterstiefel vor die Wohnungstür. Und als Viola bei einem Einrichtungshaus nach dreistöckigen Kinderbetten fragt (»aber nicht höher als 2,50«, schließlich wohnen wir nicht im schicken Altbau), wird sie ins Materiallager der Bundeswehr geschickt.

Oder beim letzten Kindergeburtstag, ganz zum Schluss: Die Eltern standen schon in unserer Schlafküche, hielten immer mal wieder toreroartig kleine Anoraks in die Luft, bereit, ihre aufgeheizt überzuckerten Kinder einzufangen. Ich berechnete währenddessen die Ausmaße der Hölle: Bis alle meine Kinder 13 Jahre alt sind, werde ich 78 eigene Kindergeburtstage ausgerichtet haben (13 x 6). Wird zusätzlich jedes Kind pro Jahr zu – sagen wir mal – fünf Geburtstagsfeiern eingeladen, macht das noch mal 390 Fremdgeburtstage on top (13 x 6 x 5): 390 Kindergeschenke besorgen, 390-mal hinbringen und abholen, 390-mal Eltern, die den ganz besonderen Tag aus dem Hut zaubern wollen, 390-mal das ganze Mittelpunktgestehe eines kleinen, überforderten Menschen. 390-mal werde ich mich über Süßigkeitentüten ärgern, die zu Hause wieder nur für Streit sorgen. Der ganze Mist eben.

»Am besten angekommen ist die Teebeutelrakete«, prahlte ich ein wenig in Richtung Torero-Eltern: Zündschnur, Schwarzpulver, Raketenkorpus – in jedem kleinen Teebeutel schlummert eine große Raketengeschichte.

»Und sie ist bis zur Decke hochgestiegen«, erzählte ich weiter und stellte meinen Fuß auf einen der Tripp Trapps, dort wo jetzt Pastabänder liegen. Es wurde höflich nachgefragt. Ich antwortete.

»Dann Löffelgrapschen und vergiftete Smarties.« Anschließend wurde über die mal dicker, mal dünner werdende Kindergärtnerin gesprochen und über die ewige Baustelle im Außenbereich. Im nächsten Gesprächsloch folgte ich dem irritierten Blick eines Vaters an die Decke unserer Küche: Die Salami. Sie war eben einfach noch etwas zu weich, sollte aushärten – nur zwei, drei Tage lang –, und dieser Haken dort oben, an dem früher einmal eine Lampe für den Küchentisch gehangen hatte, war der einzige Ort, der vor Jim sicher war und an den trotzdem genug Luft kam. Und nun hing sie da eben – zentral über unserem Ehebett und ausgerechnet zum Kindergeburtstag – eine armdicke Salami.

»Also,… das…, das mit der Salami…«, stotterte ich drauflos, »das ist so eine Tradition aus einem kleinen Dorf in Süditalien. Dort, wo der Vater meines Schwiegervaters geboren wurde. Wie das alles angefangen hat, weiß heute niemand mehr. Aber die machen das da alle so, sagt zumindest mein Schwiegervater.«

»Wie – die machen das da alle so?«, fragte ein Torero-Vater. »Warum?«

»In dem Dorf gibt es dafür eine eigene Redewendung«, antwortete ich: »Sdraiarsi sotto il salame.« – »Sich unter der Salami räkeln.« Ich machte eine kurze Pause. Alle schauten zur Decke. »Sdraiarsi sotto il salame« sei dort zur Chiffre für ein erfülltes Liebesleben geworden, erklärte ich. »Normalerweise besorgt der Trauzeuge die Salami. Und die wird dann mit großem Gestus und Augenzwinkern dem Paar übergeben.« Ich starrte Richtung Salami, nickte ihr zu. »Ich wusste das ja auch alles nicht: Aber mein Schwiegervater war neulich wieder dort. Als er zurückkam, legte er eine Hand um meine Schulter, die andere auf die mitgebrachte Wurst. ›Sie muss vom Esel sein‹, begann er und erklärte mir die ganze Geschichte.«

Dass ich mit dieser kleinen, wild zusammenfabulierten Anekdote die Torero-Eltern falsch angefasst hatte, merkte ich daran, dass sie nach einer kurzen Anstandspause gleichermaßen hilf- wie nahtlos erst auf die dicke Kindergärtnerin zurückschwenkten und sich dann abrupt verabschiedeten. Kollateralschaden einer Schlafküche eben.

Als das Telefon klingelt, drapiere ich gerade den letzten Nudellappen über einen Tripp Trapp. Bis dahin war eigentlich alles ganz gut gelaufen. Lorenzo und Camilla waren im Spielzimmer verschwunden, alles ruhig. Das Wohnzimmer hat jetzt etwas von einem Meditationsraum. Wie Stoffbahnen oder Gebetstücher hängen und liegen überall Pastabänder. Es sieht friedlich aus.
Es täuscht.
Natürlich kann immer alles passieren: Die Kaffeetasse kann einem aus der Hand fallen oder eines der Kinder aus dem Stockbett. Eine Spülmaschine hält nicht ewig, eine Ehe wahrscheinlich auch nicht. Und wer sagt mir, dass ich morgen noch weiß, wo ich den Hauptwasserhahn abdrehen kann? Just in case.
Unser Leben ist fragil, unter Beschuss, voller Fallhöhen. Recht so. Ich finde das nicht nur okay, eigentlich mag ich das. Wenn man was groß haben will, geht es halt auch ordentlich runter. Ein bisschen Höhenangst gehört da einfach dazu.
Ach so, Telefon.

»Simon, du? Mensch. Natürlich erinnere ich mich. Und?«
Grundschulbanknachbar, heute Industriedesigner, CEO, Single, eigentlich in Tokio daheim, seit 15 Jahren no meet no greet, nur heute in der Stadt, Nummer über Facebook.
Ob wir einen trinken gehen?
»Ich kann hier ganz schlecht weg.«

»Dann bei dir. In zwanzig Minuten? Vielleicht kochen wir irgendwas?«

So. Ich schaue auf die Uhr: Viertel vor sieben.

Ich schaue ins Mädchenzimmer: überall Papierschnipsel, Kartonagen, dazu ein Hörbuch, Eoin Colfer: »Tim und der schrecklichste Bruder der Welt«, laut.

»Tür zu! Wir basteln eine Mörmelbahn für Jim zum Geburtstag.«

Ich schaue ins Spielzimmer: Das gesamte Lego ist zu einem Berg zusammengeschüttet. Lorenzo und Camilla tanzen.

Ich schaue ins Bad: Gionatan und Jim spielen. Mit einer Tube Zahnpasta, einer Lego-Duplo-Platte und viel Wasser.

Ich atme einmal tief aus, brülle ein wenig vor mich hin, resümiere. Selbst wenn es mir gelänge, dem Chaos hier mit Hilfe von Strenge und Industriestaubsauger ein paar Inseln der Ordnung abzutrotzen, selbst dann – wer zur Hölle könnte diese halten, jetzt, in der Hauptverkehrszeit der Familie?

Ich trommle die Kinder zusammen, Krisenstab. Ich versuche es mit Appellen an die Menschlichkeit. Bitte um Anstand, Aufräumen. Ohne Erfolg.

Strategiewechsel.

»Simon kommt gleich«, sage ich. »Mit dem habe ich früher ganz viel Blödsinn gemacht. Wir haben Hagebutten aufgeschnitten, daraus Juckpulver gemacht und blöden Mitschülern in den Kragen gestopft. Einmal hat sich Simon dabei sogar den Arm gebrochen und bekam einen Gips. Und wir hatten eine befreundete Spinne, einen Weberknecht, den wir im Schulwald festgebunden haben.«

Und auf einmal leuchten Augen, Nachfragen kommen.

»Wie ist der Arm kaputtgegangen?«
»Was ist ein *Leberknecht*?«
»Wo gibt's hier Hagebutten?«
Und jeder bekommt eine Aufgabe, besteckkastenklein. Dann ist zumindest der Esstisch abgeräumt und das Bad benutzbar. Als ich Jim gerade in seinen Pyjama bugsiere, läutet es an der Tür.

»Mensch. Simon.« Umarmen. Schulterklopfen.

»Georg! Als ich dich das letzte Mal gesehen habe, bist du barfuß mit rotgefärbten Haaren durch die Straßen gelaufen. Und du hattest Schlafanzughosen an.«

Camilla hat unterdessen Teigreste aus der Imperia gefriemelt, sie zu Kugeln geformt, und wirft sie nun in Richtung Lorenzo, der tänzelnd wie ein Boxer ausweicht.

»Wolltest du später nicht mal eine linke Terrorgruppe gründen? Wie wolltet ihr sie nennen? ›Bürguerilla‹, richtig?«

Ich grinse, nicke. Jim liest einzelne Teigkugeln auf, steckt sie sich in den Mund, Camilla scheucht ihn weg. Von hinten brüllt irgendwer. Terrorgruppe, denke ich, zumindest daran habe ich festgehalten.

»Und?«

»Doch. Mir geht's gut.« Camilla sammelt weitere Kugeln, Lorenzo sucht schon mal Deckung. »Alle Kinder gesund. Und du?«

Er nickt. Im Hintergrund wird es jetzt sehr laut. Als wir ins Wohnzimmer kommen, rupft sich Jim gerade einzelne Stücke aus einer Pastabahn und packt Murmeln hinein: Tortelloni alla biglia, Mörmeltortelloni. Gionatan zerrt einen anderen Streifen vom Tripp Trapp. »Mein

Stuhl«, sagt er. Am Ende werden es fast zu wenig Nudeln sein, so viele landen daneben, auf dem Teppich, in der Murmelbox.

Es wäre falsch zu behaupten, dass Gionatan öfter als andere hinfällt, sich öfter den Kopf stößt oder ihm öfter etwas aus der Hand rutscht.

Ihm passiert das *dauernd*. Obendrein ist er jemand, der sich dabei richtig weh tut. Jedes Kind fällt mal vom Stuhl, brüllt vielleicht ein bisschen, setzt sich wieder hin und isst weiter. Wenn Gionatan fällt, dann blutet er. Und zwar so, dass wir uns fragen, ob das genäht werden muss.

Die letzte Platzwunde mussten wir dreimal kleben lassen. Das erste Mal ist er die Treppe heruntergefallen (19 Stufen, aus Stein, Loch im Kopf, Krankenwagen, Haut-Sekundenkleber Cyanacrylat.) Drei Tage später rannte er mit der Stirn gegen einen Pfahl (dieselbe Wunde, wieder Krankenhaus). Und dann – der Sekundenkleber war gerade trocken – rumpelte er mit Camilla zusammen (wieder Blut, wieder dieselbe Wunde, wieder Krankenhaus).

Deswegen bin ich fast erleichtert, als Gionatan das Vorratsglas Waldhonig runterschmeißt und dabei unverletzt bleibt. Sicher, er tritt dann noch in das Glassplitter-Honig-Gemisch. Und sicher: Die Filzpantoffeln waren fast neu, hätten nächstes Jahr Jim gepasst. Aber die Hauptnachricht lautet schließlich: Gionatan blutet nicht!

Die Kinder beschlagnahmen Simon. Jim kommt mit seiner Parkgarage und einer Handvoll Murmeln. Gianna fragt: »Fanden die anderen das nicht gemein mit dem

Juckpulver?« – Lorenzo: »Wo ist der Leberknecht jetzt?« Die Kinder reden alle gleichzeitig. Zusammenhangslos, durcheinander. Streiten ein wenig. Hüpfen auf dem Sofa rum. Dazwischen Simon: Angekommen auf dem Planet der Affen. Belustigt? Angestrengt? Überfahren? Simon schaut noch einmal zu mir.

»Die Nudeln...«, sage ich und verschwinde in der Küche. Später sagt Simon, er habe eigentlich gar nichts verstanden. »Die ganze Zeit nicht. Das war ein Getöse. Ich konnte nichts mehr unterscheiden.« Nicht, was Geschichte, was Beschwerde war. Nicht, was harmlos, was gefährlich war – oder wann es Zeit gewesen wäre, irgendwo einzugreifen. »Es war wie ein Platzregen.«

Und dann kommt Lorenzo auch noch mit seiner Schatztruhe, ein Geburtstagsgeschenk seiner Taufpatin. Eine braune Holztruhe, innen rot, mit Vorhängeschloss. Ein Viertel Kubikmeter Lorenzo-Exklusiv-Reich. Er holt seinen Schlüssel, zeigt die Schätze: ein Lego-Polizeiauto, unvermischt, original. Ein fernsteuerbarer Helikopter. Ein Zungentattoo. Sein Lieblingstrikot. Vor allem aber: halb aufgegessene Süßigkeitentütchen von Geburtstagsfesten. Alles unter Verschluss, gesichert vor den anderen.

Und dann gibt es da ja auch noch die Sachen, die er für seine Geschwister in Gewahrsam genommen hat. Die Taschenlampe und einen abgerissenen Reißverschluss-Zip für Camilla. Den Arztkoffer für Gionatan. Und für mich hat er Jims Holzhammer in Obhut genommen.

Er habe noch nie so gute Nudeln gegessen, sagt Simon nach dem ersten Bissen.

»Die habe ich gemacht«, sagt Camilla. »Ich bin der Kurbelchef.«

Mehr Parmesan wird verlangt. Es kommt zu ein paar Momenten gefräßiger Stille.

»Ich war eine der drei Besten beim Englischtest«, erzählt Gianna. Ich brumme.

Giannas Ehrgeiz nimmt manchmal absurde Züge an. Zum Beispiel morgens, wenn sie ihre Zahnspange möglichst lang drin behält oder mittags, wenn sie mit kloßiger Stimme erzählt, wie sie bei der Schulfahrradprüfung auf den zweiten Rang abgedrängt wurde, obwohl sie doch... Oder abends, wenn sie unbedingt wieder ihren Zauberwürfel in Ausgangsposition drehen muss. Und natürlich die der Geschwister auch noch.

Gianna ließ nicht locker und sah sich Nachmittage lang verwackelte Youtube-Filmchen an, in denen irgendwelche Nerds auf Englisch Drehregeln erklären, bis sie den Würfel aus jeder Position wieder farbenrein bekam. In weniger als vier Minuten.

Ich habe mir vorgenommen, Superlative zu ignorieren, sie unkommentiert zu lassen. Ehrgeiz ist zwar toll, weil er unsere Talente ernst nimmt, weil er Ziele setzt, überhaupt irgendwas will. Ehrgeiz kann aber gerade für Kinderseelen tragisch sein, die Steilvorlage für Enttäuschungen.

Etwa beim Judo. Gianna, Elena, Camilla und Lorenzo sind alle im Judoverein. Das liegt weniger daran, dass Judo der neue Trendsport und die vier vom Fieber gepackt wären oder missionarische Schwarzgürtel-Eltern hätten, sondern einfach daran, dass eines der Kinder damit mal angefangen hatte, keine ampellose Straße zwischen unserem Zuhause und der Judohalle liegt und es sich ganz gut in den Stundenplan integrieren ließ. Als Camilla mit Fechten anfangen wollte, sagte ich: »Geh doch mal zum Judo mit.« Lorenzo meinte, er wolle Boxen lernen, aber so richtig. Ich sagte: »Judo.« Und als Elena mit Yoga kam, da meinte ich: »Yoga, warte, Yoga, das hört sich so ein bisschen an wie…«

Individualismus ist doch immer begrenzt, bei uns vielleicht noch ein bisschen mehr als bei anderen. Es ist dasselbe Prinzip wie bei der Themenwohnung, nur übertragen auf das Nachmittagsprogramm.

Aber zurück zum Ehrgeiz.

Beim letzten Judo-Nikolaus-Turnier kämpften Gianna und Elena in derselben Gewichtsklasse. Als einzige Mädchen. Gianna gewann jeden Kampf, nicht mit links, sondern mit Hartnäckigkeit. Elena keinen einzigen, dafür jedes Mal knapp und elegant.

Dann kam es zum Schwesternduell.

Es war spannend, sie schoben sich über die Matten, keine bekam die andere richtig zu fassen. Auf einmal flüsterte Viola: »Ich habe Gianna gesagt, sie soll Elena gewinnen lassen. Aber unauffällig.« Ich schaute entrüstet: »Das geht doch nicht. Das macht sie kaputt.« Aber Gianna lag bereits über Elenas Schulter: Ein Ippon-Seoi-Nage. Es machte Wumms, und Gianna knallte auf die Matte.

Am Ende stand Gianna auf dem Treppchen: Silbermedaille. Sie schaute tapfer, kämpfte mit dem Frust. Sie, die bisher jeden Kampf gewonnen hatte. Natürlich hätte sie auch Elena besiegt. Und klar: Das ist unfair.

Dann wurden Sonderpreise verteilt, keine Medaillen mehr, sondern riesige Pokale. Für den jüngsten Judoka etwa oder den kürzesten Kampf. Und dann gab es noch einen für die beste Technik. Für einen mutigen und hervorragenden Ippon-Seoi-Nage wurde ausgerufen: Elena

Cadeggianini. Das war der Moment, als Gianna die Gesichtszüge entglitten.

Selbst wenn Elena aufgefallen wäre, dass Gianna sie absichtlich hatte gewinnen lassen und sie also nur wegen Giannas Großmut den Ippon-Seoi-Nage gepackt und den Pokal bekommen hatte: Elena vergisst so was umgehend wieder. Nicht aus bösem Willen, sondern aus einer Art automatischem Selbstschutz. Sie scheint eine besonders dicke Haut gegen jegliche Unbill des Lebens zu haben: Was sie angreift, geht sie nichts an. Elena steuert ihre Wahrnehmung mit großer Intuition im Dienste des eigenen Seelenheils. Das hat was von Realitätsverweigerung, könnte man pathologisieren. Neidhammelei, sage ich. Denn natürlich lebt jeder von uns in seiner eigenen Truman-Show, ob wir dabei glücklich sind oder nicht, ist dem Produzenten herzlich egal.

Simon dreht seine Gabel in den Nudeln. Die Kinder fordern Nachschub, vor allem mehr Parmesan. Es ist laut. Gionatan isst wie immer: mit dem größten Eifer und der geringsten Trefferquote. Immer mal wieder fällt ein Glas um. Immerhin gibt es heute keinen Frischkäse, den Jim an die Fensterscheibe schmieren könnte. Es wird gelacht, geringfügig gebrüllt. Es gibt Geschrei, als ich die Nachspeisenforderung verneine. Es gibt Geschrei, als ich Lorenzo an seinen Abräumdienst erinnere. Zur Ruhe kommen wir erst später wieder. Erst, nachdem drei Geschichten vorgelesen, alle Zähne geputzt (derzeit 131), die Tagesschau (20 Uhr) mal wieder verpasst war.

Erst beim Gin.

»Hast Du Eis?« Simon zieht zwei grüne Flaschen aus seinem Rollköfferchen.

»Müsste ich schon haben.«

Mein alter Schulfreund scannt das Küchenbord. Er sieht halbzufrieden aus, nimmt schließlich zwei Kristallgläser aus dem Regal, bauchig.

»Vielleicht einen Gimlet, der Herr? Tanqueray No. Ten?« Ich nicke, nicht etwa, weil ich verstehe, wovon der Typ da spricht, oder dem zustimme, sondern weil mir zu nicken die einfachste Antwort zu sein scheint. »Ja, gern.« Aus dem vollgestopften Tiefkühlfach zerre ich Silikon-Eiswürfelformen: Eine gelbe mit Enten, eine rote mit Früchten. »Andere gibt's nicht.«

Das Eis knackt, als Simon es in die Drinks schubst. Er rührt, nippt, nickt zufrieden: »Der Hemingway-Drink.« Wir lassen uns in die Sessel fallen.

»Und?«, frage ich. »Wie ist das so, in deinem Leben?«

Tokio, Takt seines Lebens, Chefallüren, Frauengeschichten. Er führt ein schnelles, aufregendes Leben. Mit Geld und Spielraum, mit Abenteuer und Sicherheit und jeder Menge guter Anekdoten. Mittendrin, beim dritten Gimlet, unterbricht er sich. Mitten in einer Geschichte, mitten im Satz sogar. Er schaut auf, schwenkt seinen Drink in meine Richtung, die Birnen- und Erdbeer-Eiswürfelformen in seinem Glas klickern gegeneinander.

»Und du? Warum hast du…« Er macht eine Pause, nimmt noch einen kleinen Schluck. Es ist ein rhetorischer Schluck, nur dazu da, den nächsten Satz noch ein wenig hinauszuzögern. Warum druckst er so rum? Schämt er sich? Oder braucht er einfach noch mehr Anlauf für den nächsten Satz? Mehr Karacho.

»Ich meine...« Er schluckt noch mal. Dann: »Warum hast du dir dein Leben so kompliziert gemacht?«

Kompliziert. Es ist wie der Moment bei einer guten Privatparty, wenn die Polizei das dritte Mal auftaucht und die Sicherung rausdreht. Sound und Stimmung ersterben, Menschen machen sich Gedanken über den Heimweg. Und dann bin ausgerechnet ich der Pechvogel, von dem die Polizisten – nachdem sie die Musikanlage in Gewahrsam genommen haben – die Personalien aufnehmen.

»Kompliziert«, hämmert es in meinem Kopf, und ich vergrabe ihn erst mal im Wacholder-Lime-Juice-Enteneis-Gesöff. Ja, denke ich, wahrscheinlich ist es so. Kompliziert.

Das macht die Masse, sagt mein Kopf.

Als ich selbst noch im Kindergartenalter war, gab es den Ausdruck »Milchzahl«. Das bedeutete deutlich mehr als unendlich und konnte zum Beispiel wie folgt eingesetzt werden:

»Du bist voll blöd.«

»Und du unendlich.«

»Und du... du bist milchzahlblöd!« Das war dann das Ende der Fahnenstange. Danach wurde geprügelt.

Das macht die Masse, sagt mein Kopf jetzt, ein gutes Vierteljahrhundert später noch mal: sechs Kinder. Das ist milchzahlviel.

Um mit dem Rad im Gänsemarsch über die Kreuzung zu kommen, brauchen wir inzwischen zwei Ampelgrünphasen. Unsere Obstschale ist größer als eine Satellitenschüssel. In unserem Flur steht ein Laubsack: für Dreckwäsche, 270 Liter. Bei Festen werden wir schon mal vorab, bevor überhaupt die Einladungen verschickt werden, gefragt, ob wir an dem oder dem Tag Zeit haben. Denn dann, so die Gastgeber, müssten sie anders disponieren, dann könnten sie nicht so viele andere einladen. Wir besitzen mehr Pausenbrotboxen als Fernsehprogramme. Wir belegen die Hälfte des Fahrradkellers in einem 32-Parteien-Miethaus. Und mit der Digiknipse bekomme ich mit ausgestrecktem Arm nicht mehr alle aufs Familienfoto-Selbstporträt.

Wann also wird Menge zur Unmenge? Wann wird eine Anzahl zur Unzahl, zur Milchzahl? Wann erreicht der Alltag die kritische Masse?

Simon hat recht. Es ist kompliziert. Satellitenobstschüssel? Wäschelaubsack? Tupperarmada? Masse macht wahnsinnig. Vielleicht musste dieser Mann, der da jetzt vor mir sitzt, mein alter Schulfreund, 20 Jahre lang getrennt von mir in einem Paralleluniversum leben, musste dann extra aus Tokio anreisen, das Pastachaos durchleben, alles nur, um jetzt zu vollstrecken, um diese kleine, feine Schuldzuweisung in ein Wort zu gießen: »Kompliziert.« Dieser Mann hat recht.

Streptokokken, Fahrdienst, Mathefünfer. Tagein, tagaus. Zur Erholung gibt's dann Urlaub, der keiner ist. Und nachts liegen ein, zwei, drei Kinder im Doppelbett mit rum. Was heißt hier Doppelbett? Einssechzig, nicht mehr. Könnt ihr das lesen, Kinder? E-I-N-S-S-E-C-H-Z-I-G. Wenn wir da alle zusammen drinliegen, hat jeder gerade mal so viel Platz wie eine Buchseite hier breit ist. Viel Spaß.

»Kompliziert.« Ich nicke Simon zu. »You nailed it.«

»Erhöht man den Gin-Anteil«, hat Simon anfangs mit Bartender-Mimik gemeint, »schmeckt der Drink sauberer.« Sauberer, mir gefällt dieses Wort. Und es ist auch noch Enteneis übrig.

»Früher war es doch so«, sage ich und merke, dass der Gin mein »r« weich gemacht hat, meine Seele wehleidig. »Eine Frau finden, die einen mag, einen Beruf haben, irgendeinen, ein Dach überm Kopf, keinen Krieg vor der Tür und ein paar gesunde Kinder, die man durchbringt.«

»Früher?«, fragt Simon. »Früher, da gab es auch noch einen Kaiser.«

»Auch wenn du das nicht hören willst: Gibt es nicht genug Grund im Gestern rumzuschmachten?«

Simon schürzt die Lippen, wiegt den Kopf hin und her. »Finde ich nicht. Und überhaupt: Was hat das alles mit meiner Frage zu tun?«

»Also früher«, beginne ich trotzig mit dem Larmoyanz-Wörtchen, »da reichte das doch: Frau und Bleibe, ein bisschen Beruf, ein bisschen Familie. Dann hatte man Glück. Dann war man doch zufrieden, Punkt.«

Ich merke, dass ich mich in Fahrt geredet habe, dass ein kleiner waghalsiger Gedanke sich mit jedem Schluck, mit jedem Wort weiter zur Welterklärung hochjazzt: »Dann durfte man grinsen, vielleicht ein wenig häufiger als andere, dankbar sein. Dann hatte man ein gutes Leben, ja. Gratulation, toll. Der Nächste, bitte! Oder?«

Simon winkt ab: »Das ist doch ewig her.«

»Sage ich doch. Klar ist das heute anders. Genau das ist ja das Problem.«

»Heute ist *alles* anders. Heute sind wir frei.«

Ich gönne mir einen tüchtigen Schluck. »Da hast du verdammt recht. Frei. Nicht mehr den Umständen ausgeliefert. Frei. Wir haben unser Glück selbst in der Hand, es steht uns ja alles offen.«

»Ja. Und ist das nicht wunderbar so?« Er prostet mir zu. »Tokio oder Travemünde.«

»Genau. Sich hier Partys um die Ohren hauen oder sich dort um die siechenden Eltern kümmern? Wir sind frei.«

»Was soll das heißen? Was meinst du?«

»Es geht nicht mehr darum, einfach nur *Glück zu haben*, sondern *glücklich zu sein*, ständig neu *zu werden*.«

»Ja und? Warum denn auch nicht? Nutze doch die Freiheit, statt sie madig zu reden.«

Ich schaue ins Glas, schweige. Dieser Gimlet – plötzlich denke ich an Klostein. Komisch, wenn die Kopie plötzlich das Original frisst. Ursprünglich wurden Reinigungsmittel mit Limettenduft versetzt, um das Frische von der Limette zu kopieren. Und jetzt nippe ich hier am Limettendrink und denke an Klostein.

»Die Freiheit kippt«, sage ich. »Sie hat Schlagseite bekommen. Wir leben schon längst in einer Glücksdiktatur. Beruf, Kinder, Freizeit, Partnerschaft, selbst das Alter – alles muss glücklich sein und machen.«

»Und? Ist das so unmenschlich? Jeder will nun mal das Beste. Und jeder hat genau einen Schuss: Das eigene Leben.«

Mittlerweile perlen Simons Sätze einfach an mir ab. Ich benutze sie nur noch als Verschnaufpausen, um mich zu sammeln, um noch mehr zu trinken. Und dann setze ich wieder an.

»Alles muss glücklich machen. Zeitgleich haben wir den Preis nach oben getrieben: Wer nicht glücklich ist, hat nicht einfach nur einen nicht ganz so tollen Job, ist nicht einfach nur ein bisschen unglücklich verheiratet, hat nicht einfach nur ein paar Probleme mit den Kindern. *Wer nicht glücklich ist, hat versagt.* Er hat sein Leben versaut, die Talente verspielt. Er enttäuscht.«

Simon schaut mich scharf an, ein Gesicht, das sich zu fragen scheint, an welchen Fachmann er das Gegenüber wohl überweisen könnte. Ob man da medikamentös was machen sollte? Müsste?

Ich lasse mich nicht abbringen. »Willkommen im Komparativ!«, brülle ich ihn an. »Wer zufrieden ist, weiß bloß nicht, was es alles gibt, was er alles verpasst. Wir alle stehen in der Pflicht zum Glücklichsein.«

Simon schaut gar nicht glücklich. Ich japse, suche in seinem Gesicht nach irgendeiner Form von Bestätigung. »Es gibt kein Satt, kein Fertig mehr. Da ist kein…«

»Stopp.« Auch Simon ist jetzt laut. »Mit was kannst du denn aufwarten? Willst du mir erzählen, dass du etwa nicht glücklich sein willst? Hast du irgendwas anderes anzubieten, als dieses selbstmitleidige Gejammer?«

Ich sehe ihn an. Meine Lidschläge sind schwer und lang. Auf einmal ist es still. Ja, was zur Hölle kann ich eigentlich anbieten? Mein Kopf ist leer und voll zugleich. Die Klosteine klackern im Glas.

Ich könnte jetzt Kräcker holen. Ob es in Japan überhaupt so herrliche Kräcker gibt wie in meinem Schrank, könnte ich fragen, die Kräcker in eine Schale schütten. Dann würden wir Kräcker essen, über Kräcker reden.

Plötzlich merke ich, wie ein Gedanke mein Gehirn kapert, mir ein Grinsen in die Mimik malt. Nix Kräcker, Klartext also, denke ich. So klar das eben gerade geht mit dem ganzen Klostein im Hirn, und fange auch schon an, stolpere schon los in den Gedanken.

»Zum Glück«, flüstere ich, »haben wir eine Alternative. Wir haben eine echte Chance. Und zwar genau *eine*.«

Ich richte mich im Sessel auf, schiebe Oberkörper und Kopf nach vorn, in Richtung meines alten Mitschülers. »Es ist genau das«, raune ich, »was du vorhin gesagt hast. Du hast es bereits gesagt, Simon.«

Als er seinen Namen hört, zuckt Simon zurück, wie ein Kleinkind, das einen Frosch beobachtet – die immer feuchte Haut, die menschengleichen Augenlider, die pulsierende Bauchdecke – und das dann bis auf die Knochen erschrickt, wenn das Tier plötzlich einen Satz macht.

Simon reibt seinen Rücken im Sessel, zieht die Schultern hoch, als ob gerade das letzte Fünkchen Vertrauen auf dem Prüfstand stünde. Ich schiebe meinen Kopf noch weiter vor: »CYL.«

»Hä?«

»Die Chance heißt CYL: Complicate your life.«

Simon lässt seine Augen von links nach rechts und wieder zurückwandern. »Und was bitte soll das heißen?«

»Wenn es kompliziert wird, mach es komplizierter.«

»Komplizierter? Zurück in die Fremdbestimmung? Die Freiheit wieder abgeben? Entschuldigung, das Teil zwickt in der Hüfte, die Farbe sieht im Tageslicht irgendwie ganz anders aus. Nein, nein, ich will nichts Neues. Danke. Einfach das Geld zurück. Ist das dein Ernst?«

»Wenn es kompliziert wird, mach es komplizierter!«, doziere ich ungerührt weiter. »Und wenn es mal wirklich zu kompliziert werden sollte, dann musst du nichts weiter tun, als es einfach noch ein wenig komplizierter zu machen. Das ist alles.«

»Du hast Angst«, quittiert Simon und steht auf. Sein Kopfschütteln sieht aus, als ob er friere.

»Gin«, sagt er jetzt, er brauche mehr Gin. Als er in die Küche trottet, sehe ich einen Streifen Pasta, so breit wie ein Feuerwehrschlauch, der auf dem Hinterteil seiner Balmain-Jeans klebt.

Complicate your life? Was das eigentlich heißen soll? Ich brauchte vier Länder, über 100 Monate, fünf Wohnungen, sechs Kinder, um das zu verstehen.

**1 Frau
1 Mann
2 Töchter
2001
11 Monate
in Florenz, Italien**

wo ich dank eines Schwiegermuttertricks,
Rehschlegel und der Tochter vom
Polizeikommandanten zum Italiener werde:
Man hat immer mehr, als man glaubt

Einerseits waren da die Feigen im Garten, das Meer in Fahrradnähe, überall Toskanaluft und die richtige Frau an der Seite. Urlaub. Andererseits drohten zu Hause in München eine Stromnachzahlung und die Zwischenprüfung in Philosophie. Das Bett könnte mal wieder gemacht werden, und Shit ist auch schon wieder alle. Das Leben ist doch auch immer gleich: grandios und kacke – und immer alles auf einmal. Und jetzt hingen da diese Chenille-Stränge vom Türbalken. Sollen die Mücken draußen halten. Ockerfarben sind diese Schnüre, flauschig, sehen aus wie herunterhängende Löwenschwänze. Als ob zwei Dutzend Raubkatzen über der Tür kauerten, auf eine falsche Bewegung lauerten.

Viola drapierte die Schutzhülle zurück auf den Test. Da war kein Zittern, nichts. Coole Traumfrau eben, gerade mal 22 Jahre alt. Drei Minuten, stand auf dem Beipackzettel, drei Minuten müsste man warten, um ein zweifelsfreies Ergebnis ablesen zu können: ein oder zwei Striche.

Wir stürmten nach draußen, die Löwenschwänze wirbelten. Wir tobten. Nur nicht sitzen, nur nicht denken. Ich bolzte auf einen Ball. Ich wollte eigentlich nur ein bisschen dagegentreten, ein bisschen kicken. Aber er flog und flog, über die Lorbeerhecke, über die Obstbäume, hinter zum Gartenhäuschen. Viel zu weit.

War das das letzte Aufbäumen von Ungebundenheit? Würde ab jetzt alles anders werden? Schlusstusch der Freiheit? Der beste Fehler meines Lebens?

Die Löwenschwänze standen still. Eine leichte Brise kam auf. Die Schwänze blieben eisern. Da drinnen wartete der Test, unter der Schutzhülle.

Abbrechen, aufbrechen, ausbrechen. Wer sein Leben erfolgreich verkomplizieren will, muss weg. Der darf nicht aufbauen, planen, zu Ikea gehen. Wo sehen Sie sich in fünf Jahren? Woanders. Genau dort ist Ihr Platz. Immer wieder.

Drei Jahre später ging es zurück nach Italien. Diesmal nicht in die Ferien, sondern um dort zu leben. Aus den zwei Strichen unter der Schutzhülle war ein stattliches Mädchen geworden. Gianna, zwei Jahre alt. Neben ihr ratzte die kleine Schwester im Kindersitz, Elena, drei Wochen. Meine Frau fuhr. Ich las Zeitung.

Wir sind Familie Golf, irgendwo im Durchschnitt:
1 Frau, 1 Mann, 2 Kinder. Sie nennt ihn »Schatz« oder »Liebling«, abends schon auch mal »Schuft« oder »Stier«.

Er sagt, er könne das nicht leiden – und grinst. Sie hat schnell noch Apfelschnitze und Selleriestifte in Brotzeitboxen gepackt (»Ja, unsere Große, die mag das unglaublich gern. Wirklich!«). Er weiß, dass sie sich um solche Sachen kümmert. Er findet das nicht sexy, aber praktisch. Und das ist ja auch wichtig.

Wenn schon Familie, sagten wir immer, dann zwei Kinder, am besten Mädchen und Junge. Gut, das hat nicht hingehauen... – aber sind sie nicht irre goldig? Und waren zwei Mädels in Wahrheit nicht schon immer unser geheimer Wunsch?

Auf dem Notsitz in der Mitte, der, der nur diesen Bauchgurt ohne automatischen Einzug hat, stand eine Kühltruhe mit belegten und längs halbierten Vollkornbroten (»Zu viel Weißweizenmehl ist einfach nicht gesund«). Draußen flitzten die ersten Zypressen auf Toskanahügeln vorbei. Bald würden wir einen italienischen Rasthof ansteuern, einen »Fini« oder noch lieber einen »Autogrill«. Wir würden runterbremsen, uns strecken, den warmen Asphalt durch die Schuhsohlen spüren, an der Bar zwei kleine Espressi schlürfen. Vielleicht sogar anstoßen. Auf ein neues Leben. Italien, Toskana, Florenz. Wir, Familie Golf. Alles ist großartig. Herrliches Leben. Golf sei dank.

Ich wollte schon jetzt ein wenig von dieser neuen Luft hineinlassen: Erholung, Freiheit, Abenteuer, dachte ich. Jetzt. Das Schiebedach!

Es war ein ungutes Geräusch, irgendetwas zwischen Zahnarztpraxis und Tierversuch. Ein kleiner, günstiger Schiebedachmotor mühte sich, er kämpfte und er erzählte von seinem Kampf. Ach was: Er brüllte mit aller Motorkraft. Darunter saß ich, hämmerte auf die Knöpfchen, und fand – das Geräusch erstarb – das richtige als letztes. Zu spät. Autobahnluft zischte in den Wagen, es stank nach Lkw und Gummi. Von wegen Freiheit, Abenteuer, Autogrill. Viola fluchte, ich sollte das Ding wieder zumachen, sofort. Gianna krähte. Elena plärrte. Der Schiebedachmotor schwieg.

Und ganz plötzlich war die geschmeidige Golf-Familie weg, und es waren wieder wir, die drinsaßen, Familie Sitzvollbrösel: Keiner im Wagen hatte eine abgeschlossene Berufsausbildung, zwischen den Kindern stand eben keine Kühltruhe, sondern schlecht gepackte und dann auch noch mies gesicherte Pappkisten, unsere älteste Tochter nennen wir nie »unsere Große«. Sie heißt Gianna und natürlich: Sie hasst wenig mehr auf der Welt als Sellerie. Und, ach ja: Der Wagen, den ich ein paar Monate später beim rückwärts aus der Tiefgarage Eiern vollkommen unbedrängt an der Wand entlangscheuerte, war auch nur geliehen, von meinen Schwiegereltern. Das Allerschlimmste daran war, dass meine Frau das auf ihre Kappe nahm. Ihr Angebot – und ich war zu klein, um nein zu sagen. Ein Mann, der in einer italienischen Schwiegerfamilie rangieren will, dachte ich, tut nicht gut daran, sich zu automobilem Dilettantismus und PS-Leidenschaftslosigkeit zu bekennen. Das ist wie eine Packung Viagra, die aus der Hemdtasche lugt: Ja, ich mach da auch irgendwie mit, aber gebacken bekomme ich's nicht. Ausgerechnet hier, in Italien, wo Frauen im Fernsehen exakt zwei Rollenbilder vorgesetzt bekommen: »Barilla« oder »Velina«, Hausfrau beim Pastakochen oder halbnacktes TV-Starlet beim Popowackeln. Im Ranking der Geschlechtergerechtigkeit belegt Bella Italia weltweit

Platz 72, hinter Vietnam, Rumänien und Tansania. Ausgerechnet da habe ich meine Frau vorgeschickt. Jaja, das Einparken und die Frauen – und dann wird dieses Italo-Macho-Sonnenbrillen-Grinsen gegrinst. Und ich Depp grinse auch noch mit.

Ich hielt meinen Kopf in den Autobahnwind, warf einen Blick durch die Schiebeluke nach hinten. Da klemmten auf dem Golfdach, zwischen den Holmen der Reling vertäut, ein gutes Dutzend Ökowindelpakete. Das Schiebedach hatte sich in die Packungen geschoben, sie zusammengestaucht, einzelne Windeln ausgefräst, die sich dann in dem Schlitz zwischen Auto- und Schiebedach verkeilt hatten. Wer, bitteschön, kann denn auch mit so was rechnen? (Und wenn's regnet?, dachte ich noch. Das ist dann wie mit der Schneelast und den einstürzenden Dächern.) Also noch mal: das Autodach voll Windeln – wer macht denn bitte so was?

Ich.

Familie Sitzvollbrösel hatte sich bei Abreise gedacht: Für die Kinderhintern nur das Beste, und kurzerhand den Halbjahresbedarf Ökowindeln aufs Dach gepackt. Wenn dann jeder Besucher aus Deutschland noch eine Packung mitbrächte, als Gastgeschenk, so kämen wir dann wohlgewickelt durch das Italienjahr. Und Papa Sitzvollbrösel windelt Kinder und Gewissen, während Mama fertig studiert.

Aber da hatten wir ja noch keine Ahnung.

Es war unser vierter Morgen in unserer neuen Wohnung mitten in Florenz, in einer kleinen Straße, Oltrarno, dem Viertel südlich des Arno. Und es war bereits das zweite

Mal, dass die Hauptwasserleitung gekappt wurde. Die Geräusche: Quietschen, Gurgeln, Fluchen. Die Akteure: Hahn, Leitung, Viola.

Irgendwann im Laufe des Vormittags erschien ein sogenannter »Tecnico« (derselbe wie beim ersten Mal) und machte nichts weiter, als das Wasser für mehrere Straßenzüge abzusperren (ganz genauso wie beim letzten Mal). Dann sah man ihn unten im Hof rauchen (hatte er sich das letzte Mal nicht an dieselbe Wand gelehnt?), während wir mit der übriggebliebenen Spülkastenladung bis in den Abend hinein planten (zumindest *wir* hatten gelernt).

»Ich arbeite heute trotzdem zu Hause«, sagte Viola. »Die ganze Stadt ist doch eine Baustelle. Wer weiß, ob die Bibliothek heute Wasser hat?« Und sie verschwand im Arbeitszimmer – zwei Stufen rauf. Fatal, wenn es darum geht, eine drohende Wohnungsüberflutung möglichst früh zu registrieren. Sie verschwand hinter Dante, Göttlicher Komödie, Sekundärliteratur – was man eben so tut, um sein Studium zu Ende zu bringen. Ich ging mit den zwei Kindern raus, Schaukeln, Rutschen, Eisessen. Und dazwischen zu Zia Anna, der Tante.

Zia Anna ist die Schwester meines Schwiegervaters, die bei uns in der Straße wohnte. Sie ist die, die immer Rat weiß, manchmal sogar schon, bevor ich überhaupt Zeit gefunden habe zu fragen. Die mir Italienisch beibringt und zeigt, wie man ein Rebhuhn rupft. Die weiß, wer die beste Focaccia in der Stadt bäckt und wo man selbstklebende Folie mit Klinkerbauimitat findet. Die sich, mitten in Florenz, eine kleine Insel der Selbstversorgung aufgebaut und ihr doppelbettgroßes Gartenfleckchen auf drei

Produkte optimiert hat: Unten wächst ein Feld Basilikum, oben ranken sich Kiwis und dazwischen hält sie Tauben. Keine Trauben, *Tauben*. In unserem Florenzjahr gab es oft Gerichte mit einem dieser drei Produkte oder etwas, das sie dagegen tauschen konnte.

Wenn wir etwas brauchten, gingen wir immer zuerst zu Zia Anna. Sie hatte immer jemanden an der Hand, der es billiger, besser, befreundeter machte. Zum Beispiel dieser Bekannte – »Signor Occhio« hieß er laut Klingelschild –, der sich noch schnell einen weißen Kittel überwarf, als wir schon in der Tür standen. Im Souterrain vertickte Signor Occhio Sonnenbrillen (»Armani, Versace, Gucci, Ricci, D&G, Prada oder Jaguar? Alles kein Problem. Rechnung? Wieso Rechnung? Rechnung ist ein Problem«). Oder Kinderklamotten. Bekam Zia Anna natürlich geschenkt, für die Bambini. Jedes T-Shirt, jede einzelne Hose hatte sie gebügelt, gefaltet und dann in einen Gefrierbeutel gepackt. Wie neu wären die Dinge, meinte sie. Wie neu. Elf Paar Jeans zum Beispiel, alles Markenware, »von der Tochter des Polizeikommandanten«.

Was Zia Anna noch lieber tut, als Dinge zu organisieren, ist, davon zu erzählen, was sie schon alles organisiert hat. Ja, das mit der Wohnung, das wäre wirklich nicht einfach gewesen, mitten in Florenz. Aber die Freundin, der sie immer frisches Basilikum mitbringt, wäre ihr noch was schuldig gewesen. Und deren Schwester hatte doch diese Wohnung, in der gleichen Straße, in der sie wohnte, gerade mal drei Häuser weiter, und die habe dann – extra für sie, »per la mia Anna...«

Die Folie mit dem Klinkerbauimitat hatte Zia Anna übrigens bereits vor unserer Anreise besorgt. War gerade günstiger, meinte sie – und ideal für unsere Küche. Sie wisse das, sie habe die Folie schließlich selbst zu Hause.

»Hier.« Sie drückte mir die Rolle in die Hand. »Wollen wir gleich rübergehen und sie aufziehen?«

Ich wand mich.

»Viola arbeitet heute zu Hause, und Gianna habe ich ein Eis versprochen.« Ich strich Gianna über den Kopf. »Ein andermal gern«, log ich und traute mich dann doch noch ein »vielleicht« hinterherzumurmeln.

Wir saßen vor unserer Lieblingseisdiele »Slurp«. Ich war mit Joghurt durch – zwischendurch musste ich immer mal wieder Giannas tropfendes Zitroneneis begradigen – und gerade in dem Moment, in dem ich mir diese extrem nussige Pistaziensorte vornahm, klingelte mein Telefon: Zia Anna.

»Wo bist du?«

»Bei Slurp…« meinte ich, und wies Gianna auf einen Zitroneneistropfkanal an ihrer Waffel hin.

»Ich stehe hier vor eurem Haus, mit Andrea, dem Chef des Supermarkts.« Pause. »Pronto? Bist du noch da?«

»Jaja«, meinte ich. Gianna schmierte sich das Eis gerade aufs Knie.

»Da schießt Wasser aus eurer Wohnung«, sagte Zia Anna. »Pronto?«

»Ich komme.«

Kurze Zeit später galoppierte Gianna wie ein Flusspferd durch unsere Schwimmbadwohnung. Elena gluckste. Viola stotterte: »Das war ich nicht. Ganz sicher nicht. Ich habe nur zweimal so lang gedreht, bis es nicht mehr weiterging. Auf Anschlag. Das muss jemand anderes gewesen sein.«

Viola, 25 Jahre alt, vollgepackt bis obenhin mit Leidenschaft, Mut, Kontrollverlust. Sie knutscht mit mir sturzbesoffen in irgendeiner Unterführung einer Moskauer Vorstadt. Sie macht unsere Steuererklärung. Sie ist wunderschön: Ihre Nase nur unwesentlich kleiner als meine, muskulöse Oberarme, Teint und Lachfalten erzählen von viel Sonne in ihrem Leben. Sie fährt das Auto zum TÜV. Sie meldet uns zu einem Jodelkurs an. Sie mischt Ernst, Plan, Vomlebenwaswollen mit jener Leichtigkeit und ja, auch Leichtfertigkeit, die das andere erst erträglich macht. Meine Frau.

»Das muss jemand anderes gewesen sein«, wiederholte sie.

Der andere. Egal, wie viele Kinder wir haben werden, der andere kommt immer noch on top dazu. Und er taucht immer genau dann auf, wenn man ihn am wenigsten gebrauchen kann. Wer hat die Badtürklinke mit Zahnpasta eingeschmiert? Wer hat den Autoschlüssel in der Duplokiste versenkt? Wer hat Giannas Smarties aufgegessen? Er. Er. Er.

Ich rekonstruiere: Am Morgen hatte Viola gesagt, sie habe den Hahn im Bad aufgedreht, und zwar auf Anschlag. Schließlich wollte sie sofort bemerken, wenn das Wasser wieder fließen würde. Ich hielt das für eine weniger gute Idee.

Viola hatte genickt und gedreht.

Sie ist Italienerin. Mit Richtungen, mit Auf und Zu kann Viola nichts anfangen. Sie rechnete und sie rechnete in Anschlägen. Erster Anschlag: ganz auf. Zweiter Anschlag: ganz zu. Viola behauptete, dass vorher oder zwischendrin ein Anschlag getätigt worden sein müsse, vom anderen. Also: Viola-Anschlag (=Auf), Anschlag des anderen (=Zu), Viola-Anschlag (=Auf), Tecnico, Überschwemmung.

Andrea, der Chef vom Supermarkt, hämmerte gegen die Tür: In seinem Lager tropfte es mittlerweile durch die Decke. Was wir denn da so lange machen?

»Jaja«, brummte ich, öffnete die Tür einen Schlitz.
»Wir kümmern uns drum«, und schob sie wieder zu.
Wieder Türhämmern. Zia Anna. Mit Eimern.
Wer zur Hölle wollte eigentlich nach Italien?

Los ging das ein gutes halbes Jahr zuvor.

»Unterbrechen?« Die Sekretärin der kleinen Münchner Jesuiten-Uni hatte nur kurz aufgeschaut. »Also beurlauben«, berichtigte sie, rutschte weiter runter auf dem Formular, zu dem Punkt Beurlaubungsgründe. »Auslandsstudium? Assistant-Teacher? Krankheit? Schwangerschaft?«

»Nein, nein, das ist es alles nicht. Meine Frau studiert doch dort, ich will ja unterbre..., also mich beurlauben lassen.«

»Also, anderer Grund.«

Ich nickte. Dann eben so. Anderer Grund.

»Bitte auf Seite 2 näher erläutern.«

»Äh, Vaterauszeit? Väterzeit? Erziehungsdings? Also, Sie wissen schon, so...«

Sie schüttelte den Kopf. Sie wusste nicht.

»Aber einer muss doch auf die Kinder aufpassen. Meine Frau hat schließlich ein Stipendium, für Florenz, und ich...«

Sie blickte zur Decke. Wenn ich sie nicht fortwährend angesehen hätte, hätte sie sicher die Augen verdreht.

»Und ich bin eben ›mitreisender Ehepartner‹. So heißt das dort in den Stipendiumsformularen. Ich bekomme sogar Geld…«

Sie ließ mich einfach reden, den Kopf immer schiefer gelegt, während ihr Zeigefinger längst auf Seite 2 lag, auf der Lücke.

»… 300 Mark pro Monat. Ich…«

Sie sagte: »So!« Es war ein hartes »So«, mit ganz kurzem »O«, wie in »Sonnenblume«, bloß ohne »nnen«. Und ohne »blume«. Es hieß: Jetzt halt mal deinen Rand. Dann sagte sie, sie habe noch nie irgendwo »Vaterauszeit« oder »Erziehungsdings« hingeschrieben und sie sehe auch keinen Grund, an diesem Verhalten etwas zu ändern. Und ich sollte jetzt einen Termin beim Kanzler der Hochschule ausmachen.

Der Kanzler hatte einen langen grauen Vollbart, in den er alle möglichen Dinge hineinnuschelte. »Bummelstudenten« zum Beispiel, »verlotterte Verhältnisse« oder »Exmatrikulation«. Dann nahm er seinen Mund ein wenig aus dem Bart (oder umgekehrt, das weiß ich nicht mehr so genau: Garantieren freilich könnte er nicht, dass das mit einer erneuten Einschreibung dann ganz problemlos verlaufen würde.

Exmatrikulation? Ich schrieb an die Herren aus dem Prüfungsausschuss, doch bitte eine Ausnahmebefugnis zur Fachsemesterentfristung zuzulassen, Grund: Erziehungsdings.

Der Prüfungsausschuss tat, was er konnte: Er prüfte – Regularien, Verordnungen, Hochschulgesetze und fand dort – nichts. Nichts zu Väterzeit oder Erziehungsdings. Und dann tat der Prüfungsausschuss, was er nicht oft tut:

Er machte eine Ausnahme. In Vorwegnahme einer allgemeinen Kleinkind-Eltern-Regelung, »zu der Sie die erste Anregung gegeben haben«, können wir Ihnen ausnahmsweise noch ein weiteres Urlaubssemester gewähren.

Ob wir uns das wirklich gut überlegt hätten, fragten damals auch meine Eltern. »Ein Jahr Florenz – um was genau zu tun?« Und wir standen da, ohne Antwort.

Wir gehen nach Italien, dort wo die Sonne mehr Wumms hat, der Wein nicht filtriert werden muss, die Mozzarella auch vom Büffel kommt, wo die Menschen so tun, als ob man das ganze Jahr über mit offenem Schiebedach fahren könnte. Und ja, Viola würde dort studieren. Der Rest würde sich schon noch geben.

Wie unkonzentriert darf man sein, wenn es um die eigene Zukunft geht? Darf man auf Gefühl und Abenteuer setzen und hoffen? Und nicht auf neue Zeilen im CV? Darf man sagen: Da ist Meer. Da ist es warm. Reicht das?

»Hm«, brummten die Eltern.

Italien. Wo Menschen und Leben schöner und leichter sind. In jedem zweiten Kleidungsstück ist doch der Beweis eingenäht, schwarz auf weiß, gleich neben der Waschanleitung: »Europe S« steht da zum Beispiel, eine Zeile tiefer »Italy M«. Was Deutsche und Schweden, Polen und Finnen als Small tragen, das geht in Italien als Medium an die Kleiderstange. Reicht das nicht? Ist das kein Grund? Kein Plan? Kein Ziel? Italien, das einem ein S für ein M vormacht, eine 36 für eine 42; das Land der Bambini, in dem keiner erwachsen werden will; das Land, das das Leben auf den Kopf stellt. Klingt das nicht wunderbar?

»Das Leben auf den Kopf stellen?«, wiederholten die Eltern nur und machten die Augen schmal.

»Auch arbeiten, klar. Viola wird da ihr Studium zu Ende bringen, ihre Magisterarbeit schreiben, emsig in Bibliotheken rackern, Listen und Fristen einhalten.«

»Und du?«, fragten die Eltern. »Was ist eigentlich mit diesem Philosophiestudium?«

»Ach, ich...« Ich guckte auf den Boden. Hatte ich mich nicht schon längst aus der ersten Reihe verabschiedet? Agierte ich nicht schon seit geraumer Zeit eher aus dem Hintergrund als eine Art Seniorberater meines eigenen Lebens? Ich hege Zweifel, führe Bedenken an, gebe manchmal noch einen Tipp – aber Entscheidungen? Nee, nee.

Längst schubsen mich zwei mächtige Agenten durchs Leben. Sie manipulieren, ideologisieren, spindoctorieren – und vor allem: sie verkomplizieren. Sie sind CYL-Agenten: Complicate Your Life, Georg!

Der eine ist der Kriegsführer Hannibal. Der andere Patachon, unser Hausfisch. Helden meiner Kindheit. Und jeder hat sein Prinzip.

Hannibal sagt: »Das ist eure letzte Chance.«

Patachon sagt: »Hauptsache anders. Hauptsache nicht normal.«

Hannibal und Patachon, Feldherr und Goldfisch: Sie sind wie zwei Flipperhebel, die mich – eine nicht mehr ganz blankpolierte Kugel – durchs Spielfeld schießen, mal Punkte machen, mal versenken. Sie sind wie...

»Hallo?« Was mit mir eigentlich los sei. Die Eltern schauten beunruhigt. Man wird doch wohl noch mal nachfragen dürfen, wenn der eigene Sohn ohne Plan und Beruf samt zwei Enkeln und Schwiegertochter ins Ausland abdüst, ohne dass der gleich in einsilbige Grübeleien verfällt.

»Jaaaa«, meinte ich, und es klang vielleicht genervter, als es hätte klingen sollen. Aber ich hörte ihn schon. Seine festen, polternden Schritte. Von tief drinnen. Diesmal hat er seine Elefanten mitgebracht, dachte ich noch. Er wird wieder brüllen und er wird nicht mit sich reden lassen: Hannibal.

Ich schaute meinen Eltern gerade ins Gesicht.

»Wir müssen das machen«, sagte ich schnell. »Wir müssen nach Florenz. Jetzt.«

»Ihr müsst? Jetzt? Und warum?«

Wenn ich es nicht gleich täte, würde er übernehmen. Ich hatte keine Wahl. Also brüllte ich einfach in das Getöse hinein, plärrte meinen eigenen Seelenlärm nieder: »DAS IST UNSERE LETZTE CHANCE!«

Plötzlich war es ganz still, meine Eltern und ich entsetzt ob meines Tons und der Lautstärke, Hannibal zufrieden auf dem Rückweg in sein Heerlager.

»Ja, stimmt doch«, grummelte ich. »Also, bevor Gianna in den Kindergarten kommt.«

Es war wie immer mit Hannibal: Er kommt, mäht Bedenken nieder und zieht wieder ab. Er, der Feldherr der Entschiedenheit. Immer dann, wenn etwas zu kippen droht – zu gefährlich, zu gewagt, »das geht doch nicht!« – immer dann kommt er und ballert seinen kleinen Zauberspruch: »Das ist eure letzte Chance.« Ich liebe ihn. Ich hasse ihn.

Hannibal verfolgt mich seit Ende der sechsten Schulklasse. Ich bin in Bayern aufs Gymnasium gegangen, das heißt: Ich konnte mal fast fließend Latein. Auf dem Weg dorthin gab es gute Lehrer und solche, die so waren wie meine Noten. Und es gab Frau Steinreiter, die war noch schlimmer. (Spaßeshalber rechnete Frau Steinreiter bei der Benotung über die Sechs hinaus. Da habe ich ein paar Achter kassiert, einmal sogar einen Zehner. Toller Spaß.)

Also, sechste Klasse, Steinreiter, letzte Note, letzte Chance, doch noch auf eine Vier im Zeugnis zu kommen. Nach Titus Livius und Polybius von Megalopolis hat sich nun auch noch Frau Steinreiter aus Niederbayern eine Rede Hannibals an seine Soldaten ausgedacht, unsere Schulaufgabe: Es war um Tapferkeit gegangen, mitten in den Alpen, darum, dass in der Ferne bereits Italien zu sehen sei und natürlich um die »mulieres miserae«, die beklagenswerten Frauen, die Hannibal und seine Mannen allein in Karthago zurückgelassen hatten.

Es lief großartig, ich kannte die Wörter, durchschaute die Konstruktionen. Und vor allem: Ich verstand Hannibal. Bereits deutlich vor Ende der Stunde gab ich ab. Tags drauf wurde meine Mutter in die Sprechstunde zitiert. Was war da los? Ein Latein-Elfer? Die letzte Chance – vertan? Hannibal, hilf!

Am Ende lag eine Zwei auf meiner Schulbank. Genau die Zwei, die ich brauchte. Ich strahlte. Die Lehrerin kochte.

»Das«, brüllte sie und hämmerte mit ihrem Finger auf meine Schulaufgabe, genau auf die *mulieres miserae*, die beklagenswerten Frauen, »geht so überhaupt nicht.« Darunter meine Übersetzung, dreifach rot unterringelt: »die elendigen Weiber«. Politisch nicht ganz korrekt, aber – Hannibal sei Dank – kein Fehler.

Und seit jenem Tag sind wir ein Team, ein richtig starkes Männer-Team.

Mama verstand mich ohnehin. Wir waren zu acht zu

Hause. Alles Männer. Sechs Söhne, ein Vater, das Geschlecht der Mutter wurde uns nicht gesagt. Jeder von uns hieß »Susi«, neun Monate lang – meine fünf Brüder und ich. Jedes Mal, wenn meine Mutter – sie hat selbst sieben Brüder – ein Kind bekam, montierte mein Vater eine Fahne an unseren Balkon. Und alle in der Straße wussten: Rechts bedeutet Mädchen, links Junge. Sie war immer links. In unserer Küche hing, seit ich denken kann, ein Zeitungsartikel. Titel: »Ohne Töchter kriegen Mütter Depressionen«.

»Jaja«, sagten wir, »die Mama und sein Zeitungsartikel.« Die weibliche Form des Possessivpronomens lernten wir erst kurz vor der Hochschulreife. Erst mit der Geburt Giannas, des ersten Enkelkinds, des ersten weiblichen Wesens überhaupt in unserer Familie, wurde der Zeitungsartikel abgehängt.

Mulieres miserae. Hatte er, dieser Hannibal, das am Ende vielleicht nicht sogar so gemeint? Vielleicht war er einfach sauer? Es war kalt da oben, der Wind blies, der beschwerliche Abstieg aus den Alpen stand bevor. Dazu der Zoff mit den Römern. Im Hintergrund brüllten die Elefanten. Da kann man doch auch mal ausflippen und ein wenig schimpfen, oder?

Und ganz klar: Wenn es darum geht, ob jemand nach Italien aufbrechen soll oder nicht – wer, wenn nicht er, der Alpenbezwinger, CYL-Agent Hannibal, weiß, was da zu tun ist?

Zia Anna sagte, *alle dodici* gebe es Mittagessen, um zwölf, und zwar für alle. »DO-DI-CI.« Sie wiederholte es zweimal, mit viel Platz zwischen den Worten. Das verhagelte mir die Laune. Gleich fing Violas Tante wohl auch noch an, mit mir Englisch zu reden. Mein Italienisch ist nicht so mies, dachte ich mir.

Zweimal die Woche ging ich abends in einen Integrationskurs, bezahlt vom Staat: Italienisch für Ausländer. Dort saß ich zusammen mit einer polnischen Pflegerin, die ihre Tochter zu Hause bei der Mutter lassen musste, einer japanischen Floristenauszubildenden, die auf ihrem Europatrip hängengeblieben war, und einem ukrainischen Bauarbeiter, der sich auf keiner Anwesenheitsliste eintrug. Als ich eines Abends nach Hause kam, klebte ein Post-It auf der Tür: »porta« stand dort. Über dem Schlüsselloch: »serratura«. Ich hängte meine Jacke an den Haken: »gancio«. Über der Steckdose klebte »presa«, auf dem Fensterrahmen »telaio« und »buco« über einem kleinen Loch, das ein Nagel hinterlassen hatte, der zusammen mit seinem »chiodo«-Zettelchen auf den Boden gefallen war. Viola saß mit einem Post-It auf der Stirn im Sessel und grinste: »moglie«, Ehefrau. Sie streckte mir einen Block Klebezettelchen entgegen. Auf dem ersten stand »regalo«, Geschenk. So lernte ich Woche für Woche, Zettelchen für Zettelchen.

»DO-DI-CI«, sagte Zia Anna noch mal. Recht bald merkte ich, dass Zia Anna oft Dinge wiederholt, auch gegenüber ihrem Mann Fabio, einem pensionierten Busfahrer, der gern Saxophon spielt, seine wenigen Haare zum Zopf bindet und seine geschliffene Sportsonnenbrille (die er natürlich von Signor Occhio aus dem Souterrain hat) auch beim Essen nicht abnimmt. Zia Anna wiederholt Dinge oft; auch, wenn niemand so richtig zuhört. Vielleicht ist das ihre Methode, um Zustimmung zu generieren? Irgendwann sagt jeder ja. Wenn man die Dinge zum drittenmal hört, so dicht hintereinander, dann kommen sie einem irgendwie bekannt vor. Und was bekannt ist, wird abgenickt. DO-DI-CI?

Wir kämen gern, sagte ich. Nett, dass sie uns einlädt.

Es gab Lasagne, dachte ich. Teller und Stücke waren riesig, besonders meins. Ich hatte zwar nicht viel Hunger, aber weil ich guten Willen zeigen wollte, es mir ganz außerordentlich gut schmeckte, Zia Anna nett war und ich dankbar dafür war, dass sie uns so viel Arbeit abnahm, ich all das aber nicht so schnell und ohne Missverständnisse zu provozieren auf Italienisch rausbrachte, fragte ich nach einer zweiten Portion. Sie war noch größer als die erste.

Das letzte Mal, dass ich derart satt gewesen war, ist ein Dutzend Jahre her: Ich war allein mit meinen Eltern in einer Pizzeria.

Ich sagte: »Ich nehme eine Pizza Regina für zwei Personen.« Mein Vater zog die Augenbrauen hoch, meine Mutter tätschelte meine Hand. Die hier machen riesige Dinger, sagte sie. Das könne ich unmöglich schaffen... Sie würde mir empfehlen... Man könne ja noch mal nachbestellen... Sie wolle wirklich nur mein Bestes...

Ich schüttelte den Kopf, winkte der Bedienung und sagte: »Ich nehme die Zweipersonen-Regina und ein großes Spezi.«

Die Bedienung nickte und räumte vor mir den Tisch frei. Kerzen, Öl, Salz, Pfeffer, alles wurde in einem verdächtig großen Radius zur Seite gestellt. Ich dachte mir nichts Böses.

Wir redeten über Schule, ein neues Bett, mein Zimmer und darüber, ob ich es mal wieder aufräumen wollte. Hm, grummelte ich, was Zwölfjährige halt so sagen. Als die Pizza kam, war klar: Es würde einen Kampf geben und es würde um nichts Geringeres gehen als um die Ehre eines Zwölfjährigen. Von Anfang an setzte ich auf Tempo als Strategie. Ich wusste, ich würde meinen Magen quasi rechts überholen müssen. Und ich gab Gas.

Ich kam gut in die zweite Hälfte hinein, kämpfte mich ins letzte Drittel, setzte zum Schlusssprint an, aber als noch ein faustgroßes Stück auf dem Teller lag, war einfach Schluss. Es war nichts mehr zu machen. Das Gefühl: Unterlippe, Oberkante – alles voll.

Zwei Dinge waren klar. Erstens: Ich würde es nicht schaffen. Zweitens: Das darf keiner erfahren. Es gehört schon einiges dazu, in Situationen existentieller Bedrohung noch einen derart kühlen Kopf zu bewahren, um einen Strategiewechsel einzuleiten. Also: Ich murmelte, ich müsste auf die Toilette, packte mir anschließend den Rest in den Mund – zugegeben eine sehr merkwürdige Reihenfolge, aber das ging nur so rum, da ich sonst ja nicht mehr hätte sprechen können – und schritt eilig und mit vollem Mund – ohne noch mal in eines der Elterngesichter zu blicken – in Richtung Rettung.

»So«, meinte Fabio, während ich mir nach Luft japsend gerade die letzte Lasagne-Gabel reindrückte. »Jetzt das Secondo.«

»Secondo?«

»Secondo!«

Mehrgangterror!

Ich hätte bereits schon sehr viel gegessen, sicher es hätte phantastisch geschmeckt, und sicher: Ich wäre auch neugierig darauf, was es als Secondo gebe, aber jetzt – und ich jaulte mit Hundeblick nach Mitleid –

ginge es einfach nicht mehr, ich sei total satt, voll, Schluss.

Eine kleine Pause entstand, als ob jemand das Bild eingefroren hätte, als ob jemand laut gerülpst hätte und keiner wusste, wie er reagieren sollte. Aber Zia Anna schaute nicht böse, gar nicht. Warum sollte sie auch? Ich hatte viel gegessen, ich war satt. Basta. Wenn es etwas aus dem Garten gewesen wäre, okay. Aber so?

Sie schaute auf, blickte mich an. Und da entdeckte ich eine Abwesenheit in ihrem Blick. Sie schaute ein wenig unverständig, so, als ob sie versuchte, sich zu erinnern, welche Worte da gerade durch die Luft geflogen waren. Hatte überhaupt jemand was gesagt? Bei einem Computer wäre vielleicht ein kleines Fenster in der Bildschirmmitte erschienen: »Ein schwerer Systemfehler ist aufgetreten. Der Prozess wurde unerwartet beendet.« Auf einmal ging ein Ruck durch das Gesicht von Zia Anna, ein Kaltstart, sie wurde neu gebootet: »Als Secondo gibt es Bistecca alla Fiorentina, kurz Fiorentina.« Fiorentina ist fleischgewordene Maßlosigkeit: armdick, tellergroß, vom Rind. »Innen muss sie bluten, als ob du dir gerade in den Finger geschnitten hättest«, erklärte Fabio. Ich konnte seinen Ausführungen über Geschichte und Zukunft des toskanischen Nationalgerichts kaum folgen, geschätzte 97 Prozent meines Körperbluts hatten sich in die Magenschleimhäute zurückgezogen, der Rest meines Körpers fuhr auf Notversorgung.

Zia Anna grinste mich an, ihren Schwiegerneffen, den großen Deutschen, den Unersättlichen, der nach einem zweiten Primo gegiert hatte. Dann nahm sie meinen Teller.

»Il signor doppio?« Der Doppelmann.

Und dann saß ich da, mit meinen zwei Kindern, denen ich Vorbild sein wollte, mit zwei angeheirateten Verwandten, bei denen ich zum Essen eingeladen war, mich zu benehmen versuchte und noch Monate lang, drei Häuser weiter wohnen würde, mit meiner zauberhaften Frau, die nichts unternahm, um mich zu retten. Ich saß vor einem lenkradgroßen Teller, auf dem Z-W-E-I gigantische Fleischstücke lagen. Das eine war so groß wie ein Pferdearsch, das andere hatte die Umrisse Australiens, gefühlter Maßstab 1:1. Dort lagen keine Fleischstücke, das war ganzes Fleisch.

Im Italienischen sind das Tier und sein Fleisch vollkommen anderen Wortursprungs. Während wir Deutschen dem Huhn, Rind und Schwein einfach ein »-fleisch« anhängen und es auch so auf den Teller kommt, bleiben in Italien gallina, mucca, maiale schön in Stall und Käfig, gegessen wird pollo, manzo, suino. Ändert das was an unserem Verhalten? Sind Deutsche deswegen tierfreundlicher? Sehen sie im Fleisch noch das Tier? Haben sie Mitleid?

Auf einmal fühlte ich mich ganz deutsch, total verbunden mit dem Rind, nicht nur sprachlich. Ich wollte es wiederbeleben. Ich wusste auch nicht, warum. Das war so eine Art Bauchgefühl. Ich spürte es von ganz tief drinnen, aus der Magengegend, Richtung Lasagne. Und dann hörte ich etwas. Zuerst ganz leise. Ich nahm den Kopf ein wenig runter, versuchte zu verstehen. Was die Lasagne mir wohl sagen wollte? Vielleicht war es etwas Wichtiges, vielleicht war dieses vielschichtige Essen viel intelligenter als gemeinhin angenommen? Ich krümmte mich, entlastete die Bauchdecke, führte mein Ohr Richtung Nabel, dass ich sie besser hören konnte. »Du Depp!«, fauchte da auf einmal die Lasagne. »Natürlich gibt es ein Secondo. Primo, Secondo – wir sind hier eben in Italien. I-T-A-L-I-E-N! Hast du das schon mal gehört?«

Der Plan war gut gewesen. So ist das meistens, wenn man enttäuscht wird. Dann muss vorher auch was besser gewesen sein, zum Beispiel der Plan. Und jetzt saß ich auf dunkelgrauem Hartgummi, so ein unansehnliches Granulatgemisch, vielleicht einer der ersten Wiederverwertungsversuche von unserem Plastikmüll, auf einem Spielplatz in Florenz, und die Schaukel quietschte.

Der Plan war: Während Viola in Bibliotheken, Hörsälen oder im Arbeitszimmer sitzt und an Zukunft und Beruf schnitzt und schmirgelt, hänge ich mit den zwei Kindern in der Sonne rum, fläze lässig an der Theke, spreize den kleinen Finger von der Espressotasse und werde Italiener. Und ab und zu würde ich schönen Italienerinnen hinterherschauen. Wirklich nur ab und zu. Auf dem Spielplatz käme man dann ins Gespräch. Ganz ungezwungen. Und wirklich nur ab und zu.

Das war der Plan. Ich mochte ihn.

Was dann kam, war anders. Und ich war mittendrin.

Sie gehe nur noch mal eben runter, in den Supermarkt, einen Stock tiefer »Milch kaufen«.

»Habe ich doch schon geholt!«, schreie ich zurück. »Vier Liter.«

Ich merke sofort, dass Viola nur so tut, als ob sie mich nicht gehört hätte. Sie steht am anderen Ende des Flurs, schlüpft in ihre Schuhe, zu hastig, der rechte Schuh stellt sich quer. Ihr geht es nicht um Milch, das sehe ich, nicht um irgendeinen ent-

spannten Cappuccino morgen früh oder um ein Einschlaffläschchen für Gianna heute Abend. Das ist ja momentan auch alles nicht ihr Terrain. Ich bin es doch, der so Kram im Kopf hat wie: Wir brauchen neue Abfalltüten, endlich eine hellere Glühbirne für den Flur oder eben Milch. Und ja, Mist aber auch, wieder die Abfalltüten vergessen. Aber doch nicht die Milch.

Und jetzt kramt sie in ihrer Tasche, schaut mich nicht an.

»Also Milch brauchen wir wirklich nicht«, sage ich noch mal ganz ruhig. Sie grummelt ein, zwei Sätze, von denen ich nur die Worte »noch mal rauskommen« verstehe, packt eine blaue Plastiktüte, die zu reißen droht. Türschlagen.

Rauskommen, soso. Eigentlich nur eine kleine Unausgesprochenheit, die in meinem Kopf aber an Boden gewinnt, sich zum Argwohn mausert und schließlich zum handfesten Verdacht auswachsen wird. Denn auf einmal fügen sich viele kleine, offene Fragen zu demselben beunruhigenden Nebel zusammen: Warum geht Viola eigentlich so oft »nur eben noch mal kurz runter«? Schnell noch Kaffee / Eis / Olivenöl / Miesmuscheln holen. Was dann eigentlich immer gar nicht schnell geht, was weder ich noch sie mir erklären kann. Warum grinst Andrea, der Chef vom Supermarkt immer so komisch, wenn ich ihm begegne? »Ich sehe was, was du nicht siehst«, das Kinderspiel, bloß unter Erwachsenen: »Ich weiß da was, wovon du nicht den leisesten Schimmer hast.« Und schaut nicht auch Laura, die Kassiererin, immer ein wenig pikiert, sobald ich reinkomme?

Dieser Abend, mit Rauskommen und Milch und den Nebelfragen ist der erste Tag, an dem der Supermarkt einen Stock tiefer mehr ist als nur ein Supermarkt. Ich stehe im Flur, das Türknallen im Ohr und den Verdacht im Kopf. Den Supermarktverdacht.

Ich stand vor einer Schaukel. Alle drei Sekunden kam Gianna wieder angeschwungen, mit bebenden Nasenflügeln. Entweder ich schubste oder ich kitzelte sie, spielte Formica, Ameise. »Mica!«, kreischte sie und zog die Schultern hoch. Zweijährige können enorm lang immer den gleichen Spannungsbogen wiederholen, ohne sich zu langweilen. Elena schlief im Kinderwagen daneben, ein britisches Fabrikat, Kolonialstil: ein hoher blumenbeetgroßer Kasten auf riesigen Speichenrädern, geliehen von der deutschen Verwandtschaft. Obendrauf klemmte eine Art Campingstuhl, den ich am unteren Ende des Kastens über die Beine von Elena fixiert hattte: ein Kamelsitz für die große Schwester.

Die Schaukel quietschte.

»Mica!«

Klaro, Mica. Ich kitzelte los.

Ich fragte mich, was ich vor drei Jahren von einem Typen wie mir gedacht hätte. Einer, der alle Spielplätze der Stadt kannte, der wusste, in welchen Bars man zum Espresso noch kostenlos einen Keks fürs Kind dazu bekam, der Ökowindeln importierte und sich Werbung für Biobrei durchlas, aber keine Ahnung hatte, wo man ordentliches Gras herkriegte. Einer, der seine Kinder bespaßte, manchmal sogar mit betulich verstellter Stimme, sich irgendwann auf eine dieser Erwachsenenbänke setzte, dabei womöglich noch ein wenig ächzen würde.

Damals, als wir auf das erste Kind warteten, sagten alle, dass jetzt alles anders werden würde. Und ich bekam Angst. Meine Frau wurde immer dicker, das Philosophie-Studium immer beliebiger und dazu dieses ständige Gefasel: Bald wird alles anders sein. Ganz anders. Ja, was denn, verflucht?

Ich war schon immer auf Krawall gebürstet. Was alle hochjubelten, fand ich aus Prinzip Kacke. Jahrelang marschierte ich nur in Schlafanzughosen durch die Welt: mit Schlag, gestreift, vom Flohmarkt. Schuhe zog ich nur im Winter an, die Haare ließ ich mir ins Gesicht hängen. Normal war Feind, Anderssein König. Und jetzt sollte also alles anders werden? Ganz anders?

Die größte Überraschung an unserem ersten Kind war nicht, dass es entgegen sämtlichen Prognosen eine Tochter wurde. Die italienische Verwandtschaft schloss aufgrund der eher spitzen Bauchform während der Schwangerschaft auf einen männlichen Nachkommen. »Sicurissimo.« Der Frauenarzt lobte leichtsinnigerweise eine Flasche Champagner aus, für den Fall, dass er falsch liegen würde. Prost!

Die größte Überraschung an unserem ersten Kind waren wir selbst. Wir hatten anfangs ein wenig übertrieben, mit dem Sichselbsttreubleiben, absichtlich. Auf Partys waren wir – obwohl die einzigen Eltern, das Kind in der Besenkammer – eine Zeitlang ständig die Letzten. Gegen den Strom durchhalten. Beim Münchner Filmfest – Gianna war gerade ein halbes Jahr alt – gingen Viola und ich abwechselnd ins Kino, manchmal auch zu dritt. Insgesamt 28 Mal in einer Woche. Mussten wir uns was beweisen? Ja, wahrscheinlich schon. Richtig souverän sah das alles nicht aus. Ein Parforceritt ums Jungsein. Wo liegt die Grenze zwischen lässig und verantwortungslos? Zwischen sorglos und leichtfertig? Und wie verkrampft ist eigentlich ständige Lässigkeit?

Immer dann, wenn das Leben auf den Kopf gestellt wird, ist der Rest der Menschheit besonders nachsichtig. »Veränderungen bringen eben Probleme mit sich«, sagen die Leute. »Anpassungsschwierigkeiten«, heißt es dann. Ganz normal. Nur wenn das gesamte System aus den Fugen gerät, wenn Menschen also Eltern werden, dann weiß plötzlich Gott und die Welt, wie sie sich fühlen: Die müssen platzen, permanent, und zwar vor Glück. Als ob man als Vater oder Mutter plötzlich ein besserer Mensch werden würde.

Alles wird anders? Heute denke ich: 6.20 Uhr aufstehen, dem Kind das dritte Hanuta wegnehmen und nicht sofort zurückgiften, wenn es pampig wird. Fertig. Keks statt Koks halt.

Die Schaukel quietschte. Ich setzte mich auf eine der Erwachsenenbänke. Ächzte.

»Wie alt?«, fragte die Oma neben mir, zerrte am Kolonialwagen rum und weckte Elena auf. Na, toll. Das war nicht der Plan gewesen. Doppeltoll.

Nicht, dass es sie nicht gab, nicht dass sie nicht auch Mütter waren, die schönen, jungen Italienerinnen. Aber auf dem Spielplatz waren sie nicht. Heute nicht, morgen nicht und das ganze Jahr nicht. Und ich hockte, schubste Schaukeln, baute Burgen.

Die Italienerinnen gehen arbeiten, häufig schon einen Monat nach der Entbindung, viele ganztags. Und weil die Betreuungsangebote für Kleinkinder in Italien grotesk miserabel sind, kümmern sich die Großeltern um den Nachwuchs. Der Nonno steht an Rutsche oder Klettergerüst, die Nonna tröstet Enkel, putzt Händchen und Näschen und schimpft mit dem Nonno, dass sich der Enkel nicht so schmutzig machen soll. Oder sie zerrt an meinem Kolonialwagen.

Elena brüllte. Die Nonna strahlte. Was für Augen! Und

was für ein wackeres Stimmchen. Sie patschte über Backen, Haare, Ohren. (Na, toll. Hallo? Sehe ich so aus, als ob ich stillen könnte? Eigentlich hätte Elena locker noch in die Mittagspause hineingeschlafen. Aber jetzt?)

Viola und ich hatten extra Handys besorgt, ja klar. Es waren unsere ersten. Damit zu telefonieren war aber noch deutlich zu teuer für uns studierende Jungeltern. Als ich einmal nebenbei eine kleine Geschichte für ein deutsches Magazin schreiben durfte, holte ich mir einen Sack Gettoni und recherchierte von der Telefonzelle aus. Für den Alltag mit einem Stillkind und der Mutter in der biblioteca nazionale hatten wir Morsezeichen ausgemacht. Wachte Elena auf, ließ ich es zum Beispiel einmal anklingeln, machte einen Squillo. Ein Squillo bedeutet: »Du kannst weitermachen, sie ist zwar wach, brüllt vielleicht ein wenig rum, aber alles unter Kontrolle.« Klingelte Viola zurück, hieß das: »Ich komme in der nächsten Viertelstunde raus; Treffpunkt Piazza Santa Croce.«

Zwei kurze Squilli hintereinander bedeuteten: »Buch und Stift fallen lassen, sofort rauskommen, ich stehe mit brüllenden Kindern und ohne jeden Rat beim Pförtner, der mich nicht reinlassen will.« Durchklingeln lassen hieß: »Ich prügele mich gerade mit dem Pförtner.«

Unsere Anklingel-Morsekommunikation war ein ausgefeiltes System aus Klingellänge, -takt, Rückrufen und Zweit-Anklingeleien. Essen, Stillen, Lieben: Alles per Squillo.

Die Nonna vor mir hatte sich von der brüllenden Elena abgewandt, sah jetzt – schlief denn ihr Enkel, oder was? – die wasserblauäugige Gianna. Sie sagte das, was ich in diesem Jahr Italien noch oft hörte: »Was für herrliche occhi celesti! Phantastisch. Che belli, questi bimbi. Das sind beide deine? Wahnsinn.« Die Nonna holte ein Album aus der Tasche, es waren Weihnachtsaufnahmen, immer der gleiche Bildausschnitt: »Das sind meine«, sagte sie, und ihr Gesicht leuchtete. Immer zum Fest kam die Verwandtschaft aus ganz Italien zu den Nonni nach Florenz. Und immer am 25. 12. stellten Kinder und Kindeskinder vor dem Fresko der Nonna die Heilige Familie nach. Neben jedem Foto rechts unten stand nichts weiter als die Jahreszahl und »G. b.«, daneben ein Vorname. »1967 G. b.: Luigi«

»G. b.?«, fragte ich.

»Na, G. b., Gesù bambino«, sagte die Nonna, »das Kind in der Krippe, das Jesuskind.« Und wirklich, da lag fast jedes Jahr ein neues Baby in der Krippe. Ich lächelte und blätterte mich durch die Jahrzehnte. Obwohl Maria und Josef, Hirten und Schafe verkleidet waren, bei Schuhen, Frisuren und Fotopapier gingen die Krippenaufstellungen mit der Mode. In den achtziger Jahren tauchten ein paar Weihnachtsfeste lang zwei Palästinenser mit PLO-Tüchern auf. In den Neunzigern wurde es immer dünner mit neuen Jesuskindern. Mal lagen Vorschulkinder in der Krippe, mal blieb sie ganz leer, »G. b.: –«. Im Jahr 2000 dann endlich wieder ein frisches G. b.: der Milleniumsjesus, ihr Enkel, auf den sie jetzt aufpasste, während das Krippenpersonal schon durch die Pubertät wütete. Nur das Fresko blieb immer gleich. Ein paar Jahre später kopieren wir diese Tradition des Weihnachtskarnevals. Immer im Advent formieren wir unsere Kinder zu einem belebten Christbaum. Die Rollen sind: Stamm, Äste, Zweige, Christbaumspitze. An Finger, Zehen und

Ohren hängen Christbaumkugeln. Und der g. B. (gute Baum) wird immer größer und dichter.

Ich gab der alten Dame das Album zurück. Sie lächelte. »La famiglia.« Jetzt sah sie wieder meine beiden Mädchen.

»Che spettacolo! Questi occhi.« Sie machte eine kurze Pause, senkte die frenetische Stimmlage um zwei Oktaven: »Heute ist das natürlich alles anders. Familie und so. Schwierig.« Sie nickte mit ihrem Kopf Richtung Kolonialwagen. »Aber jetzt reicht's. Zwei, und basta. Hörst Du? Ihr seid doch keine Zingari.«

»Soll ich noch Vongole holen?«, frage ich in Richtung Viola, diese kleinen Venusmuscheln, und will schon zur Tiefkühltruhe schlendern. Aber Viola macht ein Geräusch, als ob sie in was reingetreten wäre, und zieht die Nase kraus.

»Ich dachte, du magst die?«, sage ich.

»Ja, schon«, meint sie, aber lieber frisch, und der Monat habe kein »r«, also dürfe man nicht; und außerdem habe sie momentan ohnehin keine Lust auf Meeressachen, sie habe da neulich auch irgendwas Komisches gelesen drüber. Und wir hätten doch noch so viel Fleisch.

»Hm«, sage ich ein wenig missmutig und überhöre in meinem enttäuschten Muschelappetit die Hauptnachricht: Hier lenkt jemand ab. Das waren mindestens zwei Gründe zu viel.

»Schau mal hier«, sagt sie jetzt (Dass mir nichts aufgefallen ist. Jetzt lenkt sie auch noch richtig ab). Sie hält »Nipiol Cavallo« hoch und hat mich – keiner kennt mich so gut wie sie – sofort gefangen. Nipiol Cavallo belegt Platz 3 auf meiner Liste: Supermarktprodukte zum Staunen und Freuen. Eine junge braune Stute blickt vorwurfslos von der rapsgelben Umverpackung, im Hintergrund grüne Weidehügel. Zusammen sind

wir stark, soll dieses Bild sagen. Wir, das heißt: Das Pferd, das gerade erst aus dem Fohlenalter rausgewachsen ist, kräftig, gesund, nahrhaft auf der einen Seite und das Baby auf der anderen Seite, hungrig, im Wachstumsschub, mit liquiden Genen. Ich lese im Kleingedruckten, tatsächlich: Da ist Pferdchen im Gläschen. »Zwei mal 80 Gramm, glutenfrei, kräftiger Geschmack, ab dem 4. Monat.«

Warum eigentlich auch nicht? Italien ist Pferdefleischeuropameister, eigene Kühleinheiten im Supermarkt sind mit »Equina« betitelt. Warum soll es in einem solchen Land keine Pferdegläschen für die Kleinsten geben? Ist Babynahrung nicht schon längst regionalisiert? Natürlich essen finnische Babys schon zum Frühstück Lachsmousse. Und natürlich gibt es das dort aus dem Supermarktgläschen. Andersherum habe ich noch nie ein Inuitbaby mit Frühkarotten im Schälchen gesehen. Aber sonst? Gibt es in Thailand Heuschreckenflocken? Glutenfrei? Fish-and-chips-Gläschen in Schottland? Dönerkebabbrei in Neukölln?

Nipiol Cavallo auf jeden Fall zeugt von hohem Selbstbewusstsein und Nationalstolz. Wer Italiener werden will, muss früh anfangen. So wie Viola, halbe Auslandsitalienerin in zweiter Generation, die sich jetzt mit einem Gläschen-Doppelpack in der Hand in die Kassenschlange einreiht.

In Florenz wohnte ich zum ersten Mal im ersten Stock. Als Kind wohnte ich im Erdgeschoss, als Jugendlicher im Keller, als Uni-Neuling im elften Stock, als Kleinfamilie im dritten. Der erste Stock, sagen die Leute, ist das Stiefkind unter den Etagen: so dunkel wie das Erdgeschoss, aber ohne Garten oder Terrasse. Wenn schon unten, dann ganz unten. Ansonsten gilt die Devise: Je höher, desto besser. Immobilienmakler verramschen Erststockwohnungen, Topfloorleute schauen mitleidig, wenn sie die Graugesichter aus dem Ersten sehen. Werden bald ungefragt Lebensmittel an Erststocktürknäufen hängen? Bräunungscremes? Schnaps?

Sollen sie doch machen. Ich liebe den Ersten. Sicher: Dachterrasse, Freiheit nach oben, niemand, der einem auf dem Kopf rumtrampelt, dazu Meer-, Skyline- oder Alpenblick, je nachdem, wo man gerade wohnt – alles super Sachen. Unbenommen. Aber was ist mit: Leckem Dach, und keiner will's zahlen, defektem Aufzug, Knieproblemen, Höhenangst, Einjährige, die unbedingt selber gehen wollen? Hört sich alles schon nicht mehr so gut an.

In Florenz lebten wir also im Ersten; über dem Supermarkt. Von unten hörte man Sätze wie: »Laura, Laura, alla cassa, per favore.« So etwa. Ein bisschen Dudelmusik, manchmal Schweinebauchsonderangebotsdurchsagen. Direkt über einem Supermarkt zu wohnen ist super. Nie beschwert sich jemand. Nie fragt jemand, wann die Kinder lernen durchzuschlafen oder nicht so auf den Hacken durch die Wohnung zu trampeln. Man kann einkaufen, als ob die Sachen im Garten wachsen: immer nur das, was man gerade braucht. Ich plante und lebte in den Tag hinein, den Supermarkt an meiner Seite. »Laura, Laura alla cassa.«

Und dann gibt es da noch die dunkle, die unbekannte Seite des Supermarkts, direkt unter unserem Balkon zum Hof: der Lieferanteneingang.

Morgens, gegen halb acht schulterten da weißbekittelte Männer Sauhälften. Ein Auftritt zwischen Reaktorunfall und Liebesszene. Er mit Zellstoff-Schuhschlüpfern und Latexhandschuhen. Und sie, blutjung, schmiegte sich an seine Schulter, erschöpft, am Ende. Als ob sie sich die Nacht zusammen durch die Straßen gesoffen hätten. Vielleicht haben sie am Ponte Vecchio gesessen und sich dreckige Geschichten ins Ohr geflüstert? Haben am Ende gar ein Vorhängeschloss am Brückengeländer eingehängt, ein Amorchetto, ein Lucchetto d'amore, ein Liebesschloss, wie so viele in Italien. Gravur: »Die Sau und ihr Metzger – in amore fino alla morte«. Und den Schlüssel haben sie unter Liebesschwüren im Arno versenkt. Am Morgen dann schlurften sie gemeinsam aus dem Lkw, über den Hof, in den Supermarkt. War es verschmierter Lippenstift, der da an seinem Kragen klebte?

Von uns hängt übrigens auch ein kleines Vorhängeschloss am Ponte Vecchio. Wir beide: echt italienischer Kitsch. Viola hatte sich einen Glasschneider von Zia Anna geliehen, ein Vorhängeschloss besorgt: »G+V – Ponte d'amore«, wacklig graviert.

Es gibt viele Geschichten darüber, wie die Amorchetti entstanden sind. In Federico Moccias Roman *Drei Meter über dem Himmel* tauchen sie in Rom das erste Mal auf, vielleicht hat sie aber auch ein Florentiner Schlosser erfunden, um für seinen Laden Werbung zu machen und neue Absatzmärkte zu erschließen. Wir bekamen die Version erzählt, dass mit den Vorhängeschlössern italienische Pärchen zu Beginn des Armeedienstes ihre Liebe festketteten: »per sempre«, und ab mit dem Schlüssel in Arno, Tiber, Mittelmeer.

Cäsar-Anton-Dora-Emil-Gustav-Gustav-Ida-Anton-Nordpol-Ida-Nordpol-Ida: Cadeggianini. Ich hatte mich wirklich bemüht, Italiener zu werden. Zuerst hatte ich mir den richtigen Namen geklaut, inzwischen habe ich vier verschiedene Sorten Balsamico-Essig im Schrank, esse mehrere Kilo Parmesan im Jahr, kann Spaghetti löffellos selbst in der Luft drehen und ertrage sogar Sanremo, die sehr italienische Version des Eurovision Song Contest, nur ohne Europa. Einmal habe ich mir auf der »Sagra del ranocchio«, dem Froschschenkelfest, einen Kindheitsalbtraum erfüllt. Frittiert. Lieber frittiert. Fritta è buona anche una ciabatta, sagt Zia Anna immer. Frittiert schmeckt sogar ein Hausschuh. Außerdem wusste ich einfach nicht, was »al guazzetto« sein soll. Später hat es mir Zia Anna erklärt: Als ob die Frösche auf einer lange nicht gemähten Wiese durch den Morgentau streiften.

Das mit dem Namen war erst mal nur so eine Idee. Eine Option. Cadeggianini – warum eigentlich nicht? Andererseits, dachte ich... und kam nicht weit. Denn Patachon hatte schon angebissen. Er sagte, ich müsse.

Patachon war es, mit dem ich vor gut einem Vierteljahrhundert einen Pakt eingegangen bin. Patachon ist es, der, zusammen mit dem anderen CYL-Agenten Hannibal, bis heute in mein Leben reinpfuscht. Mit Recht. Denn ich habe mich vertraglich verpflichtet, nicht normal zu sein. Ich darf das einfach nicht mehr. Noch schlimmer: Ich habe es mir selbst gewünscht. Und schuld daran ist Patachon.

Patachon war unser Hausfisch: Klein, dick und tot, seit mehr als 25 Jahren. Patachon wurde 127 Tage alt. In seinem kurzen Leben hatte ich, damals acht, öfters Gelegenheit gefunden, mit ihm zu sprechen. Ich: platte Nase gegen Aquarium. Er: dummes Goldfischgeschaue. Wir mochten uns.

Ich machte mir Gedanken übers Älterwerden. Jugendlich, das ging ja noch. Aber erwachsen? Erwachsenwerden, das bedeutet doch, dass ein Fremder mein Leben kapert. Und dann unter fremder Flagge auf meinem Schiff durch mein Leben tuckert. Und ich? Ich liege irgendwo geknebelt im Maschinenraum.

Patachon verstand mich.

Auch er dachte übers Älterwerden nach. Ein Goldfischjahr entspricht etwa einem Hundejahr, nur mit deutlich weniger Gassigehen. Goldfische können bei sachgemäßer Pflege also durchaus 15 Jahre alt werden. Das erzählte ich Patachon. 15 Jahre, das sind 272 Großpackungen Sera Goldy Flockenfutter. Mehr als vier ganze Aquarien voll, ohne Wasser, Pumpe, Filter, nur Sera Goldy bis zum Rand!

Patachon wedelte aufgeregt mit der Schwanzflosse, drehte ein paar Runden im Aquarium. Dann schlug er mir jenen Pakt vor, der mein Leben bis heute bestimmen sollte.

An Pflege, Zuspruch und Liebe sollte er niemals Mangel leiden, ich sollte immer gut auf ihn aufpassen. Ich nickte ins Aquarium. Und er? Was würde er dafür tun? Er würde mir beim Jungbleiben helfen, gegen das Normalwerden kämpfen. Während die Jahre ins Land zögen, würde er mich warnen, schütteln, anschwimmen, sobald ich Dinge täte, die ich eigentlich nicht tun wollte. Rauchen zum Beispiel, Krawatten tragen, sich scheiden lassen oder den Rotz durch die Nase in den Mund ziehen – Kinderhorror eben.

Gut, Patachon. Abgemacht.

Wenn jemand Patachon heißt und noch dazu im Aquarium lebt, ist offensichtlich, dass er da nicht allein sein kann. Und ja, es gab den anderen. Und ja: Er hieß Pat. Unsere beiden Fische: Der eine hatte den anderen. Und der andere den einen. Wir beobachteten sie, liebten sie, fütterten und überfütterten sie und klopften mehr als 20 000-mal an die Scheibe.

Dann kamen die großen Ferien. Abschiedszeit. Ich besprach das Aquarium, klopfte, besorgte schweren Herzens einen automatischen Fischversorger: Ein Plastikschaufelrad, das sich langsam über dem Aquarium drehte. In jedes Segment füllte ich eine Tagesration Fischfutter, die ins Wasser rutschen würde – so stand es in der Anleitung –, wenn sich das Futterrad weit genug gedreht hat. Zugegeben, es war ein sehr günstiger Zeitschaltfütterer, aber Gott: Ich hatte wenig Geld.

Als wir aus dem Urlaub nach Hause zurückkamen, schwamm Patachon bäuchlings, Pat trieb mit der Strömung unserer Juwel-Pumpe, sein kleines Köpfchen stieß immer wieder gegen den Trixie M60-Filter. Das Kondenswasser hatte sich mit den Sera Goldy Flocken zu einer Fischfutterklebemasse amalgamiert. Es war nicht mehr aus dem Rad zu bekommen, weder von der Schwerkraft, die wochenlang Zeit hatte, noch von mir danach mit Wut, Schmerz und Schraubenzieher.

Pat war tot. Die ganze Familie, meine vier älteren Brüder, mein jüngerer Bruder, meine Mutter und mein Vater, alle braungebrannt und super erholt, kamen zusammen: in der Mitte, der kleine, reg- wie leblose Fischkörper. Wir wimmerten, zimmerten einen Mini-Sarg, hoben noch am selben Tag ein Minigrab im Garten aus, schrieben auf eine Minimarmortafel mit Edding: »Hier ruht in Frieden Pat.« Einer meiner Brüder hielt eine ergreifende Minirede.

Fünf Tage später starb Patachon. Er landete in der Mülltonne, in der großen, schwarzen.

Ich weiß, unverzeihlich. Aber irgendwie war beim Thema Fischtod bei uns die Luft raus. Nach dem großen Tamtam um das Ende von Pat war unser Bedarf an Fischbeerdigungen zumindest für die Woche, sagen wir, gedeckt. Außerdem war schönes Wetter, und wir wollten raus und spielen.

»Alles Ausreden«, ätzte Patachon, »falb und faul.«

Er hat es mir nie verziehen. Und er hat seine ganz eigene Rache: Bis heute hält er sich penibel an unseren Pakt, demütigt mich mit seiner Beflissenheit, ahnt überall Normalgefahr.

»Komm schon, Patachon, das ist ein Vierteljahrhundert her.«

»Vertrag ist Vertrag. Und gerade dafür haben wir den Pakt doch geschlossen, für später. Das bin ich dem Georg von früher schon schuldig. Dem, der mich nie im Leben einfach so in die Mülltonne geworfen hätte.«

Ich war 13, die Pubertät hatte mich bereits fest im Griff, als Patachon das erste Mal richtig zufrieden war mit mir. Ich färbte mir die Haare, Premiere. Mit Wasserfarben. Kurz vor Heiligabend malte ich mir bunte Quadrate auf den Kopf, mit jeder einzelnen Farbe wurde ich ein gefühltes Jahrzehnt erwachsener, unabhängiger. Weihnachten mit bunten Haaren, das sitzt, dachte ich mir.

Meine Mutter reagierte, als ob nichts wäre. Aha, Haare gefärbt, alles klar, alles normal.

»Kannst Du für mich einkaufen gehen?« Ich murrte, wie ich immer murrte, als ich 13 war und es irgendwas zu tun galt.

»Aber ich gehe nur, wenn ich so gehen darf, wie ich

bin.« Sie drückte mir den Einkaufszettel in die Hand und schob mich aus der Tür. Der Weg zum Supermarkt führte über eine Betonbrücke, die die Hauptstraße überquerte. Und genau kurz vor Brückenmitte, auf dem Präsentierteller der Stadt sozusagen, begann es heftig zu regnen: ein Wolkenbruch. Und der kleine, wasserfarbenbemalte Mann, dem der Regen grün und gelb und pink ins Gesicht lief, schritt tapfer in den Supermarkt, um der Welt zu zeigen, wie anders er war. Sogar anders, als er sich das in seinem trotzgefluteten Köpfchen ausgedacht hatte.

Ein Dutzend Jahre später trägt der kleine Mann von damals seine Haare hellbraun, kurz, naturfarben, inzwischen samt Geheimratsecken, die er für gar nicht so schlimm hält. Eine Zeitlang dachte und behauptete er sogar, sie seien sexy. Patachon, der Antinormalfisch in ihm, will Futter.

Cäsar-Anton-Dora-...: Ja, so ein Buchstabiername, vom Mann angenommen, das war sicher nicht normal, das gefiel Patachon. Und Viola tat nichts anderes, als große Mengen Öl heranzuschaffen und ins Feuer zu gießen: »Der Name ist ein Rechtschreibfehler, einzigartig selbst in Italien.« Kein Mensch könne sich erklären, wo die zwei »g«s herkämen, und warum da kein Doppel-»n« im Namen sei. Dazu die Ausgeglichenheit, Hälfte Konsonanten, Hälfte Vokale: »Unique!«

Patachon machte einen Satz wie ein Lachs bei der Laichwanderung. Ein Mann, sein Mann, würde seinen oberbayerischen, ganz normalen Namen aufgeben und einen italienischen Buchstabiernamen mit Rechtschreibfehler annehmen. Cadeggianini statt Buchetmann. Olé-olé. Patachon johlte.

Und ich war chancenlos, beugte mich und übte.

Das schnelle und das langsame Aussprechen, zusammen mit und ohne Vornamen, das Buchstabieren und das Unterschreiben. Noch heute ist es so, dass ich, werde ich beim Buchstabieren unterbrochen, oft durcheinanderkomme und dann lieber noch mal ganz von vorne beginne. Ein Quereinstieg ist nie ganz einfach. Das gilt natürlich ganz besonders dann, wenn es um einen italienischen Rechtschreibfehlernamen geht, bei dem sogar der Spamschutz vieler E-Mailprogramme anschlägt: Cadeggianini? Das muss so eine fiktive Penis-Verlängerungs-Viagra-Verhökerer-Identität sein – ab in den Spam.

Zur Hochzeit schenkten mir meine Eltern ein Fotoalbum. »Über Dein Leben als Buchetmann«, steht vorne drin, und ich musste heulen.

Womit ich nicht gerechnet habe: mit dem italienischen Namensrecht. Meine Kinder, meine Bambini, die wir von Geburt an auf italienisch trimmten (sie sollten es mal weniger schwer haben als ich), sollten – wie ich sieben Behördengänge später erfahren habe – im italienischen Pass, in ihrem bordeauxroten Passaporto mit dem goldenen Pentagramm im Lorbeer-Eichenblätter-Kranz, nichts anderes als meinen oberbayerischen Geburtsnamen stehen haben. »Buongiorno, Georg Cadeggianini. Das sind meine Kinder: Gianna, Elena Maria, Camilla, Lorenzo Leoluca, Gionatan Falco, Jim Luciano. Mit Nachnamen heißen die – ja, also, äh – Buchetmann?« Ach, komm.

Es wird noch eine Reise nach Pavullo in die Berge der Emilia brauchen, gutes Zureden, persönliches Vorsprechen der Kinder und ein paar Geldscheine, unauffällig eingelegt, sie nennen es Verwaltungsgebühr, um den Kindern auch in Italien ihren richtigen Namen zu gönnen.

Buchetmann ist jetzt mein Mädchenname, wie es heute

noch in manchen Formularen steht, ein Chefetagenname, sagte mein Großvater früher. Ich hatte nie Buchstabierprobleme mit ihm. Das mit dem Buchstabieren fing erst an, nachdem ich ihn abgelegt hatte. Von Buchetmann auf Cadeggianini bedeutet von zehn auf zwölf Buchstaben, von einem Konsonanten-Vokal-Verhältnis von 2:1 auf 1:1. Das sei ein Upgrade, sagt Viola, »von mir für dich«. Vokale im Namen seien wie Gelierzucker in der Marmelade.

»Aber ich mag's doch gar nicht so süß. Lieber die 2:1, vielleicht sogar 3:1. Ich will mehr Frucht im Leben, nicht Zucker.«

Ob ich ernsthaft diese fies kratzigen Konsonanten mit dem Fruchtanteil in Marmeladen vergleichen wolle?

»Neinnein. Aber warst es nicht du, die mit dem Marmeladenkäse angefangen hat? Und ich meine ja nur, dass ich süße Marmelade nicht ausstehen kann, egal, wie ich heiße.«

»Was hat denn das jetzt wieder damit zu tun?«, fragt Viola. »Süße Marmelade«, äfft sie mich nach, zieht die Vokale in die Länge. »Willst Du etwa Krsczywnek heißen?«

Beim Buchstabieren haben die meisten Menschen nach zehn Buchstaben eine natürliche Schallgrenze eingebaut, danach hagelt es Kommentare, Einsprüche, Verwirrungen.

»...Ida-Anton-Nordpol–Ida...«

»Momentmoment. N – I. Jetzt bin ich durcheinandergekommen. Und dann?«

Bei Buchstabe zehn ist Aufnahmestopp, Schluss, Ende der Fahnenstange. Oder ist es die Panik vor dem Ende? Meine Mutter zum Beispiel sagt am Ende einer längeren

Autofahrt immer: »So, gut gefahren. Aber jetzt noch mal aufpassen. Auf den letzten Metern passiert am meisten.«
»Noch mal, Nordpol-Ida.«
»Also, N – I – N – I«
»Exakt.«
»So.« Pause. Dann: »Wo haben Sie denn den Namen her?«
»Äh. Von der Frau.«
»Von der Frau?«
»Also von meiner.«
»Aha.«
Pause. An dieser Stelle gewinnt der Gesprächspartner regelmäßig Oberwasser. Schon das zweite »a« von Aha wird bereits nach oben gezogen. Signal: Hier pflügt gerade jemand im Obstgarten des Gehirns, und gleich wird die große Ernte eingefahren. Manche bauen sich dann noch eine eigene Rampe: »Jetzt habe ich aber mal eine Frage...« – andere feuern gleich. Die Stimmhöhe geht eine Terz rauf, das Tempo auf 150 Prozent. Vorsicht, jetzt kommt eine besonders investigative, überraschende, kecke Frage. Achtung. Fertig? Los: »Und wie hießen Sie vorher?« Die etwas unhöflichere Variante ist: »Und wie heißt Du wirklich?«

Was passiert da? Was schießt dem Gesprächspartner durch den Kopf, um bei dieser Frage zu landen? Hier hat sich also ein Mann einen italienischen Rechtschreibfehlerbuchstabiernamen aufgehalst. Warum zur Hölle hat er das gemacht? Leichtsinn, oder ist das so ein Italofreund? Will er auffallen? Raus aus der Langeweile: weg von Schmidt, Meier, Müller? Oder gerade das Gegenteil? Er hieß Rummenigge, Popelknopel oder Goebbels und ist jetzt heilfroh, dass er nur noch buchstabieren muss und nicht mehr Fankarten, blöde Sprüche oder Nazischeiß auf den Tisch bekommt?

Argwohn nistet sich ein: Da muss einfach was faul sein. Da ist jemand Giftmüll losgeworden, einen Vierundzwanzigender, was immer es auch sein wird, und ich, großer Detektiv der Wirklichkeit, werde ihm jetzt gleich auf die Schliche kommen. Jetzt, mit dieser Raketenfrage: »Wie heißt Du wirklich?« Und dann – ich kann meine Antwort, meinen Geburtsnamen, so genau, so langsam, so akzentuiert prononcieren, wie immer ich auch will – das anschließende »Buchetmann« wird immer, aber auch wirklich immer mit einem kurz ausgestoßenen, ungläubigen, fast fiebrigen »Wie?« quittiert, als ob ich gerade Bretonenbredouillenbouillon genuschelt hätte.

Das ist mir früher nie passiert.

Wie heißen Sie? Aha, Buchetmann, danke.

So etwa. Und jetzt das. Ist es der Lauf der Zeit? Haben die Kerns, Bergs und Steins unsere Gesellschaft so weit vereinsilbigt, dass Mehrsilbennamen nicht mehr auf den ersten Hieb verstanden werden? Wurde Buchetmann im Laufe einer halben Generation vom Chefetagennamen zum Buchstabiernamen degradiert? Ich fragte Experten. In diesem Fall Verwandte: Nein, problemfreier Name, weiterhin, keinerlei Verfallstendenzen: Wie heißen Sie? Aha, Buchetmann, danke. Also muss es wohl an mir liegen, an der Vorgeschichte, an der Erwartung, die sich aufgebaut hat. Wie ein Gitarrenverzerrer schaltet sich da etwas zwischen Ohren und Verstand des Gegenübers. Während das Ohr eine biedere Tonleiter empfängt, Eingangsstempel draufsetzt und weiterreicht, reißt die Erwartung den Gitarrenhals hoch, dudelt mit Wah-Wah, Chorus, Flanger.

»Wie?«

Das macht mir Angst.

Wer hat hier eigentlich das Sagen? Das, was tatsächlich stattfindet, oder das, was ich erwarte? Wie viel von dem, was wir zu sehen glauben, ist nichts anderes als das, womit wir einfach rechnen? Sind wir nicht mehr als unsere eigene Prophezeiung? Wer verdammt nochmal bestimmt eigentlich, was wir erwarten, mit was wir rechnen? Wer macht das? Und könnte ich mit dem bitte mal sprechen?

Mein Schwiegervater gab seinem Sohn den nicht ganz unbescheidenen Namen Michelangelo: Dieses Werk, mein Werk wird Großes schaffen. Michelangelo. Da bin ich mir ganz sicher.

Die Größe eines Schwiegervaters steht außer Frage. Vor allem beim Schwiegervater. Ich war noch nicht lang mit Viola zusammen, vielleicht ein paar Monate, hatte noch gar nicht viel mit ihrem Vater gesprochen, vielleicht ein paar Sätze. Aber es war ein Satz von ihm darunter, der kam wortwörtlich zweimal vor: »Schau, Georg, du machst das verkehrt. Ich...« Ich hatte also allen Grund, aufgeregt zu sein, vielleicht sogar Angst zu haben, als ich das erste Mal meine späteren Schwiegereltern zum Essen in meine Studentenbude einlud, Pino und Sigrid. Er Italiener, sie Deutsche. Sie lebten damals in München. Gekocht wurde natürlich italienisch.

Ich dachte: Diese Italiener, die essen doch ganz gern Nudeln. Dazu machte ich Pesto Genovese, selbstgehackt. Damals war das noch kein Studentengericht, denn damals gab es frisches Basilikum noch nicht in den Supermärkten; die hatten sich gerade erst auf die Olivenöllust der Deutschen eingestellt. Frisches Basilikum gab es nur auf dem Markt. Dazu der ganze Parmesan, damals noch Feinkostware, und die Pinienkerne erst, diese kleinen Goldnüsse. Egal. Mir war es das wert. Ich hackte und schmeckte, mörserte und häckselte. Es sollte ein grandioses Essen werden.

Die beiden kamen pünktlich. Sigrid blieb ganz kurz an der Zwei-Platten-Kochnische stehen, an der ich fuhrwerkte, raunte mir über die Schulter zu: Das Einzige, was ihr Mann nicht leiden könne, sei Pesto Genovese.

Bis heute, frage ich mich, ob sie eigentlich gesehen hatte, was ich da gerade zubereitete, oder ob sie das nur so ganz allgemein noch zu bedenken geben wollte. Jedenfalls erstarrte ich kurz, nickte, probierte: total versalzen. Na dann.

Jetzt nur nicht die Pasta verkochen, das ist neben zu wenig Wasser eine der Todsünden unter Italienern, hatte mich Viola gelehrt. Öl ins Nudelwasser? Am Ende kalt abwaschen? So was können Italiener sich gar nicht vorstellen. Staunend beobachtete ich zum Beispiel auf einem Campingplatz in Finnland, wie ein paar befreundete Italiener ein Päckchen Nudeln tatsächlich in drei Portionen kochten – sonst sei das ja viel zu wenig Wasser, meinten sie, das ginge gar nicht – und damit unser letztes Campinggas verpulverten. Wir mussten dann umdisponieren: Tatar statt Buletten.

Die Pasta hatte Biss. Das war doch schon mal was. Pino zog beim Kauen immer wieder die Lippen auseinander. Vielleicht müssen manche Gerichte eben atmen, dachte ich, wie ein guter Rotwein. Vielleicht weiß Pino darum und versuchte mit den zuckenden Lippen die Pasta zu belüften? Meine Pasta. Ein echter Gourmet in meiner Studenten-Butze. Immerhin legt Pino sehr viel Wert aufs Essen. Er importiert viele Dinge. Käse, Schinken? Italien. Gemüse? Italien. Obst? Italien. Er bringt die Waren immer selbst über die Alpen, weil er gern fährt, gern selbst auswählt und ohnehin ständig hin- und herfährt. Eine Zeitlang importierte er sogar Tafelwasser. Ganze Kofferraumladungen voller Plastikflaschengebinde. Das deutsche Wasser schmecke so leer, meinte er. »Das macht so eine pelzige Mund.«

Dann legte Pino die Gabel zur Seite, nahm das Weinglas – was kam nun? Eine Rede auf das Studentenleben? Die Macht des Wissens? Die Philosophie? Auf die Liebe? Auf uns? Oder vielleicht sogar aufs Essen? Cincin auf den Koch?

Er schaute Sigrid an. Dann sagte er: »Du, Mama, die Pasta ist ungekocht.«

Konvertiten laufen Gefahr, besonders fanatisch zu sein. So ist es wohl auch mit mir, der ein echter Italiener werden will, echter als echt am besten, echter als Buscaglione, Bertolucci und – ja von mir aus auch dieser Berlusconi zusammen. Ich will al dente leben, bissfest bis ins Mark.

Ich war bereits beim Abwasch, als das Telefon klingelte. Es war Sigrid, sie seien gut nach Hause gekommen, aber sie wollte mich warnen. Die Pasta. Ich müsse sie in Zukunft wirklich länger kochen. Das gehe so nicht. Ich sollte doch bitte auch an meine Gesundheit denken. Die Pasta, also, Pino liege im Bett, mit Fieber.

Seitdem heißt bei uns jede Pasta, die auch nur eine Idee zu kurz im Wasser war: Fieberpasta.

Und manchmal, auch das musste ich erfahren auf meinem steinigen Weg zum echten Italiener, kommt man erst gar nicht so weit: Ich wurde eher zugeladen, zum Mittagessen, ohne viel Tamtam. Eine schnelle Pasta bei Sigrid und Pino. Wenn er Hunger hätte und in der Nähe wäre, könnte er ja vorbeikommen. So in etwa.

Ich hatte Hunger, ich war in der Nähe, nur: zum Essen kam ich nicht wirklich.

Als ich mich an den Tisch setzte, war bereits gedeckt: Glas, Gabel, tiefe Teller.

Ich hasse tiefe Teller. Bis heute. Suppen esse ich lieber aus Schalen, da bleiben sie heiß. Und für alles andere bevorzuge ich flache, große Teller; Typ Servierplatten. Gern nehme ich dann zum Beispiel schon den Salat mit drauf. Das geht bei tiefen Tellern nicht, rutscht da doch alles so unschön in der Mitte zusammen. Aber mein Tiefe-Teller-Hass sitzt tiefer als irgendein Pragmatismus. Ich vermeide sie, wo ich nur kann. Seit jenem Essen.

Es gab Spaghetti, mit irgendeiner saugutem Soße. Alle saßen, ich bekam einen Berg auf meinen tiefen Teller. Ich bedankte mich, blickte mich um, kein Beten, dann ein Guten-Appetit-Wünschen, und schon spießten Viola, ihr Bruder Michelangelo, Sigrid und Pino ihre Gabeln in die Pasta. Ich wartete, räusperte mich, fragte dann, ob ich vielleicht einen Löffel holen dürfte. Bitte.

»Nein.«

Es war keine Aufregung in diesem Nein. Es sollte nicht nach Provokation klingen. Es war ein kleines, aber entschiedenes »Nein«. Die vier drehten weiter in ihren Tellern. In meinem Kopf hallte das Wörtchen. Als mein Blick Sigrid nicht recht losließ, fügte sie hinzu: »Wer meine Tochter ausführen will, der muss seine Spaghetti schon ohne Löffel essen können.« Ich dachte kurz daran, nachzufragen, wer da sonst schon so dagewesen sei und wie der sich so geschlagen habe, wendete mich dann aber nickend meinem Teller zu und drehte.

Bisher hatte ich es in meinem Leben nie für notwendig erachtet, Spaghetti ohne Löffel essen zu können. Ich hatte es nicht mal versucht. Ich setzte dann all meine Hoffnung darauf, ein Naturtalent zu sein. Und zu meiner großen Überraschung bestätigte sich diese Hoffnung überhaupt nicht. Egal, wie ich anfing, ob am Rand oder in der Mitte, ob links rum oder rechts rum, nach zwei, drei Umdrehungen kreiste ein kinderkopfgroßer Knäuel auf meinem Teller. Demut erfasste mein Herz. Die Demut dessen, der sieht, dass er nicht kann, was doch so einfach aussieht. So wie es zum Beispiel wirklich schwierig ist, freihändig und ohne Vorzeichnen Sterne aus einem Blatt Papier auszuschneiden, die nach Sternen aussehen, so ist es mit dieser Gabeldreherei. Und genauso wie ein fertig ausgeschnittener Stern einfach nur toll aussieht und nicht nach Problem, so federleicht sieht auch dieses Pastaessen aus. Das der anderen. Waren die anfangs noch ganz gut mit sich und ihrem Hunger beschäftigt, wurden mit der Zeit meine Drehversuche immer argwöhnischer beäugt.

Es war Michelangelo, der irgendwann innehielt, aufblickte. Jener Michelangelo, der ein paar Jahre später mit merkwürdigen Knötchen auf dem Pullover dastehen wird: »Mama, was ist mit meinem Pullover los? Woher kommen diese Wuggel?« Die Wollknötchen gehen in einem Streifen einmal über den Bauch rüber und dann noch quer über die Brust, von links oben nach rechts unten. Es ist – wie wir mit Hilfe von Experimenten herausfinden – der Gurt aus seinem Auto, der da an seinem

Pullover gerieben, Wolle zu Wuggeln gemacht hat. Die vielen begeistert gefahrenen Kilometer: die Insignien seiner Macchina. Als Michelangelo ein Haus kaufen will, lässt sich sein Favorit ganz einfach in Zahlen fassen: 250 Quadratmeter, davon 100 Quadratmeter Garage.

Dieser Michelangelo, dieser Superitaliener mit den Woll-Wuggeln im Gurtbereich, hielt inne, deutete mit der Gabel in meine Richtung.

»Du kannst es nicht!« Ich drehte meine Gabel ein wenig auf dem Teller, inzwischen war sie zu einer Art Keule geworden, die Nudeln schienen wie gequollenes Peddigrohr unwiederbringlich ineinander verstrickt und verknotet zu sein.

»Nimm zwei, drei Nudeln, ziehe sie mit der Gabel ein wenig hoch, so dass du die anderen abschüttelst, und drehe sie dann am Tellerrand zur mundgerechten Portion. È facile.«

Aha. Sehr schön. Ja, genau. So werde ich das jetzt auch machen. Du hast ja recht, du Gabelkünstler, du löffelloses Genie. Jetzt komme ich. Das ist facile, muss es sein, kinderleicht. Ich schüttele also den Keulenkopf von der Gabel und mache alles genau nach Anleitung: zwei, drei Dinger aufspießen, hochziehen und dann munter losdrehen, auf irgendeinem freien Tellerplätzchen.

Bloß: da war kein freies Plätzchen. Nichts. Absolut gar nichts. Mein Teller zugeballert mit Spaghetti wie ein Ikea-Parkplatz am Samstagnachmittag. Nichts geht mehr. Kein Vor, kein Zurück. Und das auf einem tiefen Teller. Wenn es schon bei einem flachen Teller für ungeübte Dreher schwierig ist, ein freies Plätzchen zu schaffen und zu halten, so ist es auf einem tiefen Teller mit einer größeren Portion gänzlich unmöglich. Sobald ich die Masse auf der einen Seite zu türmen versuchte, drückte sich von der anderen Seite der Pastaberg in die Lücke. Auf den Schrägen rutschten die Nudeln wie Kinder im Winter auf vereisten Rodelbergen.

Ich hoffte auf Gauß und seine Normalverteilung, die vom Zehn-Mark-Schein damals. Wird es auch bei zu viel Nudeln auf einem tiefen Teller irgendwann zu einer Standardabweichung kommen? Eine Lücke, ein Drehplätzchen? Vielleicht ein Messfehler? Gauß schüttelte den Kopf. Nicht bei so viel Spaghetti. Sehr unwahrscheinlich. Ich müsste Jahre warten, meinte Gauß.

Das also ist der Schwiegermuttertrick. Sie erstickt mich in Großzügigkeit, quält mich vor einem tiefen Teller, übervoll, ohne Drehplätzchen, ohne Löffel.

Ich müsste auf die Questura, das Polizeipräsidium, uns anmelden, schrie ich zu Viola ins Arbeitszimmer rüber, während ich die Kinder fertig machte. Ob ich ihr was mitbringen könnte.

Kleine Scherze stützen die Liebe im Alltag. Wenn Stress und Routine einen im Schwitzkasten haben, gilt es Luft zu holen für einen kleinen Witz zwischendurch. Eine Minipolizeikelle vielleicht? Als Schlüsselanhänger. Einen kleinen, wirklich ganz kleinen Strafzettel vielleicht? Als Ansichtskarte. Was mitbringen. Aus der Questura.

»Ja«, brüllte Viola zurück. »Einen CiEffe.«

Ich erstarrte. CiEffe. CF, zwei Buchstaben, auf Italienisch. Sie stehen für »Codice fiscale«. Kein Scherz, sondern die Hölle.

Der CiEffe ist der Schattenkaiser der italienischen Staatsbürgerschaft. Ohne ihn bekommt man in Italien keinen Vertrag, kein Handy, keine Versicherung, nicht mal eine vernünftige Rechnung. Sie wollten mir in der Reinigung um die Ecke, zu der mich Zia Anna geschickt hatte, nicht mal meine Hose zurückgeben.

»Und der Codice Fiscale?«

Aber die Sache sei doch bezahlt, argumentierte ich.

»Die Nummer, bitteschön.«

»Also, ich hab gar keine.«

»Keinen Codice fiscale? Das ist ein Problem.«

»Hören Sie: Ich verzichte auf Quittung, Rechnung, Regressansprüche – alles. Bitte. Meine Hose.« Sie schob die Unterlippe vor, schüttelte den Kopf. Aber sie könnte ja mal nachfragen. Und während sie im Nebenraum lautstark diskutierte, packte ich Mut und Hose zusammen und verschwand. Verzeih, Zia Anna!

Natürlich hatte ich schon ein paar Mal versucht, an einen eigenen CiEffe zu kommen. Ich hing in Telefonleitungen fest, hörte immer wieder dieselben Warteschleifen dudeln – und meine Gettoni durchfallen; auf dem Amt trippelte ich von Schalter zu Schalter: Wo ich denn wie lang plane, mich aufzuhalten? Warum jetzt? Und warum überhaupt? Ich beantwortete Fragen und Nachfragen.

Und dann: »Wie lautet denn Ihr Codice fiscale?« Ich schluckte.

»Aber ich habe doch gar keinen.« Deswegen sei ich ja schließlich hier, sagte ich. Um einen zu beantragen. Doch an diesem Punkt der Unterhaltung wurden die Schaltermenschen regelmäßig sehr, sehr misstrauisch.

»Sie haben keinen Codice fiscale?« Ich nickte. Wie ich das denn überhaupt mache? Den brauche man doch heutzutage überall.

JA, EBEN!

Ob ich ausschließen könnte, gewerblich tätig zu sein oder zu werden? Und – Moment, jetzt sei ohnehin Mittagspause.

So etwa.

Der CiEffe ist eine Art geheime Staatstaufe, ein sechzehnstelliges, persönliches Nummernbuchstabengewirr, das Basisdaten kodiert darstellt und vermutlich nur an Staatsbürger im Stillalter ohne Argwohn ausgegeben wird. Er liest sich schleppend, eher Jandl als Rilke.

BNN SMN 56F25 R687K, so etwa.

Vom Nachnamen zum Beispiel werden drei Konsonanten ausgewählt, der Geburtsort wird dank riesiger Tabellen in eine zweistellige Buchstabenziffernkombination verklausuliert. Auf Position 10 und 11 liegt der Geburtstag. 25 etwa, wenn man am 25. eines Monats Geburtstag hat. Bei Frauen wird diese Zahl mit 40 addiert. 65 heißt also: weiblich und am 25. eines Monats Geburtstag. So werden Stelle für Stelle Informationen gehäufelt. Ich habe noch nicht alles verstanden, aber ich bin mir sicher: Mit den richtigen Tabellen kann man an dem sechzehnstelligen Codice fiscale nahezu alles ablesen: Cappuccino oder Latte Macchiato? Fiat oder Ferrari? Mare oder Montagna? Pizza oder Pasta? Camorra oder Cosa Nostra? Pavarotti oder Ramazotti?

Meine Lieblingsposition ist ganz hinten, auf Stelle 16. Hier ist der CiEffe ganz bei sich. Die 16. Stelle ist frei von jeder Information, eine reine Kontrollstelle. Sie ist die Essenz eines Systems, reine Selbstbestätigung, algorithmische Onanie, großartig. Um sie zu berechnen, bekommen noch mal alle vorherigen Ziffern und Buchstaben nach zwei getrennten Tabellen, je nachdem, ob sie auf einer geraden oder ungeraden Position des CiEffe liegen, einen neuen Zahlenwert zugewiesen. Am Schluss wird alles zusammengezählt, eine Art Quersumme des CiEffe, und durch 26 geteilt. Das Ergebnis, und das gefällt mir besonders gut, wird einfach weggeworfen. Wichtig ist nur der Rest, das, was beim Teilen durch 26 übrig bleibt: eine Zahl zwischen 0 und 25, die wiederum durch einen Buchstaben kodiert wird.

Um es gleich vorweg zu sagen: Ich werde nie in den Besitz eines Codice fiscale kommen. Aber ich versuche seit Jahren als Hobby meinen etwaigen Kontrollbuchstaben auszurechnen. CDG GRG 77E05 G702 und dann? $5+3+15+6+8+6+17+7+9+0+13+6+17+0+5 = 117$ geteilt durch 26 = 4, Rest 13. Rest 13 hieße »N«. Könnte sein.

Mit schreckensgeweiteten Augen rüttelte ich also meine Frau: CiEffe mitbringen? CiEffe? Ob sie einen leisen Schimmer davon habe, was sie da eigentlich sagte? »CiEffe, das ist schlimm, das ist ganz schlimm. Das ist das Dschungelcamp der Formulare, zahlengewordener Staatsterror. Das ist...«

»Ruhig, ganz ruhig«, sagte Viola und grinste. »War doch nur ein Scherz. Ein Witz zwischendurch. Die Liebe stützen und so.« Ich schnaufte einmal tief durch. Ein Scherz.

»Darüber macht man aber keine Scherze. Nicht über den. Wirklich nicht.«

Erleichtert packte ich die zwei Kinder aufs Rad. Also gut. Ein Scherz. Okay. Dann mal los. Wir brauchten eine Aufenthaltsgenehmigung, offizielle Papiere. Unsere Vermieterin wollte das. Die Bibliothek und der Stipendiengeber. Die Krabbelgruppe und sogar der Supermarkt für unsere Punktesammelkarte. Wir vertrösteten alle, seit Monaten. Typisch italienisch halt.

Nur anmelden, eine Aufenthaltsgenehmigung in der Questura beantragen. Nur anmelden in Italien, das ist wie Malefiz spielen – das Einwohnermeldefiz. Mühsam muss man sich hochwürfeln, Schritt für Schritt, Stockwerk für Stockwerk, von Beamten zu Beamten. Je größer das Zimmer, desto dicker der Beamte. Erfahrene Spieler wissen mit einem Blick, auf welchem Stockwerk sie gerade sind. Die Beamten schicken die Spieler von einem Zimmer ins nächste, manche erwähnen noch Dokumente, Bestätigungen, Schreiben, die es beizubringen gelte, bei deren Vorweisen der nächste Beamte wahlweise gelangweilt oder wütend wird, jedoch keinerlei Beschleunigung in der Sache zu erwarten ist. Bei manchen Beamten hockt ein weiterer Beamter im Zimmer. Der ist wie einer dieser weißen Malefizsteine: Er blockiert den Weg. Dann muss man aussetzen, warten, bis der überschüssige Beamte von einem Mitspieler weggerufen wird.

Das italienische Einwohnermeldefiz ist ein spannendes Gesellschaftsspiel in historischem Ambiente, das oft mehrere Tage dauert. Die Spieler werden auf Geduld und Contenance geprüft. Denn pro Tag werden nur einige wenige Stempel vergeben.

Macht der Spieler auch nur einen kleinen Fehler – nicht anklopfen etwa oder nicht ordentlich grüßen, sich auf einen anderen Beamten berufen, auf die guten Sitten, den lieben Gott –, verdirbt das augenblicklich die Laune. Erst dem Beamten, dann dem Spieler.

Und dann gibt es noch einen Kapitalfehler…

Ich hatte mich schon bis in den dritten Stock hochgespielt. Zimmer und Beamte waren groß und kräftig. Elena klemmte wie ein Baguette unter meinem Arm. Gianna war unwirsch und nur noch mit Süßem bei Laune zu halten. Pro Beamter, hatte ich versprochen, bekäme sie ein Gummibärchen. Und die Packung neigte sich bereits dem Ende entgegen.

Der Beamte grinste, ich sah schon das Wort Mittagessen in seinem Gesicht, da bot er mir ein Glas Wasser an. Ungläubig rupfte ich einen Becher aus dem Wasserspender.

Es war ein Becher wie eine Eistüte. Psychologisches Abfallmanagement, selbst in der Questura. Weil man Eistütenbecher nirgendwo abstellen kann, bleibt auch nirgendwo einer stehen. Jeder hält ihn in der Hand, bis er leer ist. Und dann? Der Mensch tut sich sehr viel leichter, einen Eistütenbecher in einen Abfalleimer zu werfen, als irgendwo schräg abzulegen. Ich drückte den Hebel, es gluckerte im Automaten.

Ja, sagte der Beamte, da hätte ich ja jetzt alle Dokumente zusammen, kein Problem, dann müsse ich jetzt nur noch zum Stempeln in den fünften Stock zu seinem Kollegen.

Ich verschluckte mich, hustete: »In den fünften Stock?«
BEAM-TIME!

Ich hätte jetzt einfach das Wasser austrinken, die Kinder packen und zwei Stockwerke höher traben können. Wahrscheinlich wäre ich in weniger als zehn Minuten raus gewesen. Gestempelt, gewonnen, gesiegt.

Hätte ich.

Aber nein, ich Idiot fasste Mut – um ganz genau zu sein: Es war Übermut – und fragte: »Ach, vielleicht können Sie mir ja auch bei einem anderen Problem weiterhelfen.«

»Sì.«

»Ich bräuchte da noch diese Nummer, diese Steuernummer, diesen *Codice Fiscale*.«

Binnen dieser sechs Silben verwandelte sich der Gutelaunebär vor mir in einen Kampfhund, dem irgendjemand gerade auf den Schwanz getreten war. Und jetzt sah das fiese Vieh sich um, wer das getan hatte: maximale Körperspannung, leinenlos, bissbereit.

»CO-DI-CE FIS-CA-LE?«, knurrte er, jeden einzelnen Laut in die Länge ziehend. Er zerrte an meinen Unterlagen, griff zum Telefonhörer.

Da müsse ich erst mal zu einem seiner Kollegen.

Erdgeschoss.

Und nun begann das große Zurückrudern.

»Neinneinnein, so wichtig ist das jetzt doch gar nicht«, hörte ich mich beschwichtigen. Die Bambini hundemüde. Die Treppen, die vielen Beamten, alle nett und hilfsbereit, sicher, und trotzdem: Das wäre alles etwas viel für die Bambini heute. Ich müsste schweren Herzens auf dieses Dings verzichten, zumindest heute. Das wäre eher so ein Scherz gewesen. Codice Fiscale, so nebenbei. Aber auf keinen Fall sollte er denken, dass da jemand den Codice Fiscale geringschätzen wollte, Gott bewahre, ich wäre nur wirklich sehr, sehr zufrieden, brächte ich heute – gewissermaßen als Tageswerk – die Anmeldung, die Aufenthaltsgenehmigung, einen Zettel mit einem Stempel, irgendwas mit nach Hause.

Er schnappte noch einmal nach Luft, verknitterte ein wenig meine Unterlagen: die Bambini? »Va bene«, fünfter Stock.

In einem gigantischen Prunksaal empfing uns ein Koloss von einem Polizeibeamten, von dem es sonst – egal, zu welcher Tageszeit ich angeklopft oder nach ihm gefragt hatte – immer nur geheißen hatte, er mache gerade Mittagspause. Das musste sie also sein, die geheime Stempelmacht, und gleich würde sie tun, was sie gelernt hatte: stempeln, stempeln, stempeln. Ich reichte Gianna eine Handvoll Gummibärchen, die letzten. Sieg.

Er blätterte, schaute auf. Dann fragte er: »Und die Fotos?«

Ich trat zwei Schritte nach vorne an den gewaltigen Schreibtisch, wies mit einer vorsichtigen Handbewegung auf die Passfotos.

Er schaute auf: »Und die Bambini?«

Ich zog die Augenbrauen nach oben: »Non capisco.«

Er deutete mit einer Dokumentenspitze erst auf Gianna, dann auf Elena.

»Das sind doch Ihre? Und die wohnen doch auch hier in bella Firenze?«

»Sì sì. So wie es in der Anmeldung aufgeführt ist. Gianna und Elena. Bella Firenze.«

»Da brauche ich Fotos.«

»Aber… Aber die sind doch noch so klein. Zwei Jahre die eine, fünf Wochen die andere. In zwei Monaten sehen die schon ganz anders aus.«

Er schnaubte, machte einen steifen Hals. Wer wann wie aussähe, und ob das wichtig sein könnte, entscheide immer noch die Questura. Er hielt mir die Dokumente hin. Ich sollte wiederkommen, mit Fotos. Nach der Mittagspause.

Ohne Gummibärchen, weich gekocht von Bürokratenterror und Mittagshitze, saß ich in einem Fotofix in bella Firenze. Gianna brauchte zwei Vier-Foto-Schüsse, bis auf einem Bild ihr Kopf vollständig und von vorne zu sehen war.

Das Foto mit Elena habe ich liebgewonnen. Man sieht ihren geblitzten Babykopf, rechts und links davon zwei total verkrampfte Hände, die ihn stützen. Rund herum Erinnerungen: Ich in der verdreckten Fotofix-Kabine, die elend langen Anweisungen verfluchend. Auf Knien, weil sonst immer meine Birne mit im Bild gewesen wäre. Auf Knien vor der italienischen Bürokratie.

Es begann als Urlaubsspiel, wir nannten es Wundertüte: Irgendetwas kaufen, von dem man absolut keine Ahnung hatte, was es sein könnte. So haben wir zum Beispiel in den Bergen vor Eger, in Nord-Ungarn, einen daumengroßen Zylinder für 30 Forint gekauft. Weißes Papier, viel Ungarisch darauf. Den Tag über rätselten wir: DDR-Smarties? Ein Ungarn-Kaleidoskop: bunte Formen, die sich um ein winziges Kádár-Porträt drehen? Zahnstocher? Aus Bruchholz der sowjetischen Taiga? Am Abend dann im Zelt wurde es bei einer Flasche Wein enttarnt. Täteretääää: Ein Fliegenklebeband.

Das Wundertütenspiel ist schuld, dass wir einen Falaffelausstecher aus Nazareth besitzen, fluoreszierende Heftpflaster aus Istanbul, Rosenblütenzigarillos aus Thailand und Mottenkugeln aus Athen. Kleine absurde Dinge, die wir durch unsere Vorurteile mit Geschichten aufladen und so ein wenig von uns und ein wenig vom Land kennenlernen.

Es gibt fast nichts, was eine Nation so schnell und so

unauffällig konturiert wie ihr Konsum. Im Supermarkt merkt man, was den Leuten wichtig ist. Welche Produkte gibt es? Wo stehen sie? Wie groß sind die Packungen? Wie viele Marken? Frisch oder pasteurisiert?

Das gilt vor allem für Italien. Jenes Land, in dem selbst winzige Dorfsupermärkte ein Sortiment mit mindestens einem Dutzend verschiedenen Gummidichtungen für Mokkamaschinen führen. In dem eine Discounterkette IDLA heißen kann, ohne dass irgendjemand an Deutschland denkt (ALDI rückwärts? Hitler? Sie sprechen ihn zumindest sehr ähnlich aus wie diese Dicounterkette). Wo es an jeder Ecke eine Ferramenta gibt, einen Eisenwarenhandel. Ein Tarnname. In Wahrheit ist eine Ferramenta nämlich ein Männergeschäft. Während die Signora Schuhe kauft, sich die Nägel oder Haare machen lässt, fürs Bambino noch eine Kleinigkeit besorgt, steht der italienische Mann in der Ferramenta. Es sind winzige, familiengeführte Baumärkte, in denen man einen mannshohen Seitenschneider, eine Kronkorkenverschlussmaschine, Messingketten als Meterware, sogar Kleintraktoren bekommt. Und unter der Ladentheke eine Box Vogelschrotpatronen.

Italien ist das Land, in dem im Supermarkt niemand Obst oder Gemüse ohne Plastikhandschuhe anfassen darf. Das sorgt immer wieder für unschöne Begegnungen. Dänen, Deutsche, Holländer zerren mit nackten Händen an Pomodori, Arance oder Uva, Tomaten, Orangen, Trauben. Einheimische wenden sich mit Grauen ab, schütteln Köpfe oder schicken Giftblicke. Manche halten dann ganz plötzlich einen dieser Knisterhandschuhe vorwurfsvoll nahe unter die Nase der Stranieri, der Fremden. Barhändig in Italien Obst und Gemüse einzukaufen ist eine Mutprobe.

Die Knisterhandschuhe sind ein Gebiet, auf dem Italiener ganz bei sich sind, sich gegen Touristen und ihr Geld zur Wehr setzen. Es ist ein Ventil: Wenn einen Italiener die lauten, käsebleichen, unschmucken Touristen mal wieder zu sehr nerven, dann legt er sich im Obst- und Gemüsetrakt eines meernahen Supermarkts zum Kulturkampf auf die Lauer. Einmal habe ich ein Foto in so einem Gemüsetrakt gemacht, Viola prüft gerade eine Aubergine. Das letzte Mal ohne Plastikhandschuh. Das Foto ist eine Totale, Viola nur ganz klein, zusammen mit einem Dutzend anderer Supermarktkunden. Die Keifnudel, die mit großer Empörung und unflätigen Worten gleich zum Kulturkampf ansetzen wird, macht gerade einen großen Schritt Richtung Viola.

Das Foto klebt in unserem Bastelprojekt »La nostra Firenze«, ein Büchlein mit lauter Suchbildern: Unser eigenes Florenz. Immer ist einer von uns vieren drauf, immer ist unser Florenzleben in Totalen abgebildet.

Viola sitzt da zum Beispiel in der Mensa. Elena liegt schlafend auf dem Tisch. Rundherum Studenten. Gianna isst Primo, Viola Secondo. Auf dem Tablett stehen noch etliche Joghurts, die uns die aufgeregten Küchenhilfen jedes Mal zusteckten, manchmal sogar extra noch an den Platz brachten. »Che bambini! Complimenti!«

Bild zwei: Viola radelt auf ihrem orangefarbenen Graziella-Klapprad durch die Menschenmenge auf der Piazza del Duomo, wo den Pferden Heusäcke ums Maul gebunden sind: Futter to go.

Bild drei: Eine historische Häuserschlucht, ganz hinten ich mit Kolonialwagen und riesigen Kopfhörern. Während ich Elena zum Einschlafen über mittelalterliches Holperpflaster schaukele, höre ich Hörspiele. Ein bisschen Widerstand gegen dieses Duzideizi-Bambini-Gehabe.

Eine Innenaufnahme von Santa Croce: Neben einer Säule hantiere ich gerade im Kinderwagen, Elenas nackte Füße ragen in die Luft. Gianna schaut zu mir hoch. Es ist Winter und die Kirche der wärmste Platz zum Wickeln. Ein paar Monate später, ein paar Kirchen weiter, ganz klein und vorne: Elena im Taufkleid, natürlich mit Rüschen, natürlich mit Tüll, natürlich selbstgemacht. Natürlich von Zia Anna.

Uffizien, David, Ledergürtelmarkt, Ponte Vecchio, Arno, Cascine: Immer steht einer von uns ganz klein im Bild, Papa oder Mama, Kind oder Kinderwagen, hält eine Banane, probiert einen Gürtel oder jagt Tauben. Eine Serie heißt »i nostri caffè«: In jeder neuen Bar, in der wir Kaffee trinken, machen wir eine Selbstauslöseraufnahme. Leider fehlen viele Aufnahmen, weil wir die Kamera samt Film in einer Bar nähe Uni haben stehen lassen. Ein letztes Mal in Richtung Kamera gegrinst – Banane geschält, Keks besorgt, Caffè getrunken, Krümel zusammengefegt, Kind beruhigt, Caffè bezahlt – Kamera vergessen.

Halb so wild. Mit den Kindern haben wir uns eine Gelassenheit antrainiert, mit der wir gern auch unserer eigenen Schusseligkeit begegnen. Die Tatsache, dass man Kinder hat, macht einen noch nicht zum besseren Menschen. Natürlich nicht. Aber wer Kinder hat, stellt andere Fragen. An den Alltag, an das Leben, an das Glück. Das ist weniger charakteristische Großzügigkeit als vielmehr Kapitulation vor Schwund und Missgeschick. Ich traue mich, mehr Spiel ins Leben zu holen. Beim Pfannkuchenbacken etwa denke ich an Tintenklecks-Tests. Was ich da gebacken habe? Küchenpsychologie. Im Herbst runterfallende Blätter fangen? Das bringt Glück. Ob wir uns nicht eine Familiendraisine bauen sollen und damit Urlaub auf stillgelegten Bahnstrecken machen, neue Wege gehen? Was mit meinen alten Telefonnummern passiert ist? Wer da jetzt abhebt? Einfach mal anrufen?

Im Gegenzug zu mehr Spiel und dickerer Haut entwickelt sich mit Kindern eine enorme Verletzlichkeit. Plötzlich gibt es da eine Angst, die größer ist, als die um sich selbst.

Ich war irgendwo draußen, mit Elena und Gianna, mit Kolonialwagen und Kamelsitz. Der Metallsitz war oben auf der Kinderwagenschale montiert, gegen Fahrtrichtung. Gianna war angeschnallt. Ich hatte es eilig, musste noch nach Hause, das heißt, vorher noch zum Supermarkt, und das, bevor der Mittagspause machte. Es war ein ziemlich hoher Bordstein, den ich mit dem Wagen runter musste, und ich nahm ihn frontal. Ich war schnell, kurz bevor ich die Vorderräder auf der Straße absetzte, bremste ich ab, was dem Kamelsitz samt Gianna noch mehr Schwung gab. Und auf einmal kippte Gianna samt Sitz. Nach hinten, weg von mir. Sie kippte in den Wagen und schlug mit der stahlverstrebten Rückenlehne und dem Gewicht einer Zweieinhalbjährigen voll auf Elenas Säuglingskopf. Es machte kein Geräusch. Es war ganz still. Mein Blut schockgefror. Dann riss ich Gianna runter und nahm Elena raus. Sie brüllte. Gut, das war gut. Ich schaute in ihr Gesicht. Sie blutete. Schlecht, das war schlecht. Aus dem Auge. Das war verdammt schlecht.

Es waren nur wenige hundert Meter nach Hause. Aber hier hätte noch mal alles passieren können. Ich klemmte mir die brüllende und blutende Elena unter den Arm, wuchtete Gianna samt dem verdammten Kamelsitz in den Wagen und rannte los. Im Kopf die Bilder unseres zukünftigen Lebens: Wird sie sich jemals selbständig anziehen können? Die Schnürsenkel binden? Wird sie lesen und laufen lernen? Lügen und lästern? Wird sie mich je wiedererkennen? Mich, der sein Leben in Schuld verbringen wird.

Als mir eine wahnsinnig lange Stunde später der Arzt im Florentiner Kinderkrankenhaus, wo das vielleicht armseligste Aquarium der ganzen Welt steht, sagte, dass es nichts weiter als ein kleiner Kratzer im Augenlid war, fing ich endlich an zu weinen.

Irgendwas muss mit den Vongole falsch sein. Ich kündige noch mal an, welche zu kaufen. In Weißwein mit viel Knoblauch und frischem Brot. Viola druckst rum, meint, man müsse erst... und man könne nicht gleich... und überhaupt...

Am Abend ist sie es dann, die eine Packung ins Eisfach legt. Sie sei gerade vorbeigekommen. Vorbeigekommen? Ich schüttele den Kopf. Am Supermarkt? Einen Stock tiefer? Und was ist eigentlich mit dieser blauen Tüte im Gang, die jetzt plötzlich weg ist? Ich öffne unser kleines Tiefkühlfach. Wie immer vereist und überfüllt, ganz vorne die Vongole, unter Vakuum, gefroren, gleich neben unserer Miete für die Schwester der Basilikumfreundin von Zia Anna, immer in bar. Überweisungen, das sei immer so kompliziert hier in Italien, hatte sie gleich am Anfang gemeint. Ach so, sagten wir. Wir brauchen immer mehrere Abhebungen, um die ganzen Miet-Lire zusammen zu bekommen. Und die Automaten geben täglich andere Höchstsummen aus. Deshalb sammeln wir das Geld ab Monatsmitte für den Folgemonat. Und Tiefkühlfach, dachten wir, das sei doch ein gutes Versteck.

Was Viola wohl hat, frage ich mich. Ich war unter einem Vorwand noch mal rausgegangen, direkt in den Supermarkt, stehe direkt vor der Truhe mit all den Meeresfrüchten. Haltbarkeitsdaten? Unauffällig. Was könnte es sein? Andrea, der Chef vom Supermarkt sieht mich, winkt, ob ich schnell helfen könne? Er montiert gerade einen Aufsteller: »Fitfeet: Der Zentimeter, der den Unterschied macht.« Fitfeet ist eine zusammenklappbare Plastikscheibe, nicht viel größer als eine Schallplatte. Eingelegt ist ein Kunststoffteppich. Eine Comiczeichnung erklärt das Wunderprodukt: Eine überfüllte Sportumkleide, am Boden Wasserpfützen, dazu zweierlei Strichmännchen, grimmige und grinsende. Die einen müssen mit ihren Füßen in den Modder des Umkleidebodens, die anderen haben Fitfeet. Ein privater Viertelquadratmeter, Hygieneinsel im Bazillenmeer, mein persönliches Polypropylen, egal, was außen rum passiert.

Ich finde, Fitfeet passt ganz ausgezeichnet zu den Italienern, die doch einen sehr engen Kreis um sich selbst ziehen. Hauptsache, mir geht es gut. Auf meiner Liste »Supermarktprodukte zum Staunen und Freuen« Platz 2.

Während ich die Box stabilisiere, schiebt Andrea Papplaschen in Schlitze. Ich stelle mir den Fitfeet-Moment ohne Comic vor. Ich komme aus der Dusche, vor mir, hinter mir, überall Leute, die sich gerade umkleiden. Leute, die sich denken: O Mann, kann der Typ jetzt mal nicht so tropfen, schließlich wird der ganze Boden nass! Aber ich grinse in mich hinein, siegesgewiss, schüttele mich noch mal kräftig und schamlos wie ein Langhaarhund nach einem Flussbad und steige dann auf meine Fitfeetscheibe wie auf ein kleines Siegertreppchen. »Der Zentimeter, der den Unterschied macht.« Ein Traum.

Und es ist natürlich very international: Dieses Produkt – The Original aus Prato – ist auf dem europäischen und auf dem US-Markt via Patent geschützt. Es wird als Revolution bewor-

ben, der »unentbehrliche Verbündete«. Auf der Verpackung reckt die Freiheitsstatue ihre Fackel gen Himmel, von links flattert die US-Flagge vor der New Yorker Skyline, im Hintergrund eine gigantische Fitfeetscheibe wie die aufgehende Sonne. »Fitfeet vorhanden in einer großen Strecke der Farben und der Koppelungen ein reales Art und Weisezusatzgerät!« Jetzt wird auch der deutsche Umkleidebodenproblemmarkt angegriffen.

Andrea grinst mich an.

»Mille grazie«, sagt er, und ob ich... Er zögert, dann sagt er, ach vielleicht doch ein andermal und »buona sera« und »tanti baci« und »bambini« und so weiter.

Ich streife durch die Reihen, unruhig. Was ist falsch an Andrea, an seinen Vongole, an meinem Leben? Ich suche noch nach einer Ausrede, mit der ich gleich oben dann begründen kann, warum ich noch mal im Supermarkt war.

Und tatsächlich entdecke ich in der Putzstraße en passant mein persönliches Number-One-Produkt, primo premio, Jackpot. Es heißt »Tris Guanti«, Putzhandschuhe, jetzt neu und extra: drei Stück in jeder Packung.

Super, denke ich erst. Dann ein Zögern.

Ich nehme das Tütchen, lese, drücke ein wenig drauf rum. Warum drei Handschuhe? Ich überlege, suche mir eine Angestellte – nein, es ist nicht Laura, auch Andrea finde ich nicht mehr – verlange Aufklärung. Das sei doch sehr praktisch, meint die Angestellte. Geht ein Handschuh kaputt, müsse man nicht gleich das ganze Paar wegwerfen. Dann gebe es da eben diesen Ersatzhandschuh.

Ich nicke. Praktisch. Tatsächlich sei es mir auch noch nie passiert, dass beide Putzhandschuhe gleichzeitig kaputt gegangen wären. Da habe sie vollkommen recht.

»Eben«, sie nickt noch mal, will sich schon wegdrehen, weitermachen.

»Und welchen?«

»Wie welchen?«

»Ja, rechts oder links?«

Sie schaut einen Moment leer. Auch sie knetet ein bisschen auf der Plastikverpackung, versucht durch das kleine Sichtfenster zu lugen, zuckt mit den Schultern: »Rechts?«

Italien stellt zwingend logische Tatsachen in Frage. Etwa die, dass ein rechtskräftig verurteilter, gerichtlich bestätigt korrupter Politiker nicht noch mal wählbar ist. Vor allem nicht als Ministerpräsident. Oder eben die, dass die perfekte, unbezweifelbar richtige Anzahl für ein Paar Putzhandschuhe exakt zwei beträgt. Natürlich werden überall auf der ganzen Welt Grundfesten in Frage gestellt. Das Besondere am italienischen Nährboden: Hier werden sie nicht nur in Frage gestellt, hier wird auch gleich noch geantwortet. »Rechts.« Egal, wie.

Es ist die Zeit der Währungsumstellung, von Lira auf Euro, eine Zeit, in der die Etiketten an den Regalen größer und länger werden, in der um maximale Transparenz gebuhlt wird. Italiener, sagen diese Schilder, die in manchen Läden bis heute, ein Jahrzehnt nach der Einführung des Euro, den Preis immer noch zusätzlich in Lire ausweisen – Italiener, sagen diese Schilder, hängen an ihrer Lira.

Früher im Familienurlaub, als mein Vater die Lire noch vom Postsparbuch abhob, standen wir am Ende eines Italienurlaubs immer vor dem Geldproblem. Was tun mit den übrigen Lire? In Telefongettoni umtauschen? Damit könnte man ja auch im nächsten Urlaub noch telefonieren. Alles in Zehn-Lire-Stücke wechseln, die man dann in deutschen Kaugummiautomaten als Eine-Mark-Stücke versenken kann?

So tragisch die Lira auch stand, sie verkörperte doch ein gutes Stück der italienischen Seele. Mit der Lira war jeder Millionär, Hartgeld war fast nichts wert (zwei Euro sind nahezu das Zehnfache von 500 Lire, der größten Münze damals) und der Fünfhunderttausender-Schein, der tatsächlich existierte – ich habe ihn selbst gesehen und sogar einmal besessen –, war wie ein Schwarzer Peter, für den man ganz schön viel Geld gezahlt hatte und den dann keiner annehmen wollte, den jeder nur gegens Licht gedreht hatte. Fünfhunderttausend? Zu gefährlich.

Mit der Lira hatten die Italiener ein herzlicheres, unverbisseneres, kameradschaftlicheres Verhältnis zum Geld. Mit dem Euro ist das anders. Sie haben sogar aufgehört, auf die Geldscheine zu kritzeln. Das ist jammerschade. Ich mochte das sehr gern. Oft waren es Rechnungen, manchmal nur eine Zahl oder ein Name. Unscheinbar, okay. Aber die Scheine hatten damit plötzlich eine Geschichte bekommen, auch wenn man sie nicht unbedingt verstanden hat. »250 x 7«, dann ein Strich, dann »1700«. Was da gerechnet wurde? Keine Ahnung. Auf jeden Fall falsch. Die Geschichte konnte man sich selbst zusammenreimen. Wie viele Nullen hinter der Rechnung wohl noch angehängt waren? Ging es um Schutzgeld, um Bauland, um Waffen, um Tomaten?

Dann gab es die Telefonnummern. Ich war oft in Versuchung, die Nummer von Francesca, Giulia oder Marianna zu wählen. Ich habe mich nie getraut. Aber schon die Möglichkeit fand ich super.

Mit einem Mal war die Spur einer Geschichte, eines fremden Lebens in meiner Geldbörse. Das waren keine Facebook-Statusmeldungen, die in ein paar Worten den persönlichen Gefühls- und Erlebniszustand der Allgemeinheit zugänglich machen sollen. Es ging nicht um den Folgebesitzer des Scheins, es ging nicht um eine Mitteilung, sondern tatsächlich nur um einen Notizzettel. Wenn überhaupt eine Mitteilung, dann war es diese: Wir Italiener gehen extrem lässig mit unserem Geld um.

Das Zweite, was die Schilder im Supermarkt sagen: Italiener können nicht rechnen. Alle Produkte sind in verschiedensten Mengen in Lire und Euro ausgewiesen, oft auch in Zehnerpotenz-Schritten. Also, was kosten 10 Gramm, 100 Gramm, 1000 Gramm? Und das bei einem denkbar simplen Wechselkurs. Man könnte sogar meinen, die Umstellung habe das Potential, das Leben mit dem Geld insgesamt zu vereinfachen; wurde man doch mit einem Mal die ganzen vielen verwirrenden Nullen los. 2000 Lire sollten ein Euro werden.

Ganz einfach.

Gar nicht einfach, befanden viele Italiener und rechneten.

Und ich muss sagen: Sie tun sich nicht nur mit dem Rechnen schwer, die Italiener, sie können auch den kleinen Bruder des Rechnens nicht leiden: das Schätzen. Etwa die Frau auf dem Markt, die für ein Bund Bio-Wildkräuter zwei Euro wollte.

»Und wenn ich gleich drei Bund nehme? Machen Sie mir einen Spezialpreis?«

»Offerta speciale. Sì sì.« Sie starrte knapp über meinen Kopf, dort, wo eine Art virtueller Taschenrechner sein muss. Einen Blick, den ich mittlerweile schon kenne, seltsam leer, fast schielend, nach innen gekehrt, meist bewegen die Rechnenden dabei stumm die Lippen, ich lese einzelne Zahlen heraus.

»Gib mir sieben Euro«, sagte sie und strich Elena über den Kopf, knipste ein Lächeln an. »Che bella.«

Moment. Drei mal zwei?

Oder der junge Mann, der dem Busfahrer das Wechseln erleichtern will und ihm einen Fünftausender und einen Eintausender hinhielt. Die Fahrt kostete aber 1800 Lire.

Und auf der Supermarktkiste mit den zwei Kilo Pfirsichen steht »+ / − 8 %«, eine Zeile drunter: »180 grammi«. Alles gedruckt und offiziell. Ich befragte mein deutsches Rechthaberhirn, rechnete: Richtig sind doch 160! Bei den weißfleischigen Pfirsichen – auch die zwei Kilo, gleiches Problem – steht in der zweiten Zeile sogar »190 grammi«. Ich rechnete mit, vor und nach, kontrollierte, kalkulierte. Mir geht es wie einer Frau mit Kinderwunsch, die auf der Straße plötzlich nur noch schwangere Frauen sieht: Italiener haben eine Rechenschwäche. Und das, obwohl sie von der Sprache gänzlich unbehindert immer von links nach rechts, sowohl lesen als auch rechnen, also ventitre, zwanzigdrei statt das komplizierte und unlogische deutsche dreiundzwanzig. Die Italiener zelebrieren diese Rechenschwäche. Was das alles zusammen mache? Sie recken das Kinn, drehen die Handflächen nach oben und konsultieren Cassa oder Calcolatrice.

Rechnen ist mehr ein Witz.

Wir saßen mit Zia Anna und Fabio, Zia Teresina und ihrem Roberto in einem Restaurant. Ob wir »Ippe-ippe« spielen wollten? Das wäre ganz einfach, man zähle immer im Kreis, und wenn eine Zahl durch fünf oder durch sechs teilbar ist, müsste man anstatt der Zahl, »ippe-ippe« sagen. Der Nächste machte mit der darauffolgenden Zahl weiter. Ich nickte und bestellte Wein.

»Tredici.«

»Quattordici.«

»Ippe-ippe«, sagte Viola. Ich war dran.

»Sedici.« Jetzt Fabio. Fabio?

»Ippe-ippe.« Alle lachten.

Nein, das wäre nicht richtig, meinte ich, 17 sei weder durch fünf, noch durch sechs teilbar. Fabio schenkte mir Wein ein, nickte.

»Jaja, Tedesco, hast ja recht. War wirklich 17 dran gewesen?« Fabio lachte. »Ippe-ippe.« Alle lachten wieder. »17 – ippe-ippe!« Sehr witzig. Wir tranken, spielten, warteten aufs Essen,

»Ippe-ippe.«

»Quarantasei.« Jetzt kam 47.

»Wer ist bitte dran?« Alle schauten mich erwartungsvoll an, mich, den Pünktlichen, den Nachrechner, den Tedesco, der auf Pfirsichkartons nach Fehlern suchte – und auch noch welche fand. Ich nahm einen Schluck, gab mir einen Ruck, 47? Primzahl? Es ging schließlich darum, Italiener zu werden.

»Ippe-ippe« und alle lachten. Geschafft. Roberto lud uns für nächstes Wochenende zu sich ein.

Zio Roberto ist der angeheiratete Onkel meiner Frau. Sein Haus, eine kleine Villa außerhalb von Florenz, steht auf einem der Hügel, die die Stadt einschließen, wo Blick und Luft besser sind. Zio Roberto hat sein Leben lang geschuftet, eine Fotovoltaikfabrik aufgebaut, sie dann sehr gut verkauft. Und seitdem ist er ratlos, was er mit dem vielen Geld und der vielen Zeit anfangen soll. Er hat sich verschiedene Häuser für die verschiedenen Jahreszeiten angeschafft, eins am Meer, wenn es heiß ist, eins in den Bergen, wenn es zu heiß ist, und eins in Florenz als Zwischenstopp. Er stöhnt gern über das Wetter und darüber, dass er in den falschen Häusern sitzt. Wenn er in Florenz ist, wäre er gern am Meer. Wenn er am Meer ist, gern in den Bergen. Und in den Bergen überkommt ihn die Sehnsucht nach der großen Stadt. Und auf einmal ist es dann plötzlich zu heiß, zu kalt, zu feucht, um zu reisen, und Zio Roberto sitzt fest. Im falschen Haus.

Er hat auch verschiedene Autos. Einen roten Zweisitzflitzer für seine Frau, einen kleinen SUV für Alltagsfahrten und einen Ferrari für die Garage, der wie der Heilige Gral unter Verschluss gehalten wird. Er erzählt und schwärmt, vom Lack, von Fahrtwind, von der Form. Er imitiert Motorengeräusche, demonstriert auf einem Plastikgartenstuhl die Sitzhaltung, lobt den Komfort.

Bei einem Besuch in der Florenzvilla raunte Roberto meiner Tochter zu, heute wäre es soweit. Sie wäre jetzt drei Jahre alt, das wäre schon ganz schön groß, heute wäre der Tag, an dem sie IHN zu Gesicht bekäme: den Wagen. Den Ferrari. Testarossa.

Roberto senkte die Stimme, zelebrierte die Stimmung. Im Film wäre vielleicht Rauch aufgestiegen. Ministranten hätten im Hintergrund Weihrauchkessel geschwenkt. Zeremonienmeister Roberto streckte seine Hand vor, begann mit der Armbanduhr: Davon gebe es nur sehr, sehr wenige. Das sei das Ferraripferd da auf dem Ziffernblatt, il cavallino rampante. Das sei ein Original.

»Man sagt«, behauptete Roberto, »es sind weniger Uhren auf dem Markt als Fahrzeuge.« Wir alle kennen die Geschichte, die Uhr erklärt Zio Roberto einmal pro Woche. Ob sie wisse, von welchem Tier das Leder des Armbands stammt? Gianna schaute ihn groß an. Tat sie unwissend? Oder war es die Hoffnung in die Gralsgarage, zum Wagen zu kommen, die sie verstummen ließ? Zio Roberto senkte die Stimme: »Es ist das Leder eines Fohlens.« Tiere und Roberto. Er mag sie bis zum Ende.

Ein paar Monate zuvor hatte mich Roberto in ein Musikinstrumentemuseum in dem Dörfchen Tadasuni mitgenommen. Dort ist das weltweit vielleicht letzte Ciubuciubu ausgestellt. Es sieht aus wie eine in einem Waldorfkindergarten gebastelte Laute. Sein Ton: heiser, kratzig, grob. Ein Draht ist an einem aus Schwemmholz geschnitzten Arm montiert, dann ein Klangkörper aus einer Tierblase. Dazu ein brutaler Bogen: Indianerspiele statt Geige.

Der Museumsdirektor schüttelte den Kopf, das sei alles andere als Kindergarten, gefährlich sei das Ciubuciubu, ein Kriegsgerät, und der Klangkörper sei nicht irgendeine Tierblase, sondern der Magen eines an Hunger gestorbenen, wilden Hundes. Sardische Banditen hatten das Ciubuciubu als Waffe gegen die Gendarmen des Königs entwickelt. Das menschliche Gehör sei außerstande, die volle Schwingungsbreite wahrzunehmen, aber die tiefen, rauchig kratzigen Töne machten Pferde verrückt. Rückte der König mit seiner Gendarmerie an, um die Banditen zu stellen, holten die ihre Ciubuciubus raus und spielten auf. Und die Poliziotti hob es aus den Sätteln. »Bis heute ist das Ciubuciubu gesetzlich verboten. Für das Ciubuciubu hier im Museum haben wir eine Sondergenehmigung.«

Indianerspiele, Sondergenehmigung, Poliziotti holpern lassen – so was gefiel Roberto. Und auch ich finde es wirklich schade, dass diese fast unschädliche, aber höchst effektive Waffe nicht weiterentwickelt wurde.

Man stelle sich vor: Ein Ciubuciubu gegen Trotzkinder. Ein Ciubuciubu gegen Angeberonkel. Das passende Ciubuciubu, ein bisschen darauf rumkratzen, und schon haut es das Ungemach aus dem Sattel.

»Und«, fragte ich, »wie war's?« Gianna tänzelte.
»Babbo, der Ferrari vom Zio…« – sie riss ihre Augen auf – »… der ist so, so…« Ich wartete, ein bißchen verunsichert. »… so sauber.«

Es ist in der Verwandtschaft umstritten, wie schlecht es um Robertos Augen wirklich steht. Die einen behaupten, er habe eine konstante Restsehstärke im mittleren zweistelligen Bereich, andere sagen, er sei phasenweise vollkommen erblindet, wiederum andere wollen von gar keiner Einschränkung sprechen. Seine Frau sehe sehr gut, und er höre prima. Was das Problem sei? Die Brillen jedenfalls von Zio Roberto sind groß, dick und undurchsichtig. Dazu hat er etliche Vorbauten, mit denen er je nach Sonnenlage die Brille weiter verdunkeln kann.

Zio Roberto wurde schon ein paar Mal an den Augen operiert. Wenn man ihn fragt, wie es ihm gehe, kommt nur eine Litanei, die meistens darin endet, dass er wieder mal im falschen Haus sitze. Keiner weiß mit Sicherheit, wie viel er noch sieht. Sicher ist nur, dass Zio Roberto Jäger ist.

Wenn Jagdsaison ist, fährt ihn seine Frau in ein umzäuntes Jagdrevier, in dem Förster das Jahr über Rehe und Wildschweine zahm und rund füttern. Ganz in der Früh müsse man fahren, noch vor Sonnenaufgang, da schieße man am besten, meint Zio Roberto. Tage und Wochen zuvor redet er von nichts anderem als davon, dass er wieder jagen gehe und wie früh er aufstehen werde.

Zio Roberto ist ein leidenschaftlicher Jäger. Das merkt man auch daran, dass er ein Extraauto für die Jagd hat. Extraautos sind den besonderen Dingen in Robertos Leben vorbehalten, der Frau etwa oder der Garage. Und für die Jagd hat er den Vierradantriebsjeep. Den könne man so gut säubern, meint er.

Zio Roberto selbst mag eigentlich kein Wild, ihm sei Schwein einfach lieber. Er hat einen Bauern, der ihm sein eigenes Schwein hält. Wenn eine Sau geworfen hat, kommt Zio Roberto und sichtet die Ferkel. Eines sucht er sich dann aus und wird zum Schweinepaten. Sein Maiale bekommt mehr Platz und Zuwendung, nicht das normale Mastfutter, sondern Kastanien, »von Hand gefüttert«. Das sei halt dann wirklich was ganz anderes.

Wir haben schon sehr viel von Zio Roberto geschenkt bekommen. Schlegel und Rücken, Würste und Gulasch. Er verschenkt es stets mit großem Gestus: das Beste vom Besten, das kriegt man sonst nirgendwo, aber für mich, den Tedesco und die Bambini stehe er gern um vier Uhr in der Früh auf, ruiniere sich Ehe und Gesundheit, verderbe sich die Augen.

Und Zio Roberto schießt und schießt und schießt. Da steht er wieder in den Jagdfarben der Saison, noch deutlich vor Sonnenaufgang im wildüberbevölkerten, eingezäunten Terrain. Das Gewehr im Anschlag, die dunkle, große Brille auf der Nase. Frau und Förster gehen in Deckung, ein Horn bläst, hätten sie ein Ciubuciubu, würden sie sicher auch das noch mitnehmen. Zio Roberto steht direkt vor dem Futterplatz. Schuss frei für den blinden Jäger. Ein Rascheln dort im Unterholz. Roberto ballert.

Schießt er nach Gehör? Sagt ihm jemand, in welcher Richtung überhaupt der Wald liegt?

Irgendwann werden ein, zwei Tiere vor Schreck oder von Kugeln getroffen tot umfallen, die dann unter großem Weidmannsheil und Weidmannsdank und Schulterklopfen in den Vierradantriebsjeep gezerrt werden – in den, den man so gut reinigen kann.

So schlimm sei es noch nie gewesen, sagte Zia Teresina am Telefon. Sie sprach von Regentropfen so groß wie Tischtennisbälle. Und sie beide, Roberto und sie, waren über das Brückenwochenende mal wieder im falschen Haus. Am Meer. Wie die Lage bei uns in der Stadt sei? Die Regentropfen zumindest noch ganz normal, meinte ich. Aber sonst: irre Blitze und Donner, aber fast schon vorbei. Teresina senkte die Stimme: Ob ich ihr einen riesigen Gefallen tun könnte?

Eine Stunde später stand ich in Robertos Haus, dem am Rande von Florenz. Am Telefon hatte mir Teresina erklärt, was ich tun müsste: Wo ich den Schlüssel von Zia Anna holen, wie ich die vielen Alarmanlagen lahmlegen konnte, wie ich in den Keller käme. Und dann stand ich vor den zwei Kühltürmen, die Dioden leuchteten, minus 23 Grad, alles in Ordnung. Das Gewitter hatte die Kühlanlagen nicht erwischt. Ich war neugierig und öffnete einen Turm, war fassungslos, dann den anderen. Es war nichts anderes als Fleisch drin, Hunderte von Kilos, alles Wild, geschichtet, gestapelt und gestopft, in blauen Tüten.

Auf dem Nachhauseweg stellte ich mir vor, was passiert wäre, wenn der Stromanbieter tatsächlich das Netz abgestellt hätte und die Tiefkühltruhen nicht mehr von allein angelaufen wären, so wie Teresina es befürchtet hatte. Wenn der Jäger und seine Frau ein paar Tage später in ihr Haus am Rande von Florenz gekommen wären zu den abgeeisten Tiefkühltürmen. Roberto und Teresina ganz allein mit dieser gigantischen Menge von Fleisch, die verkocht, verbraten, verspeist hätte werden müssen. Zwei Türme, übervoll mit Trophäen vom blinden Jäger. Herden an Wild, das da lag, lasch und leblos in blauen Tüten.

Blaue Tüten? Ich Idiot, natürlich!

Ich stürme mit den beiden Kindern den Supermarkt, hinten zu den Tiefkühltruhen, grabe zwischen Kroketten, buddele zwischen Erbsentüten, nichts. Die Muscheln! Ich baggere Vongole-Pakete zur Seite. Und dort, am Boden der Truhe: eine Plastikkiste. »PRIVATO« steht auf dem Deckel, Violas Schrift. Ich reiße ihn auf.

Ich hätte mich nicht gewundert, wenn in diesem Moment Fanfaren aus den Supermarktlautsprechern geschmettert worden wären. Knarzig klar, aber egal. Siegestrompeten, Jagdhörner, vielleicht ein Schwerelosigkeitsorchester, Strauss und sein Zarathustra zum Beispiel. Ich hätte mich nicht gewundert, wenn die Sonne auf einmal durchs Supermarktfenster brennen würde, mich im Visier – ein Kind im Arm, ein Kind am Arm –, mich: einen Mann vor einer Florentiner Supermarkttiefkühltruhe, festgefroren in der Macht des Augenblicks, wie ein Reh im Kegel der Autoscheinwerfer. Ein Mann, der mit einem Schlag plötzlich alles versteht. Die pikierten Blicke von Laura, die vielen blauen Tüten, die so komisch verschwanden. Ein Mann, der versteht, warum seine Frau immer nur eben mal kurz noch runtergegangen ist, »schnell noch Kaffee / Eis / Olivenöl / Miesmuscheln holen«. Der versteht, warum das dann doch immer länger gedauert hat. Ein Mann, der versteht, warum Andrea, der Chef vom Supermarkt immer so komisch grinst, wenn er ihm begegnet. Jetzt ist es raus. Der Supermarkt ist der Ort der Wahrheit: Reh, Hirsch, Wildschwein, alles.

Sie habe Zia Teresina einfach nicht kränken wollen, wird Viola später sagen. Teresina, diese kleine, stolze Frau, die mit allem so gern übertreibt. Mit ihren leuchtenden Augen, der Herzlichkeit, den blauen Tüten.
   »Für meine Nipotina, für die Bambini, für die famiglia – nur die allerbesten Stücke. Und das hier, das ist wichtig fürs Knochenwachstum.«
   Wie hätte sie ihr weh tun können, ihr und dem erfolgsverwöhnten Jäger?, wird Viola fragen. Sie habe darauf gezählt, dass Roberto nächste Saison ohnehin nicht mehr wird jagen können. Dann hätte man die Vorräte abschmelzen, einkochen, aufessen können – ganz geheim. Schwierige Situationen habe sie da durchmachen müssen, wird Viola erzählen. Sie hatte gelobt und gedankt und gejauchzt: »Das Wildschwein von letztem Mal, unglaublich zart, zum Verrücktwerden: So was bekommt man ja sonst nicht. Im Laden schon mal überhaupt nicht.« Ob Zio Roberto das auf eine besondere Art schieße? Sie hatte geschwärmt von Schmorbraten und Ragout, von Gulasch, Rehschlegel und Schulterfilet, von saftigem, butterweichem, aromatischem Fleisch – Fleisch, das die ganze Zeit steinhart bei minus 23 Grad unter den Vongole im Supermarkt lag.
   Sie habe sich nicht die Blöße geben wollen, wird Viola sagen. Nicht gegenüber mir, dass sie ihrer Verwandtschaft gegenüber nicht nein sagen könne. Und auch nicht gegenüber der Zia, dass ihre Familie, diese ewigen Tedeschi fast nur Gemüse essen. Und dann hatte sie die Idee mit Andrea, dem Supermarktchef. Der habe doch schon öfters ein Täubchen von Zia Anna bekommen und auch Kiwimarmelade und auch…
   Das Leben kann so einfach sein, wenn es kompliziert ist.

**1 Frau
1 Mann
2 Töchter
1 Geburt
2003
8 Monate
in Edinburgh, Schottland**

**wo es Heroin im Krankenhaus gibt, Schokoriegel
frittiert werden und man mit Bastkörbchen
Leberkranke rettet:
Man bekommt immer mehr, als man bestellt hat**

Eigentlich will ich schnell weiter. Der Spielplatz ist nah, die Kinder quirlig, der Guardian ungelesen. Wenn da nicht diese Dose gewesen wäre. Sie ist dottergelb, eine Tennent's-Dose, mit einem stockfleckig braunroten »T« darauf, die da vor mir auf der Wiese steht. Ein Billigbier mitten in dem Viertel, in dem die Story rund um die Heroin-Clique aus »Trainspotting« spielt: In Leith, dem ehemaligen Arbeiter- und Hafenviertel von Edinburgh. Dort, wo Sick Boy zu Hause ist, wo die Stadt Falten bekommt.

Hier, wo wir jetzt wohnen.

Es war Zufall, dass wir ausgerechnet dort gelandet waren. Noch ein halbes Jahr zuvor hatte ich nicht mal gewusst, wo die Stadt genau liegt. »Eddingbörg?«, hätte ich wahrscheinlich gefragt – irgendwo in England?

Ein halbes Jahr zuvor also, an einem heißen Junitag in Florenz mit dem üblichen Smog, die Kinder beim Mittagsschlaf, aßen wir im Wohnzimmer Wassermelone und tropften Wassermelonensaft auf den Natursteinboden. Flecken, die übrigens nicht mehr rausgehen, wovon wir aber zu diesem Zeitpunkt noch nicht den geringsten Schimmer hatten.

Noch drei Monate, dann mussten wir wieder nach München zurück, dann musste Violas Magisterarbeit fertig sein, die letzte Stipendienrate würde dann verbraten sein, dann musste ich mich wieder reinfuchsen in Unilogik, Philosophensprache, wissenschaftliches Arbeiten.

Abstand und Auszeit bergen die große Chance zur Klarheit: Durchatmen, ein wenig zurücktreten, Überblick verschaffen, das Leben entrümpeln. Was will ich wirklich? Was ist mir jetzt wichtig? Abstand legt sich wie Geschenkpapier über den Alltag von früher. Dann kommt die große Überraschung, das Auspacken: Was von alldem, was mir stets als unverzichtbar gegolten hat, vermisse ich eigentlich wirklich? Was gar nicht?

Andererseits birgt Abstand immer auch die Gefahr, mit den Dimensionen durcheinanderzukommen. Große Dinge von Tragweite schrumpfen plötzlich zu mundgerechten Häppchen zusammen. Und genauso andersrum: Nebensächlichkeiten können sich aufplustern wie ein vergessener Hermann-Teig, diesem Kettenbriefkuchen, der sich immer nach zehn Tagen vervierfacht. Man solle lieben Freunden je eine Portion weitergeben, heißt es im Kettenbrief. Das ist ja auch nett: Wir essen alle vom selben Kuchen, so wie das immer wieder gefüllte Salzfässchen, das nie ganz leer wird und so immer noch eine Verbindung zu den Ahnen hält. Oder, die miese Variante: Der Burger-Patty, in dem in einer einzigen Fleischscheibe Material aus 3000 verschiedenen Rindern steckt. We are all connected. Mit Hinz und Kunz. Ob via Bulette von der Fastfoodkette, Opas Salzfässchen oder Hermann aus dem Kettenbrief: Facebook, das durch den Magen geht.

Ich habe die große Gabe, multiperspektivisch zu denken und Antworten zu generieren.

1. Wie schwierig ist das Ganze überhaupt?
2. Was ist mir wirklich wichtig?

Ich stand also in unserem Wohnzimmer, tropfte noch mehr Wassermelonensaft auf den Natursteinboden, dachte an die Zukunft: Und ich sah (1.) mit großer Klarheit (2.) riesige Probleme auf mich zuwälzen.

Kann ich überhaupt so ein Magisterding wuppen? Habe ich mich nicht bisher eher so durchgemogelt durchs Studium? Kommt jetzt alles raus? Wer sagt mir, dass ich nicht kolossal scheitere? Wie schaffen wir das mit den zwei Kindern? Und Geld? Wo soll das noch mal herkommen? Kann ich mein Umfeld in München reanimieren? Kommilitonen, die mir weiterhelfen (warum sollten sie?), ein Dozent, der mir wohlgesinnt ist (der hat doch eh nie Zeit) und dann gleich mal eine Verlängerung beantragen (Warum dauert bei Ihnen eigentlich alles so lang, Herr Cadeggianini?) und die Eltern nach Kohle anpumpen (schon wieder). Ich panikte so vor mich hin, Wassermelone tropfte, draußen knatterten Motorini. Dann sagte Viola: »Was hältst du davon, wenn wir noch mal ins Ausland gehen?«

Ich wollte die Wassermelonenschale auf dem Teller ablegen, daraus wurde ein Pfeffern. Ja, ich war ungehalten. Wie konnte Viola nur so trampelig sein? Was sollte so ein

Vorschlag? Komplett unrealisierbar, hirnverbrannt, wahnwitzig, hätte von Hermann kommen können, dem Terrorkuchen.

Wir sind doch schon da, wollte ich brüllen, im Ausland! Es ist doch alles schon kompliziert genug. Zusätzlich hätte ich die Zähne fletschen, den Kopf recken können.

»Meine Magisterarbeit? Die Bibliotheken? Mein Professor, der mich jeden Monat sehen will, mit Arbeitsfortschritten? Was ist bitteschön damit?« Ich war in Fahrt: fuchtig, in Rage, auf Angriff. Gleich hätte ich angehoben und die Ach-so-tolle-geht-doch-alles-wunderbar-Mentalität in Grund und Boden getrampelt. Meine Finger schüttelten noch eben letzte Wassermelonentropfen ab. So. Fertig. Luftholen und…

Da hörte ich ihn stampfen. Wieder hatte er seine Elefanten mitgebracht, wie damals, als es darum gegangen war, mit zwei Kindern und ohne Geld nach Italien aufzubrechen, wie damals, als wir mit Gianna zum Wildcampen nach Finnland losgezogen waren, wie damals, als ich gegen den Willen meines zukünftigen Schwiegervaters mit Viola zusammengezogen war.

Ich wusste ganz genau, was er sagen würde. Er würde es brüllen und er würde wieder mal nicht mit sich reden lassen. Das Stampfen kam immer näher. CYL-Agent Hannibal. Er würde sagen: »Das ist eure letzte Chance.«

Mir schwirrte der Kopf.

Hannibal pöbelte.

Viola schubste.

Ich fühlte mich, als ob ich versuchte, über ein gigantisches Wasserbett zu rennen. Gefedert und beflügelt, unverletzbar und unwirklich: mit der Energie der Hysterie.

Und los.

»Wohin?«, fragte Viola.

Und dann saßen wir mit Wassermelonenhänden vor unserem Computer. Es war lange vor Google maps, sogar noch vor dem Internetanschluss zu Hause. Wir legten eine CD-Rom ein, den Encarta Weltatlas, das Laufwerk röhrte, wir scrollten uns durch Europa, total unverbindlich.

»Belgien?«

»Aber wohin da?«

»Brüssel.«

»Ach, nee.«

»Was hältst du von Madrid? Da wär's wärmer.«

»Kein Meer.«

»Und Portugal?«

»Ja, Lissabon ist super.«

»Da gibt's keine Billigflieger hin. Ich muss doch ein paar Mal zum Professor nach München.«

»Englisch wäre auch toll.«

»Dann London.«

»Mit den Kindern? Zu groß. Gibt's da was in der Nähe?«

»Wenn wir uns direkt neben Stansted einmieten?«

»Aber ist es da schön?«

Natürlich habe ich noch viele Einwände vorgebracht. Aber meine Verve war gebrochen. Ich spielte noch ein wenig den Bedenkenträger, polierte Zweifel, wienerte Vorbehalte. Und wieder bin ich derjenige von uns beiden, der auf dem Schwimmbadsprungturm rumsteht, zögert und zaudert, zu zittern anfängt. Erst vor Angst, dann vor Kälte. Wenn ich hängen bleibe? Wenn ich zu weit springe? Mein Körper den Beckenrand trifft, auf den grau gemörtelten Betonrand klatscht? Was, wenn nach meinem Absprung, während ich in der Luft bin, das Wasser total schnell abgelassen wird? Was dann? Und warum, verdammt nochmal, ist es hier eigentlich so kalt?

Bei uns herrscht Arbeitsteilung in der Familie. Auch bei Entscheidungen. Ich bin der Kehrseitenerwäger, der Nörgler, der Eventualitätenbedenker. Viola ist anders. Sie ist diejenige, die schubst. Die Rollen sind fest verteilt. Das fällt vor allem immer dann auf, wenn jemand ausschert. Wenn Viola plötzlich Einwände hat oder wenn ich vorpresche. Dann schaut der andere verdutzt, eiert ein wenig in der Rolle des anderen herum. Und irgendwann lachen wir.

Die Frage nach der richtigen Entscheidung lähmt. Und Stillstand ist die Hölle, nicht Veränderung, nicht mal, wenn sie bergab führt. Hauptsache entscheiden, irgendwie, Hauptsache anfangen, ins Handeln kommen, verändern. Natürlich kann es sein, dass der kaminrote Hochglanzlack für die Zimmertüren sich als zu gewagt herausstellen wird; dass meine Boxhandschuhe wieder bei Ebay landen; dass Edinburgh nicht unsere zweite Heimat wird. Aber deswegen auf der Couch hocken bleiben vor graugrün lasierten Altersheim-Türen und sich immer mal wieder fragen: Warum habe ich es nicht getan?

Wer auf der Couch hocken bleibt, hat Angst. Er ahnt, dass was anders läuft als geplant, verfällt in Lähmung und starrt in eine dunkle Zukunft. Ahner sind Menschen, die sich einreden, dass der, der immer mit dem Schlimmsten rechnet, gut gewappnet sei gegen alle Unbill des Lebens.

Das ist Quatsch. Denn die Unbill kommt natürlich trotzdem. Der ist die Rechnerei egal.

Aber schließlich, argumentiert der Ahner, bleibe der psychologische Vorteil: Ich bin schon mal darauf eingestellt.

Auch das ist Quatsch. Denn erstens vergessen Ahner, wie viel Lebensmut auf dem Weg kaputtgeht: Mit dem Schlimmsten rechnen, bedeutet eben nicht nur immer mal wieder positiv überrascht zu werden, wie toll das Leben doch funktioniert, sondern vor allem: sich fortwährend auszumalen, was alles nicht funktionieren könnte. Das ist gar nicht witzig, sondern schlimm für die Seele.

Und zweitens nehme ich es den Ahnern nicht ab. Ich glaube, die rechnen gar nicht wirklich mit dem Schlimmsten. Ahner haben Angst. Okay. Aber ihre Bewegung ist falsch. Sie kümmern sich nämlich gar nicht um das, was in ihnen vorgeht, sondern polieren stattdessen am Außenbild herum. Sie brabbeln ihren »Könnte das nicht auch alles schief gehen?«-Quatsch, glauben ihn aber selber nicht. Ahnen ist prophylaktisches Besserwissen.

Ich will nie wieder ahnen. Ständig warnen und alarmieren Ahner vor etwaigen miesen Entwicklungen. Wenn's dann scheiße läuft, kommt auch noch der Hab-ichs-nicht-gesagt-Müll vom Ahner on top. Widerlich.

Egal, was schiefgeht: Immer ist da jemand, der das schon im Voraus gewusst hat.

Letztlich entschieden wir uns für Edinburgh, und das noch bevor die Kinder ihren Mittagsschlaf beendet hatten. Irgendwann lachte mir Viola ins Gesicht: Mit Billigfliegern zum Professor nach München fliegen, die Kinder in ausländische Kitas schicken, die wichtigen Bücher kopieren. Und Edinburgh, da kam doch auch jene Freundin eines sehr guten Freundes her. Da gab es doch auch dieses DAAD-Stipendium, für das ich mich noch bewerben konnte. Okay.

Als sich ein paar Wochen später unser drittes Kind ankündigt, ungeplant, bekomme ich noch mal kurz Atemnot. Ein Kind im Ausland bekommen? In Schottland? Im britischen Gesundheitssystem? Auch noch das Dritte? Diese zur Zahl geronnene, strategische Überforderung: Wenn die Kinder plötzlich in der Mehrheit sind. Wenn die Eltern von der Manndeckung in die Raumdeckung müssen. Schafften wir das? Wirklich?

Aber Hannibal und Viola standen schon parat. Er brüllte. Sie schubste. Und ich sprang. Ich bin verantwortlich für das, was ich tue. Ja, das stimmt. Und manchmal passiert mir dabei auch Mist. Das falsche Wort im Streit. Die Milchkanne, die ich mir unter den Arm klemme, nur weil ich zu faul bin, zweimal zum Frühstückstisch zu laufen, und die dann wegrutscht. Die sauteuren Walkie-Talkies mit extra Raumüberwachung, die uns Eltern fast grenzenlose, zumindest 700 Meter weite Babyfon-Freiheit schenken sollten und kein einziges Mal zum Einsatz kamen. Sicher gibt es Dinge, die bereut man, getan zu haben. Aber ich bin fest davon überzeugt, dass das alles nichts ist gegen die Dinge, die man bereut, nicht getan zu haben.

»Und warum bitte wollen Sie mit bald drei Kindern Ihre Abschlussarbeit über Søren Aabye Kierkegaard ausgerechnet in Edinburgh abfassen?« Die Professoren und

DAAD-Angestellten saßen in Hufeisen-Form um mich herum, hatten meinen Lebenslauf auf ihren Tischen liegen. Ihre Gesichter sagten: Komischer Kauz, der da. Ich stolperte ein wenig in der Antwort herum, fabulierte von schottischen Kierkegaard-Forschungsschwerpunkten, lobte die internationale Ausrichtung meiner kleinen Jesuitenhochschule.

»Interessant«, sagten die Kommissionsmenschen. Aber warum ich es mir denn um Himmels willen so kompliziert machen wollte. Ein drittes Kind, eine Familie, ein Studienabschluss – das allein seien doch alles schon große Kaliber: Warum dann auch noch Edinburgh? Dann hörte ich mich sagen: »Das ist unsere letzte Chance.«

Dieser Satz – und das muss sich dieser Hannibal auch mal gesagt sein lassen – ist nicht immer goldrichtig. Selbst wenn man danach nicht mehr viel diskutieren will und kann – Ende der Diskussion bedeutet eben nicht zwangsläufig, dass man recht bekommt. »Wir wollen doch noch mal weg.« Die Kommissionsfuzzis konterten mit unverhohlen unverständigen Ja-und-was-haben-bitte-wir-damit-zu-tun?-Gesichtern. Ihnen war klar: Diesen Kandidaten kann man einfach aussitzen.

Sie fragten jetzt gar nichts mehr.

Ich ergänzte: »Bevor Gianna in die Schule kommt.«

Sie saßen.

Dann fragte ich, ob ich eines dieser kleinen Fruchtsaftfläschchen, die da vor mir standen, öffnen dürfte. Jetzt schauten sie irritiert. Oder waren sie fassungslos? War da nicht sogar eine Spur von Ekel in ihren Gesichtern?

Ja, das dürfte ich tun. Ich griff zu, schenkte ein, setzte an, schluckte. Dann meinte einer aus der Kommission: »Das hat bisher noch nie jemand gefragt.«

Die dottergelbe Dose lugt zwischen den Grashalmen heraus wie ein Osterei. Steht aufrecht da, provozierend, zum Abschuss bereit, ein Stück Jugend auf dem Elfmeterpunkt. Niemand, der irgendwann auch mal nur ansatzweise jung gewesen ist, kann eine solche Versuchung einfach ignorieren. Besonders nicht jemand wie ich, der sich ständig bedroht fühlt, von seinen Lebensumständen in den Vorruhestand gezwungen zu werden.

Ich gehe seitlich neben dem Buggy her, so wie viele Väter Buggys schieben. Vielleicht um Leichtigkeit zu simulieren, Unausgelastetheit. Kind, viel Arbeit, anstrengend, und die Wäsche erst, o Mann. Und trotzdem: Ich schaff das ganz gut, mache das sogar einhändig, kann währenddessen noch die Beine nach vorn werfen, telefonieren, mich nach hübschen Mädels umschauen. Kein Problem. Total easy.

Totaler Blödsinn.

In Wahrheit treibt seitlich schiebende Tausendsassa-Väter weder Tatendrang noch Energie. Es ist Angst, die in uns wütet. Die Angst vor der falschen Rolle, in die wir rutschen könnten. Angst davor, verwechselt zu werden mit einem Vollvater, einem Zweihandschieber, einem, der nichts sonst hat im Leben und in der Birne als irgendeine falsch verstandene Vaterrolle: »Duziduzi, jetzt spielen wir dann gleich Balli mit dem Fußi, gell?« Einer, der die Dose tatsächlich links liegenlassen würde. Diese Dose muss jetzt einen ordentlichen Tritt kassieren, spüren, dass hier ein vielfach talentiertes Multitasking-Genie ein wenig vergeudet über britischen Rasen tippelt, ein Einhand-Vater, ein Kreuzeck-Ass mit mächtig Wumms: Ich also.

Natürlich ist es armselig zu glauben, man könnte den Vollvater in sich abschütteln, indem man eben mal eine Hand vom Buggy nimmt, ein bisschen blöd daherredet und auf Dosen drischt. Aber Gott, es ist ein Anfang.

Noch einmal Maß nehmend, im Kopf die Dose bereits scheppernd im Busch versenkt, schwinge ich mein Schussbein nach hinten aus. Führe es jetzt – Achtung, Kinder, gleich kracht's – in Richtung Dose: Mit aller Kraft schnellt mein Unterschenkel nach vorne, ich ziehe mit dem Vollspann ab und – jaule einen Augenblick später aus vollem Hals auf.

Die Dose war randvoll, original versiegelt, unangetastet und in etwa so schwer wie eine Kanonenkugel. Innerhalb weniger Sekunden schwillt mein Fuß auf die Ausmaße einer Bärentatze an: War das ein Kleinjungenstreich? Das angeklebte Zehn-Pfennig-Stück? Schlüpft gleich der britische Kurt Felix aus dem Busch? Paola? Frank Elstner? Ist mein Leben eine Comedy-Falle? Ist Schottland in Wahrheit nichts anderes als der Altensitz ausgemusterter Verstehen-Sie-Spaß-Moderatoren, die dort einfach weitermachen, als ob sie nie abgesetzt worden wären? Absolut vogelfrei. »You've been framed.«

Bis heute bekomme ich zweimal im Jahr eine Werbe-E-Mail von Seaways, einer dänischen Fährreederei. Ich hätte mich schon längst aus dem Verteiler streichen können. Wenn ich heute nach Edinburgh will oder muss, dann fliege ich und fahre nicht wie damals über Amsterdam mit der Autofähre nach Newcastle. Aber erstens bin ich ein wenig misstrauisch, ob diese Links (»Wenn Sie diese E-Mail in Zukunft nicht mehr erhalten möchten, klicken Sie hier«) einen nicht automatisch in einen Gewinnspielverteiler eintragen (»Wenn dich schon unser Zeug nicht interessiert, dann verkaufen wir wenigstens noch deine Adressdaten«). Und zweitens – das ist noch viel wichtiger: Ich liebe diese E-Mails. Sie sind wie Postkarten, die in irgendeinem Briefverteilzentrum unter eine Kiste gerutscht sind und bei der Großinventur plötzlich wieder auftauchen und dann mit jahrelanger Verspätung zugestellt werden.

Während ich von Sonderangeboten und Gruppentarifen lese, trippelt die Vergangenheit durch mein Hirn. Unsere Überfahrt, diese Minikabine und der marode Aufenthaltsraum, daneben Glücksspielautomaten, Alkohol- und Parfümläden. Unser Edinburgh-Jahr vor uns, ohne Verwandte in der Straße, ohne gutes Essen in der Stadt und rundherum nur Linksverkehr. Am Schluss der Überfahrt lag ich seekrank und quer auf dem Teppich des Schiffsaufenthaltsraums, versperrte den Weg. Menschen stiegen über meine Beine. Sie sahen in mein fahles, seeuntüchtiges Gesicht und lächelten. Wahrscheinlich waren sie dankbar. Complicate Your Life. May I help you?

Seit dieser Überfahrt habe ich ein Teppichtrauma. Teppiche, davon bin ich fest überzeugt, können allerhöchstens scheinsauber sein, mehr nicht. Scheinsauber bedeutet, dass man aus dem Stand (also aus 1,65 Meter plus/minus x) nichts wirklich Anrüchiges, Fleckiges, Brösliges darauf ausfindig machen kann. Das sagt aber natürlich nichts über Sauberkeit, was mir sofort jeder bestätigen wird, der einem Teppich jemals nähergekommen ist. Ich bin wirklich nicht penibel, was Schmutz angeht. Das muss man aber auch gar nicht sein, um mit Teppichen ein ernsthaftes Problem zu haben. Jeder der behauptet, sein gutes Stück, das sich da im Wohnzimmer so total gemütlich ausbreitet, das sei die große Ausnahme, der lügt sich entweder selbst in die Tasche oder aber ist nicht nah genug dran. »If your pictures aren't good enough, you're not close enough«, sagte Robert Capa, der berühmte Kriegsfotograf. Wenn man nah rangeht, wird die Welt eben kompliziert. Und Teppiche werden dann eben schmutzig. Und natürlich, auch dieser Telezoom-Capa war Teppichfeind, er muss es gewesen sein. Um die schmutzige Wahrheit über Teppiche herauszufinden, braucht man nichts weiter als einen beutellosen Staubsauger, am besten mit durchsichtigem Behälter, ein wenig Mut und den richtigen Zeitpunkt.

Der richtige Zeitpunkt ist, wenn der Teppich *sauber* ist. Einen *schmutzigen* Teppich zu saugen, das macht man ja jeden zweiten Tag und wundert sich nicht weiter über den Dreck im Behälter. Gut, dass ich gesaugt habe, wird man noch aufseufzen. Und: Jetzt ist das gute Stück wieder sauber.

Irrtum.

Wer sich jemals die Mühe gemacht hat, einen *sauberen* Teppich zu saugen, der weiß, wovon ich spreche. Und sehen sie nicht alle fürchterlich sauber aus? Wie sie da liegen, heimelig, gemütlich, kommod. In Schiffscafeterien, in Eltern-Kind-Singgruppenräumen, in Hotelzimmern, in denen ich barfuß von Bad zu Bett wanke (das macht doch sonst niemand, oder?).

Da lag ich also auf diesem Schiffsteppich, irgendwo auf der Nordsee. Auf mir tollten zwei Kinder, die mein Liegen als Spielangebot werteten. Ein Mann wird in sein neues Leben geschippert. Diesmal also Linksverkehr, er kommt liegend, viel Spaß.

Unter Deck, tief unter dem Teppich, parkte unser gesteckt voller Passat, der eigentlich meinen Eltern gehörte: Das orangefarbene Töpfchen – mit dem Gianna sauber werden soll, die dann aber einfach unser Klo benutzte – klemmte hinter dem Seitenfenster, auf dem Dach die zwei großen Mercedeskoffer, die sich mein Großvater für seinen Kombi hatte maßschneidern lassen und die, seitdem ich sie kenne, komisch riechen. Und natürlich hatten wir zu viel Alkohol dabei, einen Fünf-Liter-Bottich Primitivo und vier Flaschen Wodka.

Ich kann sehr schlecht lügen, noch schlechter betrügen, selbst beim Schwarzfahren bin ich eine Flasche. Ich bekomme sofort rote Ohren, einen ganz unauffällig auffälligen Blick, beginne zu zittern. Da genügt es, dass einer mit Seemannsmütze und Lederimitat-Herrenhandtasche meinen Waggon betritt. Kontrolle! Das fühlt sich lebenszeitverkürzend an. Im Grunde genommen müsste mir die Krankenkasse mein Ticket zahlen, aus gesundheitlichen Gründen. Schwarzfahren macht mich einfach krank.

Während wir – ich war noch benommen von Wellen, Fähre und Teppich – von Bord rollten, grummelte es in meinem Magen. Was, wenn sie uns anhalten, filzen, erwischen würden? Im Schleichtempo steuerte Viola unseren total überfüllten Wagen durch den Hafenparcours. Überall Newcastler mit Neonwesten, »Customs« stand auf ihnen, ihre Blicke: grimmig. Und wir kamen auch noch aus Amsterdam. Die Bohlen ratterten unter uns, es nieselte. Na, wenigstens das: Da hatte doch bestimmt keiner Lust, den ganzen Mist zu durchwühlen. Der dritte Mann winkte uns raus, mein Herz hüpfte: der Alkohol! Ich schnaufte einmal tief ein und aus, kurbelte (ja, das war damals noch zum Kurbeln) das Fenster runter.

»Good evening Sir, any problems?« Er deutete in Richtung Kofferraum. Meine Ohren glühten, der Atem raste. Kofferraum! Der Mann: »Me? Problem? Nope. You've got a problem. A flat tire.« A flat tire. Eine Schraube musste sich nach wenigen Festlandmetern in unser Hinterrad gebohrt haben, das Knattergeräusch kam nicht von den Bohlen. Es war die Felge.

Da standen wir also, wir Meisterschmuggler, direkt vorm britischen Zoll ohne Luft im Reifen und mit zu viel Alkohol im Kofferraum, samt einer Absage des DAAD (»... leider außerstande im Rahmen unserer Förderung...«). Wir hatten noch ein anderes, ganz kleines Stipendium bekommen, den Rest lebten wir auf Pump.
»Haben wir eigentlich einen Ersatzreifen?«
»Klaro.«
Pause.
»Wo ist der eigentlich?«
Pause. Beklommenes Schweigen.
»Ach, komm.«
»Doch.«
»Das kann nicht sein.«
Stille.
»Im Kofferraumboden?«
»Genau da.«

Von Newcastle bis nach Edinburgh fuhren wir nur in den ungeraden Gängen, eins und drei. Der Rückwärtsgang wäre auch noch gegangen, wollten wir aber nicht. Das Gepäck, das wir hastig rausgerissen hatten (ständig darauf bedacht, die Flaschen zu verdecken – erst später werde ich lesen, dass wir bis zu 90 Litern Wein und 10 Litern Spirituosen hätten einführen dürfen), drückte auf einmal bis weit nach vorn, blockierte die Gangschaltung, zumindest Gang zwei und vier. Es war eine laute, hochtourige Fahrt in den Norden von Edinburgh, zu unserer Fabrikwohnung im ersten Stock, über dem indischen Schnellrestaurant, direkt gegenüber der Polizeistation von Edinburgh, Viertel Leith.

Die Wohnung hatten wir im Vorfeld organisiert, einen Monat vor dem Umzug. Wir hatten uns drei Tage gegeben, sind mit Fahrrädern und ohne Kinder rübergeflogen. Stadt testen, Kindergarten finden, Wohnung klarmachen. In München hatte Viola ihren Finger auf diese grüne Fläche auf der Stadtkarte gelegt, ein riesiger grüner Fleck mitten in der Stadt.

»Da will ich wohnen«, hatte sie gesagt. Und wir fuhren mit dem Finger über den grünen Flecken, haben angefangen zu träumen von Garten und Veranda, Picknicks und Vogelgezwitscher.

Und als wir wenig später mitten in der Nacht unsere Pappboxen mit den Rädern aus dem Airportbus gezerrt hatten, wurden wir gleich dreimal überrascht. Und zwar dreimal unangenehm. Erstens war der große, grüne Fleck gar kein Fleck, sondern ein riesiger Berg mitten in der Stadt, ohne Straßen, Häuser, Wohnungen. Holyrood Park. Zweitens lebten die Freunde, die uns für drei Tage aufnehmen wollten, ausgerechnet auf der anderen Seite des Bergs. Und drittens: Ich hatte meinen Sattel zu Hause vergessen. So radelten wir durch die Nacht, im Linksverkehr, die eine müde, der andere hundemüde – und stehend.

Wir hatten unser strenges Raster für die Wohnungssuche auf zwei Grundbedingungen zusammengezurrt. Erstens: Mindestens drei Zimmer, eins für uns, eins für die Kinder und eins, in dem meine Magisterarbeit drin wohnen sollte. Und zweitens: Unbedingt Erdgeschoss, dann könnten wir schlafende Kinder draußen parken und würden nicht so oft übers Einkaufen fluchen. Diese beiden Dinge waren die Musthaves – alles andere sollte Verhandlungssache sein, da waren wir total offen.

Nach drei Tagen unterschrieben wir: Zwei Zimmer,

erster Stock. Immer schön kompromissbereit bleiben, auch mit den eigenen Musthaves. Schreiben konnte ich doch auch in der Bibliothek oder im Schlafzimmer. Und: Die Stockwerke waren bei dieser Hafenarchitektur noch mal höher, ein paar Stufen mehr, schon klar. Dafür war es ja nur ein Stockwerk.

Entscheiden bedeutet immer auch springen. Mal ist der Sprung kleiner, mal größer, und mal geht er daneben. Aber er ist immer ein kleines Wagnis, ein Ausbruch aus dem, was sich vorhersehen lässt, aus der eigenen Komfortzone.

Unsere Entscheidung fiel auf der Straße. Ein kurzes Gespräch, zwei, drei Minuten mit einer Passantin, die einen Kinderwagen vor sich her schob und aus dem Stegreif eine Lobeshymne auf ihr Stadtviertel sang. Wir hörten zu, staunten, Applaus brandete in uns auf. Ja. Super. Gemacht. Gut, dann eben nicht Erdgeschoss, nicht drei Zimmer, aber dafür hier, mit dieser Frau, die so freundlich war und der es hier so gut gefiel. Und die wir leider nie wiedertreffen würden.

Ich brülle so ein bisschen vor mich hin, wegen meines Bärentatzenfußes. Die Kinder quengeln, Gianna will zum Flying Fox, der Seilbahn, die über Holzhackschnitzel über unseren Spielplatz saust, bei der ich immer gern das Gerangel beobachte, sobald mehr als zwei Kinder da sind. Wer ist wann wie lang dran? Und vor allem: Was gilt als abgeschlossener Seilbahnflugvorgang? Darf der Rückschwung noch bis zum Ende mitgenommen werden? Wer bringt den Arschteller wieder auf Ausgangsposition? Alles Fragen, die jedes Mal neu verhandelt werden müssen und an deren Methoden, diese zu klären, sich die Gesellschaft bitte kein Beispiel nehmen sollte.

Ich fluche. Mein Fuß schmerzt. Ich schaue mich um. Aber es springt niemand aus dem Busch, um mich auszulachen. Da liegt nur die Dose, die es sicher tun würde, wenn sie es könnte. Rache? Sich an der eigenen Blödheit zu rächen ist schwierig. Konsterniert lasse ich die zerbeulte, aber ansonsten unverletzte Dose ins Einkaufsnetz des Buggys gleiten, trotte humpelnd, diesmal beidhändig schiebend, Richtung Spielplatz. Flying Fox also.

Ich stand im Flur 119, »labour ward«, die Geburtsabteilung von »The Royal Infirmary of Edinburgh«. Ich war allein da. Das Krankenhaus von Edinburgh war brandneu, zwölf Kreißsäle, bei gerade mal 400 000 Einwohnern, der Parkplatz wird stundenweise abgerechnet.

»Ich weiß noch nicht, wann ich wiederkomme«, hatte ich gesagt und Viola einen Kuss auf den Mund gedrückt. Es war das erste Mal, dass ich ohne meine Frau in einer Geburtsabteilung war. Ich trug einen hellblauen Krankenhauskittel. Auf die linke Brusttasche, dort wo normalerweise das Namensschildchen hängt, hatte head nurse Angela einen Streifen Tesakrepp mit der Aufschrift »George – Observer« geklebt.

Ich war hier, weil ich eine Geburt miterleben wollte. Und zwar mit innerem Abstand, nüchtern, objektiv – also mal keine eigene. Denn ich wollte eine Bewerbungsreportage für die Journalistenschule schreiben, Thema: »Frauenklinik: Geburtsstation«.

Zwischen Bibliothek, Schreibtisch und Kopfweh hatte ich mal wieder nachgedacht: Auch wenn du immer wieder haderst, auch wenn dieser Abschlussarbeitsberg vor dir liegt, der Tag wird kommen, an dem du dieses Philosophiestudium abschließen wirst, und dann wirst du dich fragen: Was zur Hölle jetzt? Also los, dachte ich mir, ein bisschen Plan. Warum nicht Journalistenschule? Optionen optimieren und den Arbeitsmarkt noch warten lassen.

Und jetzt stand ich da, George, der Observer, lungerte am Schwesterntresen der Kreißsaalstation herum, Ward 119. Und immer wenn die automatischen Türen aufschwangen, war ich voller Hoffnung.

Ich gebe zu, es gibt bessere Orte, eine Frau anzusprechen, als auf diesem Flur, von dem rechts und links Kreißsäle abgingen. Und wahrscheinlich ist jede andere Frage, die man einer Hochschwangeren stellt, die im Seemannsgang diesen Flur entlangwankt, sich alle paar Meter zum Springbock krümmt und laut gegen die Wehen anschnauft, weniger unverschämt als: »Entschuldigen Sie, hätten Sie was dagegen, wenn ich mich bei Ihrer Geburt ein bisschen dazusetze, ein wenig zusehe, einfach dabei bin?«

Ja, wahrscheinlich schon.

Und so sah ich zahlreiche vielversprechende Reportagecharaktere die Türen hinter sich schließen, George, der Observer musste leider draußen bleiben. Irgendwann hatten sogar die Krankenschwestern Schichtwechsel. George, der Observer, blieb. Er war am Boden, bereits derart verzweifelt, dass ihm sogar die Kraft zum Aufgeben fehlte. Ja, auch das braucht Kraft, denn schließlich ist auch das eine Planänderung, selbst wenn der neue Plan erst mal darin bestünde, keinen zu haben.

Ich mag Unvorhergesehenes. Natürlich ist eine böse Überraschung böse. Aber sie wird für mich nicht weniger böse, wenn ich bereits zuvor darum weiß. Im Gegenteil:

So versaut sie mir auch noch die Zeit davor. Und bei einer guten Sache verpufft viel von der Energie, wenn ich mich peu à peu daran gewöhne. Überraschungen müssen aus den hinteren Reihen des Lebens kommen. Dort, wo die Paukisten und Schlagzeuger sitzen, ein Wirbel ohne Vorwarnung, ein Tusch ans Becken, kräftig, plötzlich, von hinten.

Oder man stellt sich selbst für einen Moment an die Pauken. Das können ganz kleine Dinge sein: Ein ungewohntes Wort, das überrascht und das das Gegenüber aufhorchen lässt. Morgens zur Arbeit einen neuen Weg nehmen. Menschen auf der Straße, die halbwegs sympathisch aussehen, zum Abendessen einladen. Die Frau am Flughafenschalter verblüffen:

»Window or aisle?«

»Mitte, bitte!«

Edinburgh ist das Unvorhersehbare, das Komplizierte bereits in die Geodaten eingeschrieben: Ganz egal wie der Himmel aussieht, man muss immer eine Regenjacke mitnehmen. Das ist lästig, zugegeben, aber gilt genauso auch umgekehrt. Ganz egal, wie traurig, grau und verregnet es gerade gegen Fenster trommelt: Zieh was Hübsches drunter, vielleicht wirst du es bald brauchen können.

In Ward 119 half mir am Ende ein Missverständnis. Mary saß auf einem blauen Gymnastikball, wippte, das Gummi schmatzte auf ihrer Haut. Ein Ventilator blies ihre Haare aus dem Gesicht. Wenn eine Wehe kam, nahm sie einen Schlauch in den Mund: Lachgas, gegen die Schmerzen. Mary atmete tief ein. Dazwischen war alles ganz normal im Kreißsaal Nummer elf, mit Brandon, mit Mary, mit mir. Wir redeten über Portobello, das kleine Sandstrandstück in Edinburgh, über Kindernamen und Fahrradfahren in der Stadt, darüber, wie komisch es für mich war, ohne ordentliches Meldesystem zu leben. Ich erzählte, dass ich zwei verschiedene Rechnungen habe vorweisen müssen, nicht älter als einen Monat, die auf meine Adresse ausgestellt waren, nur um eine Clubkarte für den Videoverleih zu bekommen: Absurd! Und davon, dass ich auf dem Rathaus, während ich die Formulare für die Befreiung von der Council tax, der Gemeindesteuer, ausfüllte, von der Beamtin doch tatsächlich nach meinem Visum gefragt wurde – Hallo? Europäische Union? Reisefreiheit? Geht's noch? –, als sich herausstellte, dass ich eben doch kein Arzt im Praktikum, sondern Philosophiestudent aus Deutschland war, der eine kleine, schmutzige Recherche machte. Die Stimmung strauchelte. Ich machte mich darauf gefasst, gleich rauszufliegen. Hundeblick. Dann: Ich darf bleiben.

Bis zur Geburt dauerte es noch Stunden, insgesamt 13. Ich inhalierte selbst einiges an Lachgas, das dort im Kreißsaal direkt aus einem Hahn an der Wand kommt, so wie in deutschen Kliniken der Sauerstoff. Es gab starke Wehen, Mary wimmerte, grinste aber auch immer wieder zwischendurch. Schwester Elaine tauchte hin und wieder im Zimmer auf. »Nur Mut.«

Als die Schmerzen schlimmer wurden, erklärte sie noch mal das mit dem Entonox, dem Lachgas.

»Sofort loslegen, wenn sich die Wehe ankündigt, einfach wegatmen, diese Schmerzen.« Und Elaine kam wieder, als die Schmerzen schließlich noch schlimmer wurden und Brandon voller Graus auf seine Frau schaute. Elaine: »Wollen Sie Heroin?«

131

Ja, tatsächlich. Sie sagte »Heroin«. Ich habe dreimal nachgefragt.

»Das ist ja ganz rein«, erklärte Elaine, »ganz ungestreckt. Nicht dieses Zeug von der Straße.«

»Ja, und macht das nicht abhängig?«

»So oft hat man schließlich keine Geburt zu verkraften«, antwortete Elaine. »Heroin ist einfach ein gutes, wirksames Schmerzmittel.«

Später habe ich gegoogelt: Großbritannien ist das einzige Land, das Heroin legal herstellt und als Schmerzmittel einsetzt, insgesamt etwa 300 Kilo pro Jahr.

Hier würde also in ein paar Monaten auch Viola liegen, würde – vom Lachgas benebelt – wohl auch gefragt werden, was sie so gegen die Schmerzen haben will. Sicher, wir waren nicht in Uganda, aber vielleicht machte es mich ja gerade deswegen so wacklig. Wieder ein Bereich des Lebens, der raus war aus der Eindeutigkeit, aus der Sicherheit zu wissen: Was ist gut und was nicht?

Meine Mutter, wie gesagt selbst Mutter von sechs Kindern, fragte mich nach der Geburt meiner ersten Tochter, wie man denn momentan die Neugeborenen so hinlegen würde. Rücken, Bauch, Seite – sie hatte alles erlebt, und immer wurde es ihr als die eine, große und unumstößliche Wahrheit präsentiert. Mama, Studien überholen sich eben, dachte ich damals, »Stand der Wissenschaft« und Pipapo.

»Seite – das ist nun mal das einzig Wahre, liebe Mama«, antwortete ich, damals, als Gianna noch im Stubenwagen lag. Zwei Kinder später, in Edinburgh, hieß es plötzlich: Auf den Rücken, das sei das Ergebnis einer neuen Studie, ein Drittel des Bettes über dem Kopf müsste frei bleiben, kein Kissen. Nichts anderes, auf keinen Fall. Ansonsten drohte cot death, plötzlicher Kindstod.

Mary wollte kein Heroin. Sie entschied sich für eine normale PDA. Die Geburt selbst dauerte nicht lange, vielleicht eine Viertelstunde. Die Entspannung zwischen den Wehen verschwand, eine Ärztin kam, es wurde hektisch. Und als der Kopf fast zu sehen war, herrschte mich die Ärztin plötzlich an – mich, der sich in Krankenhauskluft mit Stift und Block und geschocktem Gesichtsausdruck immer tiefer in den Sessel grub, die gespreizten Beine von Mary zwei Meter frontal vor mir, das erste und das letzte Mal auf dieser Seite der Geburtsszene: »Sitz nicht so doof rum! Komm und pack mit an: Hier, nimm das Bein!« Ich überlegte noch kurz, darauf hinzuweisen, dass ich doch nur ein kleine, schmierige, aber verdammt wichtige Recherche machte, die mich eine Bewerbungsrunde weiterbringen sollte, dass ich doch nur George, der Observer war, eben nur »Observer«, dort stand es doch, schwarz auf Krepp...

Ich ließ es dann aber doch lieber. Und so hielt ich Marys Bein in die Luft, zur Seite, wohin auch immer mich die Ärztin dirigierte.

Am Ende lag da ein Baby, ein paar Momente alt, im Kreißsaal elf, röchelte, hustete sich Fruchtwasser ab – ein Junge, auf einen Namen hatten sich die Eltern noch nicht einigen können. Sie wussten auch nicht, ob sie Sohn oder Tochter bekämen. »Es ist nicht üblich, sich das vorher sagen zu lassen«, erklärte Elaine. Es roch nach Zartbitterschokolade, Blut und dem Talk der sterilen Handschuhe. Ich gratulierte Mutter, Vater, streichelte den Babyhandrücken, verdrückte mich.

Ich war fast 20 Stunden auf den Beinen gewesen, musste eigentlich nur noch ins Auto fallen, zu Hause ein Bett suchen, und doch wurde ich diesen Kreißsaalrausch nicht los. Ein Taumel, in dem der Rest der Welt abtaucht, unerheblich wird. In dem es nur noch um dieses eine Leben geht, das da plötzlich auftaucht, anfängt. Die ersten Momente einer neuen Geschichte: Ein kleiner, neuer Mensch, der gerade die größte Anstrengung seines Lebens hinter sich hatte, der noch nicht einen Moment seines Lebens auf dieser Welt ohne mich verbracht hatte und den ich doch nie kennenlernen werde. Von dem ich nicht einmal wusste, wie er hieß, und es auch nie erfahren werde.

Ich hatte außerhalb des Krankenhausareals geparkt, da ich keine Gebühr zahlen wollte. Der Morgen dämmerte, Tau perlte auf Lack und Windschutzscheibe. Ich schnallte mich an, kontrollierte die Seitenspiegel, da fiel mein Blick auf ein Plakat, das jemand auf das Fenster geklebt hatte. »Only neighbourhood parking« stand darauf. Es war auf das Fenster der Beifahrertür geklebt, dort, wo in britischen Autos der Fahrer sitzt, mit richtigem Kleister. Der Morgentau hatte das Papier aufgeweicht. Ich konnte es ganz einfach abziehen.

Ich lasse mich auf die Spielplatz-Bank fallen. Mein Fuß verletzt, den Kopf fragenvoll: Wie, um Himmels willen kommt eine ungeöffnete Bierdose auf das Rasenstück vor unserem Haus? Ausgerechnet hierher? Nach Leith, mitten in dieses etwas schlampige Viertel, sozialer Wohnungsbau zwischen Hafenarchitektur, mitten in diese Billigwohngegend, dieses Trainspotting-Milieu?

Ich drehe die Dose in meiner Hand. »2,3 units« steht da. Units, das ist der britische Versuch, ein wenig Überblick in die Sauferei zu bekommen. Man trinkt und trinkt, und anstatt mit Millilitern oder Promille durcheinanderzukommen, zählt man die Units einfach an den Fingern ab. Ein Cocktail etwa hat um die 4 Units, eine Flasche Wein um die 10. Wer unbedingt noch weitertrinken will, kann auch noch die Fußzehen zu Hilfe nehmen. »Brewed in Glasgow« steht neben den Units, ein schottischer Bestseller. »Hauptstadt der Morde«, titelte der Guardian, »Europe's knive capital«, schrieb mal der Independent. Glasgow, wo Trainspotting in Wahrheit gedreht wurde, wo Alkohol und Zigaretten die Lebenserwartung in manchen Vierteln auf Kongo-Niveau drücken, 53 Jahre, so niedrig wie nirgendwo sonst in Europa. Forscher nennen das den »Glasgow-Effekt«.

Haben sie recht? Ist die Stadt schuld? Macht uns die Stadt, in der wir leben, zu anderen Menschen? Brauchen wir eine Geopsychologie der Städte? Gibt es einen Erfurt-Effekt? Ein Leipziger Fazit? Ein Ravensburg-Resümee? Was ist mit der Wiesbaden-Wirkung? Klar, bin ich ein wenig bräsig, dickfellig, langweilig – schon gut. Andererseits: »Ich kann absolut nichts dafür. Das ist die Stadt. Ich lebe nun mal in Baden-Baden. So sorry!« Und was machen all die anderen Städte mit uns? Frankfurt? Diese Durchgangsstadt, die ständige Umzieherei der Leute dort. Wie viel Bank verträgt meine Laune? Oder Duisburg? Wo andere Städte plötzlich im öffentlichen Nahverkehr auftauchen. Wo ich gar nicht mehr weiß, wann ich drin und wann ich draußen bin.

Gianna und Elena turnen, rutschen und zanken am Flying Fox. Ich massiere mir den Fuß, drücke den Metallclip in die Dose. Es ist ein helles Lager: fad, wässrig, Geschmacksnote

Weißblech. Natürlich habe ich vorher noch mal über den Verschluss gewischt. Was soll's? Schmutziger als im Supermarkt wird das hier auch nicht sein.

In den kommenden Monaten werden wir immer wieder Tennent's-Dosen aus der Wiese vor unserem Haus fischen. Sie sorgen für ein bisschen Glasgow in unserem Edinburgher Leben. Manchmal stehen sie kommentarlos im Kühlschrank, mal heißt es: »Ach ja, da lagen wieder zwei.«

Ich schlucke und fluche. Bier, das ist nicht wirklich das, wofür Schottland berühmt ist, oder? Ein ganzes Pint lang, lauwarm, nachmittags, 568 qualvolle Milliliter, ein guter halber Liter, 2,3 Units. Es gibt eine Regierungsempfehlung, nach der Männer nicht mehr als 3 bis 4 Units am Tag trinken sollten, zumindest nicht regelmäßig, für Frauen empfiehlt die Regierung 2 bis 3. Dazu gibt es jede Menge eindrückliche Warnhinweise und Studien: Ab 3 Units etwa, haben Statistiker festgestellt, verdoppelt sich das Risiko einer Hüftfraktur. Klingt böse. Hüftfraktur, hier, zu Füßen des Flying Fox. Ich beschließe, lieber nichts zu riskieren und es bei 2,3 Units zu belassen. Sicher ist sicher.

Wenige Tage nach unserem Umzug, zu einem Zeitpunkt, zu dem in Deutschland noch nicht einmal die GEZ unsere neue Adresse gehabt hätte, erreichte uns Post vom National Health Service, der britischen Gesundheitsbehörde, dem NHS: Wir sollten doch bitte den Allgemeinarzt in unserem Viertel aufsuchen, Routinecheck, Dr. Holsborough.

Ich war baff: Ein Freund aus Manchester hatte kurz vorher mit einer gebrochenen Schulter drei Wochen auf einen Röntgentermin warten müssen. Anschließend sollte er sich noch ein wenig bis zur OP gedulden: um genau zu sein: vier Monate. Aspirin könnte erst mal auch ganz gut helfen, hatte der Arzt gemeint. Der Freund hatte nichts mehr gesagt und sich nach Calais eingeschifft. OP-Tourismus gehört zum System ärztlicher Versorgung in Großbritannien.

Und ausgerechnet ich, damals 26 Jahre alt, kerngesund, sollte im total überlasteten britischen Gesundheitssystem vorstellig werden? Innerhalb weniger Tage einen Termin bei Dr. Holsborough bekommen? Ja, sagte Ms Gormley am Telefon. Das ist beachtlich, dachte ich mir und marschierte los. Und ich finde das auch noch heute beachtlich, obwohl ich Dr. Holsborough nie zu Gesicht bekommen hatte. Stattdessen lernte ich Ms Gormley kennen, eine Frau ohne Titel am weißen Kittel, die meine Patientenakte anlegte, mit mir Fragebögen durchging: Allergien, Unverträglichkeiten, Vorerkrankungen.

»In guten und gesunden Zeiten den Patienten von morgen schon mal ansehen«, sagte sie. »Wie viele Units trinken Sie am Tag?«

Units? Units. Tjaha, also... – Ich hatte das bis zu diesem Zeitpunkt noch nie gehört, wollte mir aber keine Blöße geben. Also Units. Ich dachte: Okay, du kennst Pints. Und die nette Ms Gormley fragte nach dem *täglichen* Units-Konsum. Also mussten diese Units eine dieser verrückt fitzeligen, britischen Untereinheiten sein. So was wie Inch, bloß in flüssig, dachte ich und rechnete.

»Around thirty.«

Bis jetzt hatte Ms Gormley jede meiner Antworten mit Lächeln und Nicken quittiert und notiert.

»Blinddarm?« Drin. Nicken, Lächeln.

Ein wenig Heuschnupfen. »Soso.« Lächeln.

»Penicillin vertragen Sie also gut.« Alles harmlos. Nicken, nicken. Aber jetzt, bei »around thirty« schien etwas grundfalsch gelaufen zu sein. Ms Gormley starrte mich an, ließ den Stift sinken, entschuldigte sich und verließ den Raum.

Es kostete mich einige Mühe, das Missverständnis gegenüber der aufgebrachten Ms Gormley und den alarmierten Kollegen, die mit Sozialarbeitermiene und geschäftigem Schritt nach einigen Minuten den Raum betraten, aufzuklären. Darzulegen, dass ich mich auf keinen Fall für ein Alkoholprogramm anmelden wollte und warum nicht. Und zu versichern, dass unsere beiden Kinder in bester Obhut sind. Ich kam mir vor wie in einem dieser Sozialdrama-Ken-Loach-Filme. Ich? Einer der Hauptdarsteller.

In Edinburgh fingen wir bei Null an, waren die, die im Supermarkt zwischen den Regalen Verpackungen drehten und schüttelten, unverständig Kleingedrucktes vor sich hin murmelten und an der Kasse im Münzgeld kramten. Am Anfang hätte ich am liebsten einfach meine Geldbörse der Kassiererin in die Hand gedrückt: »Da – suchen Sie sich was Schönes aus.« Aber das dürfen junge Menschen nicht.

Wir sind die, die alle paar Meter vom Fahrradsattel runter müssen, die Köpfe über Stadtpläne zusammenstecken, fluchen und dann doch auf der Autobahn landen. Wir sind die, die im dreispurigen, sich linksherum drehenden Kreisverkehr tatsächlich ein paar Runden brauchen, um sich richtig einzufädeln. Die, die um drei vor elf nervös werden und hastig noch zwei Bier ordern. Sperrstunde, alles klar, wir Auslandsroutiniers, mit allen Wassern gewaschen, wir kennen die Tücken der Briten.

Dann stehen wir da und blicken auf die Uhr, fünf nach elf – es werden weitere Getränke ausgegeben, zwanzig nach elf – immer noch. Ja, wissen die denn nicht, wo sie sind, diese Schotten? In der Hand unsere drei-vor-elf-Biere macht sich einmal mehr die schmerzliche Gewissheit breit, nur scheinbar Bescheid gewusst zu haben. Bis um kurz vor eins dann doch noch die Glocke läutet. Die Sperrstunde haben die Schotten schon lang vor den Engländern abgeschafft.

Aber genau das putzt uns das Leben. Wenn das Erlebte das Wissen überholt. Vertrautes in den Wind schießen, Veränderung nicht als Gefahr und Angstmacher dämonisieren, und genauso wenig als Herausforderung, Chance oder andern Coachingschrott instrumentalisieren, sondern ganz schlicht als Spiel ansehen, als Unterhaltung, als das, was einen Teil des Lebens aus- und schön macht. In der Basisversion wirft das in einer neuen Stadt ganz einfache Fragen auf: Wie bewegen wir uns? Wo kaufen wir ein? Wann und wie arbeiten wir? Was nehmen wir uns vor? Und vor allem: Wo ist der beste Spielplatz?

Ein kleiner, schmutziger Stadtbach etwa, »Water of Leith«, an dem ein Radweg entlangläuft, wurde zu unserer Hauptverkehrsader und brachte uns samt Fahrradanhänger quer durch die Stadt. Wir buchten einen indischen Kochkurs, hatten schon wenig später einen Gewürzkoffer mit Garam Masala, Turmerik und Kurkuma und irgendwann mal, planten wir, sollte es auf jeden Fall in die Highlands gehen. Die Kinder ließen sich – egal in welcher Eskalationsstufe – beruhigen, wenn sie schottischen Rentnern beim Bowling zusehen durften, wie diese kinderkopfgroße Holzkugeln über unnatürlich glatten Rasen kullern ließen. Und am Sonntag probierten wir den Gottesdienst aus. Wie sieht diese mariastuartgestählte Katholiken-Diaspora innen drin aus? Spitzbögen, neugotisch, groß und bunt. Und in der Mitte, wirklich mittendrin, im Hauptschiff des Kirchengebäudes steht ein Glaskasten, eine Art riesiger Wintergarten, vielleicht acht auf sechs Meter Grundfläche, vier Meter hoch, mit Decke, schallisoliert: Der Kinderraum, ein bunter Flecken in der Kirchenmitte, in den der Gottesdienst über zuschaltbare Lautsprecher übertragen wird. Die Kinder können mitfeiern, können laut sein, können Kinder sein, es dringt trotzdem nichts nach draußen. Britischer Pragmatismus.

Wir saßen zusammen mit anderen Eltern und Kindern dort im Stuhlkreis, klatschten bei den Liedern mit und trösteten, wenn mal ein Kind heulte. Dieses ganze Pssst-wir-sind-in-der-Kirche-Generve entfiel.

Kurz vor der Wandlung, dem heiligsten Moment in der katholischen Messe – also dann, wenn aus einer Supermarkt-Oblate der Leib Christi wird –, wurden auf einmal schwere, violettfarbene Vorhänge vorgezogen und die Gottesdienstlautsprecher ausgeknipst. Wir spielten der »Obstgarten fällt um« und redeten mit den Kindern über die Bibelstelle, die diesen Sonntag dran war. Komisch, diese Vorhänge.

»Ist das jetzt zu heilig für die Kinder?«

»Nein«, sagte Janet, die Frau neben uns, die später eine gute Freundin von uns wurde, »nur zu langweilig.«

Und sogar den großen, grünen Fleck auf der Landkarte gewannen wir für uns, den Berg. Er ist eine Art Raum-Zeit-Loch und liegt rund 50 Meter über Edinburgh, ein schmaler Pfad führt hinauf, dann wieder ein Stück hinab in eine kleine Senke. Die Hände noch schmierig von den

Fish'n'Chips vom Take Away in der Pleasance Road, waren da plötzlich Weiher, Wiese, Hügellandschaft. Ich drehte mich um: Edinburgh war weg. Das erste Kind steckte bis zu den Knien im Sumpf, und 200 Meter weiter oben leuchtete Arthur's Seat, der Lavasteingipfel, von dem manche sagen, das hier einst die Burg Camelot von König Artus gestanden habe.

Noch nie war ich irgendwo so schnell draußen aus einer Stadt gewesen – und doch mittendrin, und das auch noch zu Fuß: Von den grauen Straßenzügen ins strahlend goldene Ocker. Aber irgendetwas stimmte an der Idylle nicht, und ich brauchte ein wenig, um zu verstehen, was es war: Es waren zwar nicht viele Menschen hier, aber doch zu viele, um der Natur ihre Wildheit abzunehmen. Und tatsächlich: In der Ferne hatte ein Hundebesitzer dem Tier nicht mal die Leine losgemacht. Es ist eben doch ein Stadtberg.

Den Alltag richtig zu verkomplizieren, das bedeutet oft, die kleinen Dinge für sich zu entdecken: Es ist nicht günstiger, den Gallonen-Kanister (3,78 Liter) Milch zu kaufen, auch deswegen nicht, weil er sich nicht in die Kühlschranktür klemmen lässt. Für einen Hefeteig braucht man »selfraising flour«, weil es frischen »yeast« nicht gibt, selbsttreibendes Mehl also statt Hefe. Und bei Tesco wird das Großpaket mit verschiedenen französischen Käsesorten zwei Tage vor Ablauf des Mindesthaltbarkeitsdatums zum Schleuderpreis verhökert. Neben das »Best before«-Kleberchen kommt ein rotes »reduced to clear«.

Reduced to clear: Räumungsverkauf – für Käse. Ich finde das sehr ehrlich. Es sagt: Wir wollen diese Dinge hier nicht mehr in unserem Laden haben. Wir haben Angst, dass sie uns hier alles vollstinken. Bitte nehmt. Billig. Aber nehmt. In Deutschland schreiben sie »Sonderangebot« und meinen das Gleiche. Vielleicht verschreckt diese Ehrlichkeit aber auch. Eine schottische Freundin etwa weigert sich, Dinge am Ablauftag noch zu konsumieren, egal, wie gut sie noch riechen, schmecken oder tatsächlich sind. »Schließlich«, sagt sie, »steht da ›best *before*‹ und dann das Datum.« Man müsse also vom aufgedruckten Tag immer mindestens einen abziehen, um auf der sicheren Seite zu sein.

Bis zu welchem Alter sollte man sich Gedanken um das Haltbarkeitsdatum machen? Bei meiner Großmutter, 96, eigentlich eine feine Dame, die ihre Möbel bei Radspieler kauft und eine ausgesuchte Garderobe besitzt, ist es keine Frage des Alters. Neulich habe ich bei ihr im Kühlschrank eine zumindest von außen tadellose Olivencreme entdeckt: mindestens haltbar bis Oktober 1983. Ich durfte sie nicht entsorgen. Da stehe ja »*mindestens* haltbar« drauf. Mindestens. Dann sagte meine Großmutter: »Ich bin der lebende Beweis, dass Schimmel unschädlich ist.«

Neben den kleinen, oft supermärktlichen, gibt es auch die großen, existentiellen Dinge: Nach drei Wochen hatten wir einen Kindergartenplatz für Gianna. Einmal die Tennent's-Wiese kreuzen, an der Queen Charlotte Street entlang, dann durch den Claremont Park, an den Rentner-Bowlern vorbei. Der Kindergartenplatz kostete nichts, hatte einen irren Fuhrpark an nie zuvor gesehenen Drei-, Zwei-, aber auch Vier- und Einrädern, einen Sandkasten im Gruppenraum, einen iMac, mit dem sich niemand auskannte und der entschieden zu nah am Indoor-Sandkasten platziert war, und einen unglaublich hässlichen, betonierten Hof. Alle drei Monate lud die Erzieherin, Ms Walker, die Eltern zum Grillen ein. Wir stellten ein paar Bierbänke raus, nicht in den schönen Park, sondern auf den betonierten Hof, legten Würste aufs Feuer und hörten uns Kindergartengeschichten an.

Ms Walker war knapp 60 Jahre alt. Sie hatte eine junge Kollegin und zwei, die ich auf Mitte 40 schätzte. Ältere Erzieherinnen haben zwei große Vorteile gegenüber jüngeren: Erstens haben sie schon viele Beulen und aufgeschlagene Knie heilen sehen. Und zweitens kommen sie den Kindern nicht mehr hinterher. Was machen Erzieherinnen in Deutschland eigentlich, wenn sie älter werden? Ms Walker hatte eine geradezu urgroßmütterliche Gelassenheit, war aber gleichzeitig, weil sie den Kindern eben nicht mehr hinterherkam, auf eine große Autorität angewiesen, die sie voll und ganz ausfüllte. Ms Walker war somit eine grandiose Kombination aus allem.

Bei einem dieser Beton-Grill-Abende kündigte sie einen Erzieherinnen-Streik an. Sie glaubte zwar nicht an den Erfolg, aber sie wollte auch keine Streikbrecherin sein, schließlich hatte sie seit Jahrzehnten keine Gehaltserhöhung mehr bekommen.

»Nächste Woche wird also mal wieder gestreikt. Wollt ihr stattdessen zum Putzen kommen?« Keiner konnte es so recht fassen.

»Seit Jahren keine Gehaltserhöhung!«

»Bei der Belastung!«

»Bei der Inflation! Unmöglich!« Und ja, natürlich käme man zum Putzen. Ob der Partner mitdürfte. Was man mitbringen sollte.

Eine Woche später waren wir die einzigen, die die Abstellkammer ausmisteten, Matschhosen wuschen, Sand aus dem iMac klopften. Ms Walker machte ein ganz verdutztes Gesicht, als wir auftauchten: Die Deutschen, die eine Bitte allzu ernst nehmen.

»Mir ist heute was Komisches passiert«, sagt Viola. »Erzähle ich dir nachher.« Sie ist ganz verzückt und ich natürlich neugierig. Aber sie wolle jetzt zu Ende lesen, ich solle mich gedulden.

Anfüttern und dann mit Warten abspeisen. Ich finde, Viola macht das genau richtig. Das Leben an den entscheidenden Stellen in die Länge ziehen, auf dem Grat halten, verkomplizieren.

Das Warten hat einen schwierigen Stand. Vor allem maßloses Warten. Das ist heutzutage niemand mehr gewohnt. Früher, als Silikon noch ausschließlich in den Brüsten der Nachmittagsserienheldinnen verarbeitet wurde und nicht in Kuchenformen, Teigschabern oder Backmatten, als Postämter noch neben dem »Gafthof zur Poft« (natürlich Sütterlin) standen und keine kleinen, giftigen Servicezentren waren, da hat man sich noch einen Avocadokern aufs Fensterbrett gestellt, sich davorgesetzt und gewartet, bis die Serie vorbei war, der Postbeamte aus seiner Mittagspause zurückgekommen, der Avocadokern gesprossen war. Das macht heute keiner mehr. Wer heute warten muss, der will wissen, wie lang und wofür. Deswegen haben Softwareupdates einen Fortschrittsbalken; deswegen ist die Gründisziplin bei Ampelanlagen mit Sekundenanzeige so viel höher; deswegen beruhigt die Telefonwarteschleife: »Es sind noch drei Anrufer vor Ihnen in der Leitung«; deswegen hat der iPod keine Stopptaste mehr: Es geht sofort weiter.

Die Ungeduld hat es weit gebracht. Sie ist zur Tugend ge-

worden, hat sich als Möchtegern-Übel bis ins Bewerbungsgespräch hochgearbeitet.

»Erzählen Sie uns doch mal drei schlechte Eigenschaften von sich.« Und los geht's: »Ich bin selbstkritisch und eher perfektionistisch, und manchmal da kann es mir einfach nicht schnell genug gehen. Ich bin da schon ein bisschen ungeduldig. Ja, so ist das mit mir. Aber ich arbeite dran, ja. Und Schokolade – ja, das auch.« Ganz schlimmes Bewerbergrinsen.

»Warum kaufst du Dosenbier?«, frage ich über die Kühlschranktür hinweg. »Und dann auch noch Tennent's?« Viola legt sich zurück und das Buch zur Seite.

»Das ist es. Rat mal, wo ich die zwei Dosen herhabe?«

Ich schweige, lasse eine Dose zischen, trinke ein wenig von der Brühe, Weißblechgeschmack schüttelt meine Mimik, und genieße Violas großspurig siegessichere Stimmung. Die Vorfreude von jemandem, der jetzt gleich eine kleine, feine Anekdote zum Besten geben will, der der Wirklichkeit wieder etwas von ihrem Geheimnis zurückgeben kann, ein wenig Unerklärbarkeit in die Welt rettet.

Kinder sind Meister darin, Magie in den Alltag zu pusten. Meine Mutter erklärte Gianna mal, dass Brennnesseln, wenn man sie zuvor schlägt, einige Minuten lang ungefährlich wären. So lange bräuchten die Pflanzen nämlich, bis sie neues Gift in die Blätter pumpen, die Brennhaare nichts weiter als zahnlose Tiger. Ein paar Tage später belauschte ich ein Gespräch von Gianna mit einer Freundin. Brennnesseln wären eigentlich vollkommen harmlos, tönte sie. »Du musst nur die Luft anhalten, wenn du sie berührst. Dann können sie nichts tun.«

Die Welt mit Kinderaugen: Wenn-Dann-Abhängigkeiten sind nichts anderes als Zauberei. Neugierig unverständiges Staunen. Manchmal ist das Missverständnis schöner als das

Verständnis. Ich habe mich zum Beispiel bis ins Jugendalter hinein gewundert, warum vor den Autobahnen immer diese Schilder sind mit dem Schwimmbad-Sprungturm: Ein weißer Turm auf blauem Grund.

Ich solle nun endlich raten, sagt Viola. Ich nehme noch einen Schluck, schaue in Violas gespanntes Gesicht. Sie sagt: »Das war wirklich komisch heute, das mit der Dose. Ich verstehe das einfach nicht.« Es ist, als ob ich mit ihr im Kino säße. Natürlich hätte ich sagen können, dass ich den Film schon kenne, aber jetzt macht es mir Spaß, den Erstzuschauer zu mimen, simulierte Erfahrungslosigkeit, immer darauf bedacht, an den richtigen Stellen zu lachen, sich zu erschrecken, das Geheimnis nicht preiszugeben.

Spätestens als ich ein paar Tage nach der ersten zwei weitere Dosen ziemlich genau an derselben Stelle von dem Rasenstück geklaubt hatte und ein Rätsel plötzlich eine gewisse Routine bekam, hätte ich Viola davon erzählen können. Vielleicht sogar müssen. Ich hätte von Schmach und Schimpf und Schmerz erzählen können, blauviolette Flecken zeigen, irgendeine Fußballerehre daherbehaupten können, um dann von meiner Dosenniederlage zu berichten.

Die Wahrheit ist: Ich wollte dieses Rätsel nicht teilen. Ich wollte mein kleines Privatgeheimnis. Etwas Unerzähltes. Sich Unerzähltes zu bewahren ist das Gegenteil von dem Gefühl, etwas zum zweiten Mal zu erzählen. Der Repetitor in einem ist grauenhaft: Sich selbst dabei zu ertappen, eine Geschichte zu wiederholen, dieselben Worte zu benutzen, sich selbst zu langweilen. Und vielleicht den anderen noch dazu: Hatte ich die Geschichte nicht auch genau dem schon mal erzählt? Und schont mich der jetzt nur, indem er nichts sagt? Das Zeitfenster, innerhalb dessen man den Sprecher auf Wiederholungsge-

schichten hinweisen kann, ist wenige Sätze schmal. Verpasst man den Ausstieg, muss man die ganze Geschichte anhören. Routinierte Anekdoten-Wiederholer feuern deswegen gleich relativ zu Anfang ein prophylaktisches »Hab ich schon erzählt« ab, und zwar mit halbem Fragezeichen dahinter.

»Keine Ahnung, wo du die herhast«, sage ich wahnsinnig lässig. »Vielleicht von Tesco?« Ich schaue fragend auf. »Ein Sonderangebot von dem kleinen, indischen Getränkehändler?« Sie grinst, schüttelt den Kopf. Jetzt ist es so weit, jetzt ist es Zeit, sie mit einem Hieb niederzustrecken. »Oder warte: Von der Wiese vor unserem Haus, die mit dem kleinen Steinmäuerchen?«

Viola starrt mich an. So etwa muss sich Rumpelstilzchen gefühlt haben, als die Müllerstochter am dritten Tag auf einmal seinen Namen erriet.

Janet kommt eigentlich aus New York. Sie hatte einen Schotten geheiratet. Einen richtigen mit Rock und Glatze, nichts drunter und kleinem Sprachfehler. Und sie ist dann in Edinburgh gelandet. Irgendwann saß sie bei uns in der Küche, atmete aus. Tiefer als nötig. Auch sie hatte zwei kleine Kinder: Lachlan und Ruari, zwei Jungs, die gerade Gianna und Elena zeigten, wie britische Hooligans mit Kinderzimmern umgehen.

Janet zog Kopien aus ihrer Handtasche. Die letzte Betriebsfeier, direkt im Büro. Sie habe selten so viel getrunken in ihrem Leben, sagte sie, und sei am Ende doch diejenige gewesen, die darauf geachtet hatte, dass nichts Schlimmeres passierte. Sie hatte dann zumindest noch die Kopien aus dem Kopiererschacht genommen. Wir blätterten. Lippenstiftverschmierte Gesichter, die sich auf eine Glasplatte drücken, dann blankgezogene Brüste.

Waren ihre auch dabei? Ich stellte mir vor, wie auf einem Büroflur Menschen sich an irgendetwas Irres erinnerten, was sie mal gehört hatten, das T-Shirt hochzogen und sich in den Kopierer klemmten. Das Irre ins Leben holen – geht das so?

Janet sagte, auf der letzten Party habe es sogar einen fotokopierten Hintern gegeben, blank. Ob das nicht total gefährlich wäre, fragte ich alter Spaßverderber. »Wenn das Glas bricht?«

Janet zuckte mit den Achseln, hörte dem Rauschen umgedrehter Legoboxen zu, verdrehte die Augen. »Ruari!« Dann deutete sie auf Violas Bauch: Sie könnte das ja nicht. Ein Drittes. Dann seufzte sie schon wieder.

Ob sie zum Essen bleiben wollte, fragte Viola. Janet nickte. »Pizza?« Janet zögerte. »Ich mag Pizza ja eigentlich nicht.« Jetzt *müsste* sie bleiben, sagte Viola. Denn nun ginge es um die Ehre. Klar: selfraising flour, cheddar und so weiter – alles nicht einfach hier. Und trotzdem: Das wäre ein Familienrezept, original. Und das schmeckte jedem.

Die Kinder sprangen von irgendwo hoch oben aufs Bett runter. Regal? Schrank? Vorhangstange? Man hörte immer mal wieder dumpfe Aufschläge, dann Jubelschreie. Bislang heulte keiner.

Ein drittes Kind, sagte Janet und seufzte wieder. Sie könnte sich das nicht mal wirklich vorstellen. Obwohl ihre Wohnung doch zwei Zimmer mehr hatte als unsere. Aber die Zumutung, das Chaos... Wo das denn noch Platz haben sollte? In unserer Wohnung, in unserem Leben?

Ich walkte den Teig, war froh über die Handarbeit. Hatte sie recht? Lassen wir uns einlullen? Fluten wir unseren Alltag mit Stress, damit wir das Leben nicht hören müssen? Immer genug Remmidemmi um sich herum organisieren, damit solche Fragen, was man denn nun eigentlich wolle, worum es einem wirklich gehe, erst gar nicht auftauchen? Sind wir nichts weiter als Erfüllungsgehilfen unserer Kinder? Wofür noch einen eigenen Willen? Es fuchteln ja schon so viele andere in unserem Leben herum. Ich sah Viola ins Gesicht: Sie ließ das kalt. War eben Janet, anderes Model, andere Baustelle, andere Probleme. Henry James lässt seinen Helden in »The American« resümieren: »Oh I have been my own master all my life, and I'm tired of it.« Hat er nicht recht? Hat sich der Individualismus nicht langsam mal überholt? Sicher: Sich mit der eigenen Seele verabreden, sich nicht verbiegen, fühlen, wer man ist – alles tolle Sachen. Andererseits: Was, wenn das, was man da entdeckt, gar nicht so toll ist? Also: Ist es Flucht? Resignation? Der Romanheld spricht von der großen Müdigkeit freilich erst, nachdem er eine Tellerwäscherkarriere hingelegt hat. Selbstauflösung als Silver-ager-Karriere.

Heute haben wir drei Töchter und drei Söhne. In *dieser* Reihenfolge. Andersrum, sagt meine Frau, wäre es nie so weit gekommen. Wenn wir also erst die Jungs, dann... Wirklich? Egal. Denn, was das heißt, ist: Ja, es gibt vielleicht wirklich so eine Grenze dessen, was ein Leben, ein Mensch, eine Familie verträgt. Ob drittes oder siebtes Kind. Ob Fernbeziehung, ADHS oder Höllennachbarn. Irgendwann reicht's. Andererseits: Das ist Quatsch.

Ein Pizzateig muss ordentlich durchgeknetet werden. Ein bisschen wütend walkte ich im Teig. Janet, dieses Trampeltier.

»Wie soll es denn hinter dieser Erträglichkeitsgrenze aussehen?«, fragte ich Janet. »Was kommt danach? Wenn keiner mehr kann?«

»Das will ich gar nicht wissen«, schnaubte sie. »Mir reicht die ständige Zerreißprobe. Tatsächlich zerrissen zu werden brauche ich nicht auch noch.«

Unser Leben ist hoffnungslos überladen, ja. Aber die Frachtpapiere, die das zulässige Gesamtgewicht ausweisen, haben wir doch längst aufgegessen, vorsichtshalber. Es gibt keine klare Grenze. Wir tanzen ständig auf dem Grat, auf der Sorgenlinie, auf der heißen Herdplatte. Drei Dinge verschaffen mir dabei Leichtigkeit.

Erstens: Es bleibt mein Leben. Egal, wie sehr Kinder und Familie den Tag diktieren: Derjenige, der vielleicht völlig überfordert in der Mitte des Chaosstrudels steht, bin immer noch ich. Mit einem eigenen Leben, mit eigenen Freiräumen – egal, wie klein sie sind. Wir sind eben nicht bloß Steigbügelhalter für das Leben unserer Kinder.

Zweitens: optimistische Resignation. Natürlich haben wir unsere Zukunft selbst in der Hand, müssen sie gestalten, uns dafür ins Zeug legen und so weiter. Trotzdem plädiere ich für ein wenig mehr Schicksalsergebenheit. Und zwar eine nach vorne gerichtete. Also nicht: Das ist halt so passiert, da kann ich auch nichts dafür, sondern: Ja, es wird. Es wird doch ohnehin. Und meistens wird es auch noch gut.

Drittens: Es geht vorbei. Auch wenn in meinem Leben derzeit kein Platz ist für Weltreise / Zweistunden-Cappuccino / den großen Zweifel: Es geht vorbei. Und damit meine ich nicht gleich das ganze Leben. Kinder und

Familie sind heute eine Teilzeit-Lebensrolle. Danach kommt was anderes. Was auch immer.

Am Ende schmeckte Janet die Pizza. Natürlich. Das war, sagte sie mit vollem Mund, nicht so ein Edinburgher Fast-Food-Kram, nicht diese dickteigigen Dinger. Wir, Meisteritalianer, nickten still in uns hinein. Natürlich, das war ja auch die Pomarola von Michelangelo, das Rezept von Zia Teresina, die toskanische Salami vom Schwiegervater. Dann sagte Janet: »Das ist New-York-Style-Pizza.«

Gegenüber einer Polizeistation zu wohnen ist kompliziert. Es suggeriert Sicherheit, die tatsächlich aber überhaupt nicht existiert. Ausgerechnet dort, direkt vor der Polizeistation von Leith wurden uns alle vier Autoreifen aufgeschlitzt (»Bloody Germans!«). Und als ich wegen einer kleinen Wohnungsreparatur ein paar Schrauben brauchte – es war Sonntag – und sie aus alten Holzlatten aus einem Baucontainer unten auf der Straße schraubte, tauchten sofort zwei Bobbys von gegenüber auf und nahmen tatsächlich meine Personalien auf: Das wäre nicht mein Müll. Wenn da jeder käme. Ich solle das lassen.

Bleibt man hinter der Fensterscheibe, ist es toll, eine Polizeistation gegenüber zu haben. War mir langweilig, konnte ich rausgucken, darauf warten, dass etwas passiert. Dass etwa ein Streifenpolizist in Blaulichtgeschwindigkeit zu seinem Wagen rast. Vielleicht höre ich sogar ein paar Funkspruchfetzen, »lingering crowd«, »knifer«, »binge drinking« oder gar »gun-toting«? Und schon geht im eigenen Kopf der Vorhang auf: »Schnell auf die Plätze«, drängt der Filmvorführer, wo man denn so lang gewesen sei, »die Werbung ist schon lang durch. Der Hauptfilm hat schon begonnen! Gleich wird der Polizeiwagen am Ort des Geschehens eintreffen und dann... Aber sehen Sie selbst. Bitte sehr.«

Oder ich schaute den adretten Bobbys beim Rein- und Rausstolzieren zu. Manchmal stießen sie einen Betrunkenen vor sich her. Alles gemütlich und live von unserem Fenster aus zu beobachten.

Oder ich staunte über entschlossen aufgebrachte Menschen, die das Gebäude stürmen; im Gepäck Räuberpistolengeschichten. Katze weg? Auto abgeschleppt? Frau verprügelt? Freund tot?

Wer ist das, der da gerade reingeht? Was hat er vor? Was von alledem könnte seine Geschichte sein? Will er sich selbst anzeigen?

Es war nicht immer großes Kino, das mir von Bobbys und Co. präsentiert wurde, okay. »Gut gemachte Unterhaltung«, würden Feuilletonkritiker vielleicht schreiben, immerhin. Sitcom vorm Fenstersims.

Bobbys heißen nur die Fußpolizisten, die, die in England diesen zopfigen Helm auf dem Kopf haben. Und ja, deswegen hat wahrscheinlich niemand weniger mit dem Produkt »Bobbycar« zu tun als eben diese Fußpolizisten: Sie haben eben kein »car«, und wenn sie doch eins haben, heißen sie nicht mehr »Bobby«, sondern sind dann gleich »Police officer« oder so was. Bei »Bobby« denkt in Edinburgh ohnehin zuerst mal niemand an Polizisten. Denn in Edinburgh gibt es »Greyfriars Bobby«, kurz Bobby, einen Terrier, seit fast 150 Jahren tot und so berühmt wie Lassie und Dumbo und Flipper zusammen. Zumindest in Edinburgh. Bobby ist Stadtkult, Role Model für Treue und Haltung. Aber auch Treue ist kompliziert.

Als ich mit meinen Kindern die Bobbytour machte, auf Hundespuren durch die Stadt zog, waren sie begeistert.

»Dieser Bobby«, erzählte ich, »der hat fast sein ganzes Leben, 14 Jahre lang, auf dem Grab seines Herrchens verbracht.« Große Kinderaugen. »Und Bobby war – und das ist die eigentliche Leistung – dabei selbst quicklebendig, was täglich überprüft werden konnte, da er nach dem Ein-Uhr-Kanonen-Geballer immer in die nächste Kneipe trabte, um dort etwas zu essen. ›Let his loyalty and devotion be a lesson to us all‹, steht auf seinem Grabstein, Bobbys Treue und Hingabe sollen uns allen eine Lehre sein. Und da, schaut, liebe Kinder, haben Bobby-Groupies ausgewählte Stöckchen für ihn bereitgelegt. Falls er vielleicht doch noch lebt, dieser Teufelskerl, dann soll er es nicht weit haben, zum Apportieren: Stöckchen statt Blumen.«

Zwischen Friedhof und Kneipe steht ein Ehrendenkmal mit zwei Brunnen – einem auf Menschen- und einem auf Hundehöhe. Oben auf dem Denkmal: Bobby himself in Bronze.

Warum da kein Wasser drin sei, wollte Gianna wissen.

»Ja, es ist eben alles nicht mehr so toll wie früher, nicht mehr ganz original«, larmoyierte ich rum. Die Brunnen mussten aus Hygienegründen versiegelt werden. Und ja, ein geschäftstüchtiger Kneipier hat die Statue in einer Nacht- und Nebelaktion sogar einfach verstellt und um 180 Grad gedreht. (Schön und gut, wenn das Vieh auf meine Kneipe blickt, schöner und besser, wenn meine Kneipe auf jedem dieser abertausenden Fotos, die jedes Jahr von Bobby gemacht werden, im Hintergrund zu sehen ist.) »Aber es zählt die Geste«, dozierte ich vor den Kindern. Und Authentizität, die geht mir ohnehin gehörig auf die Nerven. Sie ist zur heiligen Kuh mutiert: Alles darf man, wenn es nur authentisch ist. Es soll ursprünglich sein, schlicht, einfach, echt und ehrlich. Wir wollen es authentisch. Ganz falsch.

Schlechte Charakterzüge, die besonders störrisch und klotzköpfig vertreten werden, veredelt man blaublütig mit diesem kleinen Attribut. Dann heißt es: »Klar ist der etwas schwierig, und ja, manchmal sogar mies, aber er ist halt unglaublich authentisch.« Dann wird genickt und geneidet. Ich sage: »Ein Arschloch ist ein Arschloch.« Egal, ob authentisch oder aus der Retorte.

Und Bobby? Bobby ist Kult, Treue, Loyalität, Hingabe. Er hat es sich nicht leicht gemacht. Und er ist dabei menschlicher geblieben als so mancher Mensch.

»Aber stimmt das wirklich?«, fragte Gianna.

Verdammt, schon wieder dieses *wirklich*.

»Ja«, grummelte ich und fragte mich, wie mein eigenes Grab wohl mal aussehen würde. Ich habe keinen Hund. Ich will auch keinen, nicht mal, wenn ich tot bin. Aber wer soll denn dann noch treu sein? Kinder?

Früher dachte ich immer, ich würde später mal testamentarisch eine Sitzbank als Grabstein verfügen. Das wäre praktisch, dachte ich, für die Lieben, die zu mir kommen wollen. Eine Bank hat ungefähr das Format eines liegenden Mannes, das heißt, man müsste gar nicht viel anpflanzen, um das sich ja auch nur wieder irgendjemand kümmern müsste, und ich bekäme obendrein auch noch ein wenig Laufkundschaft. Müde Friedhofsflaneure, die das ewige vor dem Grab Stehen satt haben: Alle dürfen liegen, nur sie, sie müssen stehen und trauern. Aber dort, da ist ja eine Bank, da könne man sich wunderbar hinsetzen…

Aber wie so häufig im Leben hat mal wieder der Kneipier recht: Ich stelle mir vor, ein lieber Mensch kommt, denkt an mich oder ist müde, besucht mein Grab, setzt sich. Und?

Das Problem ist: Wo sieht er hin? Eben genau *nicht* auf mein Grab. (Bänke, auf denen man direkt nach unten sehen würde, sind ungemütlich. Und daran können auch Materialien aus der Raumfahrtforschung nichts ändern.) Und so würde mein Bank-Grabstein klammheimlich zum Nachbargrabsdenkmal. Wo jemand liegt, den ich überhaupt nicht kenne. Sollen die Kinder doch machen, was sie wollen.

»14 Jahre lang,« brummte ich vor mich hin, »doppelt so lang, wie ihr alle zusammen hier auf der Welt seid, saß dieser Bobby immer auf dem Grab seines Herrchens.«

»Ganz ehrlich?« Gianna kniff die Augen zusammen.

»So sagt man, ja.« Ich blickte noch mal zur Statue hinauf, nickte in Richtung des Hundes: Der Gute.

Dann fragte Gianna: »Und wo hat der Kacka gemacht?«

Es war Anfang 2003, die Zeit, in der der Irakkrieg in den kriegsführenden Heimatländern vorbereitet wurde. Eine Zeit, in der versucht wurde, die Grautöne aus dem Leben zu nehmen: Schwarz und Weiß gebe es da. Gut und Böse. Das reicht doch, oder? Man müsse sich nur entscheiden. Die Buchstabenkette »WMD« war in den Schlagzeilen, jeden zweiten Tag: »Weapons of Mass Destruction«. Der Kriegsgrund, Seite 1, in Buchstaben, so groß wie meine Kaffeetasse. Dann Bushs Ultimatum und Schröder und Chirac, die ein wenig den Aufstand probten, »die Welt steht am Vorabend eines Krieges«. Ob dieser von der Bedrohung gedeckt wäre? »Meine Antwort in diesem Fall«, sagte Schröder, »war und ist: Nein!« Zwei Tage später, einen Tag vor Frühlingsbeginn, ging es los mit dem Krieg.

Es war eine Zeit, als in Deutschland noch jede Bundeswehrbewegung diskutiert wurde und das Wort »Auslandseinsatz« noch wie »Angriffskrieg« ausgesprochen wurde. Ich, Kriegsdienstverweigerer, mit der zugegeben bequemen wie naiven Überzeugung, damit etwas für den Frieden in der Welt getan zu haben, mit einem Vater aus einem weißen Geburtsjahrgang (zu jung für die Wehrmacht, zu alt für die Bundeswehr), mit einem Cousin, der von seinem Opa mit aller großelterlichen Gewalt zusammengefaltet worden war, nur weil er sich zur Bundeswehr gemeldet hatte, um dort den Lastwagenführerschein zu machen. Ich, dieser kleine, friedensbewegte Mann, lebte das erste Mal in einem Land, das im Krieg war, das Krieg führte. Wie fühlt sich das an? Was verändert sich? Wenn in der Zeitung Gefallene aufgeführt werden und in der Innenstadt in Viermeterlettern »SUPPORT OUR TROOPS« steht?

Eigentlich, und das ist genauso schrecklich wie wenig überraschend, gar nicht so viel. Nach ein, zwei Schockwochen und ein bisschen Pflichtgedanken war Mike aus dem Kindergarten, der, der Gianna immer ärgert, schon wichtiger. Genauso wie die verflixte Gliederung für die Magisterarbeit. Und was war mit dem Laptopmonitor? Der hatte manchmal so komische Aussetzer. Ein paar Wochen später begann mein Laptop zu rauchen, ein paar Minuten nur. Ich musste ein paar Seiten Magisterarbeit neu schreiben und mir einen alten Röhrenschirm vom Nachbarn leihen. Der Typ aus dem Ein-Mann-Elektronik-Shop, der mir mein Netzteil lötete, kam ausgerechnet aus dem Irak. Es war in derselben Woche, in der die Saddamstatue in Bagdad umgerissen wurde.

Ob wir die Bibel kennen, fragte die Verkäuferin in dem Charity Shop mitten in Edinburgh. Wir nickten zaghaft. So einigermaßen. »Eben«, sagte die Verkäuferin, legte ihren Kopf schief und warf beide Hände in Richtung eines braungrauen Bastkörbchens: Als sie in unseren Gesichtern keinen Aha-witzig-kauf-ich-einen-Moment-noch-ich-krame-nach-Kleingeld-Ausdruck entdeckte, erklärte sie: »Das ist ein ›Moses Basket‹.« Sie blinzelte ein paar Mal. »*Moses* Basket. Moses.« Sie deutete auf Violas Bauch. »Darin wird es das Kind schön warm und geborgen haben.« Wir starrten auf Flechtkorb, Verkäuferin, ich nestelte verlegen an Giannas Kapuze herum.

»Danke. Ja, wir schauen uns das mal an.«

Charity Shops sind Gebrauchtwarenläden, billig wie Flohmärkte, bloß sortierter und dann auch noch für einen guten Zweck. Von verwahrlosten Hunden bis finanzschwache Herzkranke kann man alles unterstützen. Der gute Zweck prangt über dem Schaufenster. Unser Laden verkaufte für Lebertransplantationen. Eine Win-Win-Win-Situation. Geldbeutel, Umwelt, Leber. Alles Winner.

In einem italienischen Magazin habe ich mal eine behördliche Werbung gegen den Kauf gebrauchter Waren gesehen. Es mache das Leben unnötig kompliziert, unsicher, unangenehm. Das sitzt. Überall tun sie so, als ob sie an Müllvermeidung interessiert wären. Da braucht es schon aufrichtige Ignoranz, um zu sagen: »Wir sind gegen gebrauchte Waren.« Kann schon sein, dass es für die

Umwelt ganz nett wäre, wenn der Kinderwagen / das Stockbett / der Schulranzen von mehr als nur einem Kind benutzt würde, für unsere Wirtschaft aber ist das kacke. Lieber neue Dinge verkaufen. Man kann sagen, was man will, das ist wenigstens ehrlich. Kein Umetikettieren, keine »Umweltprämie« für den massenhaften Abverkauf von Neuwagen, nichts. Hier werden ehrlich und geradeheraus Energie und Rohstoffe verbraten – für die Wirtschaft. Wenn die erst mal wieder brummt, dann könne man ja immer noch... Italien ist auch das einzige westliche Land, das ich kenne, in dem Ebay überhaupt nicht funktioniert.

Ich liebe gebrauchte Gegenstände. Und das hat einen ganz einfachen Grund: Sie bringen viel mehr ein als nur sich selbst. Man bekommt mehr, als man bestellt. Klar ist es auch toll, weniger Geld auszugeben und das eigene Ökogewissen ein bisschen zu kraulen.

Ja.

Beifang, sage ich.

Ich habe ein Problem mit fabrikneuen Dingen. Sie gehören nicht unbedingt zu mir, nur weil ich im Austausch irgendjemand anderem Geld gegeben habe. Fabrikneue Dinge müssen erst mal ankommen, heimisch werden, den Geruch von Herstellung, Gabelstaplern, Gebindepackungen abstreifen. Sie müssen erst mal Geschichten aufsammeln. Vorher sind sie fremd und machen mich ganz schnell zum Schaufensterpüppchen in der eigenen Wohnung.

Beim Film haben die natürlich Profis, die den Dingen Leben und Geschichten einzeichnen. Da geht einer durch den fertigen Set, um den Lichtschalter herum trägt er ein bisschen Grau auf von all den Fingern, die scheinbar danebengegriffen haben, er zaubert Staub hin, wo einfach niemand putzen würde, er weiß genau, wo welcher Türgriff an die Wand schlägt. Er malt das Leben ein, Spuren von Gelebtem, gibt den Dingen Patina. Ohne ihn wirkt jeder Film mies, ohne ihn würde jeder Schauspieler in einer Musterwohnung rumsitzen. Unbelebt, ungelebt.

Ich kann mir so einen Patineur des Lebens nicht leisten. Also suche ich mir Dinge mit Geschichte. Die Nachttischlampe, die ich nach einem Termin in Frankfurt aus einem Entrümpelungscontainer gezogen hatte: Kurz darauf sprach mich im Bahnhofscafé der Tischnachbar an. Wir redeten, lange, so lange, dass ich meinen Zug verpasste. Die Lampe auf dem Stuhl neben mir, gegenüber den Typen. Am nächsten Tag, so erzählte er, habe er einen Termin für seine Sterilisation. Und auch wenn er sich sicher wäre, dass er keine Kinder mehr haben wollte, hatte er doch Sorge, dass Sex danach an Magie verlieren könnte, zu etwas Mechanischem werden würde.

Irgendwann nahm ich den Zug. Ich weiß bis heute nicht, wie die Sache ausgegangen ist. Die Lampe ist für mich immer mit einem Frankfurter Container, diesem Menschen und seinen Sex-Zweifeln verbunden.

Und so erzählen in unserer Wohnung viele Gebrauchsgegenstände Geschichten aus unserem Leben. Die Top-Man-T-Shirts von ein paar euphorischen Tagen zu zweit in Istanbul. Unser Drei-Meter-sechzig-Nils-Holger-Moormann-Designer-Regal von Violas erstem Job bei einem bald insolventen Buchhändler, der nicht mehr anders zahlen konnte. Der Milk-Cup-Maker, eine Kreisschneidemaschine aus dem Charity Shop, mit dem wir 180-mal Camillas Babykopf aus Fotos ausgeschnitten haben, erzählt von unserem Bastelwahn und von Camillas Geburtsanzeige, für die ich auch noch beim lokalen Kiltschneider einen Sack Karo-Stoffreste geholt hatte, die wir dann zu 180 kleinen Schottenröcken zusammenbügelten. Die hellblaue Krankenhauskluft, die ich am Ende meines Reportagetages einfach geklaut habe – als Andenken – und die ich heute noch statt eines Schlafanzugs anziehe, von George, dem Observer, und 20 Stunden Geburtsrecherche.

Interieur wird zum Tagebuch. Dafür haben wir uns die Glasvitrine gespart und damit auch den Ärger, wenn das erste Kind bis zum Lenkrad mit dem Bobbycar drinsteckt. Insgesamt ein gutes Geschäft.

Das Geschäft mit *Dingen mit Geschichten* ist natürlich längst entdeckt. Profi darin ist Linie-Aquavit, ein Kümmelschnaps. Ausgerechnet. Ich bin immer misstrauisch bei Getränken, auf denen steht »am besten eisgekühlt«. Denn *eisgekühlt* passiert vor allem eins: Die Welt wird unkomplizierter, einschichtiger. Man schmeckt vor allem eins: weniger. Ausgerechnet also bei diesem hartgesottenen Getränk bekommt der Käufer – mehr oder minder gratis – eine 1a Geschichte mitgeliefert: 19 Wochen lang schaukelt der Branntwein in ehemaligen Sherryfässern auf Schiffen durch die Weltmeere, umrundet Australien, kreuzt zweimal den Äquator. Da steht dann zum Beispiel »Tamesis« und »15. 08. 2009 – 17. 12. 2009« auf der Innenseite des Etiketts, so dass es aquavitgetrübt durch die Flasche schimmert. Man trinkt und trinkt, und irgendwann sieht man die Seemänner, wie sie kurz vor Weihnachten von Bord der Tamesis wanken. Erst durch die Weltreise gewinne der Schnaps seine charakteristische Milde: die Seeluft, das Hin und Her von Kälte und Hitze, von Wellen und Wogen. Dieses Veredelungsverfahren soll per

Zufall vor mehr als 200 Jahren entdeckt worden sein, nachdem die Schiffsleute je nach Legende ein paar Fässer in West India / Indonesien / Australien nicht losgeworden sind, weil sie keiner kaufen wollte / der Käufer zwischenzeitlich verstorben war / sie sie einfach vergessen hatten. Die Retour-Fässer jedenfalls, und da sind sich alle Legenden einig, sollen besonders köstlich gewesen sein. Seitdem wird das Zeug quer durch die Welt geschippert, bevor es dann im Einkaufswagen die letzten Meter zurücklegt. Steckt nicht in jedem Kümmelschnapstrinker ein kleiner Geschichtensammler, Weltmeersegler, Seeräuber, Eichenfassbohrer?

Natürlich sammeln Dinge auch die anderen Geschichten ein, die, die nicht schön sind. Zum Beispiel die der Schrankwand aus der Wohnungsauflösung. Ein Freund hatte mich gefragt, ob ich ihm beim Abbauen helfen könne. Die Mutter einer Freundin war Hausverwalterin gewesen, die Schrankwand noch übrig und seine eigenen Klamotten ständig in Stapeln auf dem Boden.

»Klaro, mache ich.«

Irgendwann standen wir nach dem ganzen Schrauben und Klopfen und Schleppen in einem sehr engen, mit Schrankteilen vollgestellten, spiegellosen Aufzug, ich drückte »E«.

»Du weißt schon, warum die Wohnung ausgeräumt wird?« Ich zuckte mit den Achseln. »Also…« Der Aufzug ruckte, war angekommen. Gleich würde sich die Tür öffnen. »Die hat sich aufgehängt.«

Ich weiß nicht, ob der Freund das je aus dem Kopf bekam. Wenn er eine Hose aus dem Schrank nahm, wenn er sich fragte, welches Shirt zu diesem Tag passen könnte, wenn er im Zimmer saß und auf die Schrankwand schaute. Wir haben nie erfahren, wo die Frau sich umgebracht hatte, wir wussten nur, dass es in der Wohnung geschehen war und dass es niemanden gegeben hatte, keine Familienangehörigen, keine Freunde, niemanden, der etwas mit ihren Sachen zu tun haben wollte. Ob der Freund es überhaupt seiner Freundin, mit der er damals zusammengelebt hatte, erzählt hatte? Jedenfalls hat er die Schrankwand gleich am Anfang umgestrichen, und als die Beziehung eineinhalb Jahre später auseinanderging, blieb sie bei der Ex-Freundin.

Damals, nachdem wir die Schrankwand ins Auto geräumt hatten, sind wir noch auf den Speicher gegangen.

»Steckt ein, was ihr gebrauchen könnt«, hatte die Hausverwalterin gesagt. Der Rest würde sowieso entsorgt werden. Ich habe eine Kiste mit Weihnachtsschmuck mitgenommen. Einen Nussknacker und einen Holzring mit vier Engeln, die je eine Kerze halten. Wir haben die Sachen immer noch. Und jedes Mal, wenn ich die Kiste Anfang Dezember aus unserem Keller hole, denke ich an die einsame, tote Frau.

Den Nussknacker und den Holzadventskranz bewahre ich auch noch immer in der Paketkiste auf, in der ich sie damals vom Speicher geholt habe. Vorne steht die Adresse drauf, wo die Frau gewohnt hat und gestorben ist, und quer über dem Paket »Alles Gute«, daneben ist ein Strichmännchen gemalt mit einem Luftballon in der Hand. Der Stempel auf der Briefmarke, 15 Jahre alt. Links in der Ecke: der Absender. Anfangs dachte ich daran, dem mal zu schreiben, zu erzählen, was nach »Alles Gute« noch alles passiert war mit der Frau und wo dieses Paket letztlich gelandet war.

Aber wer hat schon das Recht, sich da einzumischen?

Warum wir Tennent's trinken, fragt Dave, zieht die Augen zu schmalen Schlitzen. Das könne man doch nicht ernsthaft tun. Er schüttelt sich. Dave ist unser Nachbar, wir sitzen bei ihm im zweiten Stock. Er ist der Erste, den ich kenne, bei dem im Wohnzimmer fortwährend der Computer läuft – und zwar kein Laptop. Jaja, sagt Dave, Deutschland und München und Oktoberfest. Er habe dort ja schon mehrere Stein getrunken. So richtig traditionell.

»*Stein?*«

»*Ja, Stein*«, *wiederholt Dave, das müssten wir doch kennen.*
»*Das ist doch deutsch. Stein.*«

»*Ja, das ist schon deutsch. Aber was soll das heißen?*«

»*Stein eben.*« *Und Dave probiert ein wenig an der Aussprache herum. Es bleibt aber* »*Stein*«. *Er hebt in Oktoberfestmanier Unterarm samt Ellbogen. Wir grinsen, da habe er sich betrunken wohl einen Bären aufbinden lassen,* »*Stein*« *heiße* »*stone*«, »*brick*«, *vielleicht noch* »*rock*«, *mehr aber nicht. Dave dreht sich zum Computer, googelt* »*Stein*« *und* »*Oktoberfest*«, *und tatsächlich kommen Treffer wie* »*Shop our German Steins*«, »*The official Oktoberfest Stein*«, *die Familien-Humpen-Packung* »*Case of 6 Steins*« *oder auch der* »*Pretzel Stein*«, *ein Maßkrug mit Brezelhenkel, ein STEIN-Krug eben.*

Gibt es ein Touristen-Deutsch, das nur die Touristen und einige Tourishop-Inhaber sprechen? Eine Parallelwelt von Steins und potato dumplings, new-swan-rock und felt hats mit goatee beards? Im Hofbräuhaus jedenfalls bekäme man problemlos ein Bier, wenn man ein »*Stein*« *bestelle, behauptet Dave. Und zwar ein richtiges, nicht so eine Tennent's-Brühe.*

Das mit den Tennent's – wir würden auch zu gern wissen, wo die eigentlich herkommen, und weihen Dave in das Mysterium der Dosenwiese ein. Er googelt: nichts.

Am Ende wird auch Dave sammeln. Er wird Dosen finden, da sind wir schon längst nicht mehr vor Ort. Immer Tennent's, immer Pints. Immer randvoll, originalversiegelt, immer geheimnisvoll. Und Dave wird es auch sein, der das Geheimnis um die Dosen schließlich auflösen wird. Aber erst Monate später.

Großbritannien, balance-of-power-Land, hat viele wunderliche Geschäfte. Auf der einen Seite diese Secondhand-Wiederverwert-Probono-Shops. Auf der anderen Seite: Fish'n'Chips-Läden, die einem sogar den Schokoriegel frittieren. Dann nimmt man Mars, Twix, Bounty, Snickers, Kit-Kat aus dem Regal und reicht ihn über die Theke: »Deep fried, please.« Der Fish'n'Chips-Mann packt den Riegel aus, lässt ihn in die Panade fallen, fischt und drapiert ihn ins sprudelnde Öl. Geschmack? Ein Polterabend der Extreme. Eine Übertreibung in alle Richtungen. Die Zunge weiß kaum, wohin mit sich. Leben – deep fried.

Oder »Iceland«. An den Schaufenstern kleben die Angebote, davor ein, zwei Einkaufswagenschlangen: Eine ganz normale Supermarktkette, könnte man meinen. Aber Iceland ist anders. Es ist der Gegenpol zu den Charity Shops. Hier gibt es kein gutes Gewissen, kein Energiesparen, kein Ist-das-wirklich-Nötig?

Bei Iceland gibt es alles – tiefgefroren. Truhen stehen dort Spalier, links und rechts und rechts und links. In langen Reihen brummen sie vor sich hin. Alles, wirklich alles ist hier auf minus 23 Grad gekühlt. Zuerst Obst und Gemüse, am Schluss die Getränke. Dazu Dudelmusik.

Gibt es Menschen, die in einer Tiefkühlwelt leben?

Menschen, die nur hier einkaufen? Die einfach nichts anderes brauchen und allem misstrauen, was nicht mindestens minus 23 Grad aushält? Vielleicht noch mal zum Kiosk, Zeitung kaufen oder Klopapier.

»Okay, aber kann man das nicht auch einfrieren? Deep frozen Klopapier?« Sicherheitshalber.

Wir standen noch immer im Charity Shop, mittlere, normale Temperatur, vielleicht 20 Grad. Plus. Nichts frittiert, nichts eingefroren. Die Verkäuferin, ehrenamtlich. Viola, höchstschwanger. Und ich, so normal wie möglich. Vor uns das Bastding, etwa so groß wie ein Fernseher, das Neugeborenenkörbchen.

Eigentlich hatten wir es zu Hause ja schon feingemacht: Einen Bananenkarton aus dem Supermarkt geholt, die Schwestern durften Bilder auf die Pappe malen, unsere Familie. Wir hatten eine Decke hineingelegt. Das Ganze stand auf der Kommode, sah schön aus und roch von oben bis unten nach Banane, panamafein. Man bekommt immer mehr, als man gebastelt hat.

»Ihr wollt euer Neugeborenes in eine Pappkiste legen?«, empörte sich eine Freundin am Telefon. Eine einfache Behausung stärkt das Niveau, hätte ich antworten können. Man kann alles verargumentieren. Fieber kräftigt den Charakter, heißt es etwa bei den Anthroposophen. Jaja, interessant. Ist es dann erst mal so weit, dann geht der Gaul namens Gefühl mit einem durch: Wenn man dann an der Bettkante des greinenden, fiebernden Kinds sitzt. Charakter? Dreckskrampf.

Als Viola erste Probewehen hatte. Unser Baby in die Bananenpappkiste? Ach, komm.

Bananen sind die Fischstäbchen unter den Obstsorten. Fast alle Kinder mögen das Pappig-Süße an ihnen. Fast alle Eltern das Unkomplizierte. Eines der wenigen Dinge, die ich durch Kinder hassen gelernt habe, sind Bananen. Ich habe einfach zu oft irgendwelche Reste davon aufessen, Finger ablecken müssen. Oder Kleinkind-Fütter-Anwandlungen mitgemacht (»Papa, du essen«). Reagiert man nicht sofort, bestrafen einen die Bananen mit fiesen Flecken. Lieber Schlucken als Schmutzen. Etwas, was sich bei mir als tiefer Bananenhass eingegraben hat. Und trotzdem: Deswegen jetzt diesen Bibel-Moses-Basket? Der nach eingeweichtem Peddigrohr miefte.

»Wir nehmen ihn«, sagte meine Frau.

Es gibt Dinge, die laden sich im Handumdrehen ideologisch auf. Für manche ist das die Frage nach Migranten-Sprachtests, für andere die Aufstellung der Fußballnationalelf, für wieder andere die Frage, ob man Säuglinge taufen darf. Kleine Dinge, Fragen, Probleme werden im Nu zu Weltanschauungen hochgejazzt. Eltern sind, gerade wenn ihre Kinder noch klein sind, in diesem Balgen um Aufmerksamkeit und Bedeutung eine äußerst gefährdete Gruppe. Wer nicht aufpasst, wird ruck, zuck zum Ideologen, zum *Elternisten*.

Elternismus funktioniert in einem Dreisprung aus Überforderung, Überinformiertheit und Überhöhung. Einfallstore für Elternismus sind Themen wie Frühkarotten, Babytragesysteme, Sechsfachimpfung, musikalische Früherziehung, Antibiotika, Liegepositionen (auch im Moses-Basket) – oder Windeln.

Erstens: Überforderung.

Die Verantwortung für ein Kind ist immer eine Zumutung. Wer sagt »Ein Kind? Das kommt mir gerade recht, nur her damit, das wuppe ich. Kein Problem. Keine Angst. Ich freue mich«, der ist meines Erachtens nichts anderes als größenwahnsinnig. Es ist nicht die Frage, ob man der Verantwortung *wirklich* gerecht wird, sondern *wie* man damit umgeht, dass man ihr *nicht* gerecht wird.

Ist es nicht manchmal schon schwierig, sein eigenes Leben gebacken zu bekommen, damit wirklich verantwortlich umzugehen? Klemme ich einen Zettel an das angeschrammte Auto, oder schaue ich mich um, ob sich jemand mein Nummernschild notiert hat? Und was macht das mit meiner Seele? Fahre ich zum Freund nach Bremen, dem es gerade mies geht, oder muss ich für meinen Chef jetzt unbedingt diese Projektbilanz fertigmachen? Und hatte ich nicht längst vor, mich mal mit Religion auseinanderzusetzen? Mit irgendeiner? Dieses Thema zumindest nicht ganz sausenzulassen?

Das eigene Leben bietet genug Anlass, an der Weitsicht und Seelengröße desjenigen zu zweifeln, der es führt. Und ausgerechnet diesem Hallodri überstellt man auch noch ein fremdes Leben, dessen Gemüt, Perspektiven, Entwicklung vollkommen von ihm abhängen? Ja.

Elternsein ist prinzipiell überfordernd. Egal, ob man zwei oder sieben Kinder hat. Eltern sind immer verloren im Meer von Verantwortung, Möglichkeiten, Gefahren, Geschrei. Dazu kommen dann irgendwelche neunmalklugen Sprüche: »Es entscheidet sich eh alles in den ersten zwei Lebensjahren.« Na, toll.

Das ist die Ausgangslage.

Zweitens: Überinformiertheit.
Wir sind überfordert und reagieren darauf, wie wir es gewohnt sind: Wir spezialisieren uns. Plötzlich geht es nicht mehr um die ganze, große Zukunft des kleinen, abhängigen Wesens, sondern nur noch um seine Windeln. Wie angenehm. Ein kleines, überschau- wie beherrschbares Gebiet mit Argumenten, Fachartikeln, mit Ursache und Wirkung.

Wir sind froh, dass wir endlich etwas tun können, knien uns noch tiefer ins Thema, lernen komische Sätze: »Die verarbeiten im Zellstoffmaterial des Saugkerns das gleiche Zeug, das bei Bootskielen gegen Algenbewuchs angewendet wird!« Oder: »Mit Stoffwindeln wird das Kind auch gleich automatisch breit gewickelt. Super für den Gelenkkopf und die Hüftpfanne.« Eltern werden Fachidioten.

Drittens: Überhöhung.
Im dritten Schritt werden Eltern zu Elternisten. Sie erkämpfen sich das Gefühl zurück, etwas im Moloch der ewig lauen Kompromissentscheidungen hundertprozentig richtig machen zu können. Es tut einfach unglaublich gut, wieder mal nur das Eine machen zu dürfen: das Beste! Das Ewigkomplizierte ist endlich eingedampft, kleingedampft. Und das wird gefeiert. Da wird das Kind lieber mit voller Windel und rotentzündetem Hintern noch eine dreiviertel Stunde in der U-Bahn nach Hause gefahren, statt dass man eine der Mütter auf dem Spielplatz mit den Bootskielgiftlackwindeln um ihr Teufelsgut bitten würde. Endlich weiß man wieder, was wirklich richtig ist.

Das gesamte Kinderwohl macht ein Elternist vom korrekten Verhalten in seinem Fachgebiet abhängig. Freunde und Verwandte werden fanatisch missioniert. Pastinaken und Seidenbodys, Motorikspiralen und Silbernitratlösung. Man kann so vieles richtig machen. Und bloß keine Zinkcreme auf den wunden Popo schmieren!

Ich war selbst Elternist. Je verzweifelter die Ausgangslage (siehe 1.), desto spitzer sind die Spezialgebiete zugeschnitten (2.), desto fanatischer ist die Überhöhung (3.). Meine Fachgebiete: Impfen (ein Thema, das Elternisten in Windeseile auf Hochtouren bringt. In eine Diskussion darum sollten Sie, egal welcher Partei Sie angehören, doppelt so laut einsteigen, wie Sie es für angemessen halten. Worte wie »Pharmamafia«, »Ödem«, »Lebendimpfstoff« eignen sich hervorragend zum Brüllen. Zurückbrüllen kann man etwa mit »Panikmache«, »fahrlässig«, »Mittelalter«. Ich habe mich zu folgendem Mittelweg entschieden. Impfen ja, aber auf keinen, also wirklich auf gar keinen Fall im ersten Lebensjahr); Haarewaschen (muss man eigentlich erst mit der Einschulung, davor genügt ausbürsten. Das ist auch viel besser für den PH-Wert der Kopfhaut. Wirklich!) und – der ganze Popanz um die Windeln.

Wir begannen unsere Windelkarriere mit Moltontüchern, selbstgewickelt, gewaschen, getrocknet; sattelten dann nach ein paar Wochen auf Druckknopfbaumwollwindeln um. Da hatte sich wenigstens die Binderei erledigt. Trotzdem: Aufatmen konnten wir noch lange nicht. Denn Mehrwegwindeln, das bedeutet: Landluft für die Stadt. Und zwar drinnen, in der Wohnung, und zwar die üble Seite der Landluft. Windelwaschgänge schaffen eine ungeahnte Distanz zur Normalität. Gewachsene Grenzen, wie die etwa zwischen Wohnraum und Kanalisation, verwischen auf einmal, man selbst verliert seine Rolle, wird zum Viehbauern mitten in der Stadt. Niemand erwartet, dass Windelwaschgänge ein Quell von Lebensfreude und Zuversicht sein würden. Gut. Aber die Wahrheit ist: Sie sind ein ausgeklügelter Doppelanschlag auf die Seele.

In Phase eins wird das Feld bestellt: Ich schleife den Eimer – 15 Liter Wasser, drei Esslöffel Soda, ein gutes Dutzend Stoffwindeln – ins Bad. Jede kleine Erhebung, die den Sud im Eimer schaukeln, gegen die Eimerwand klatschen lässt, kann schon zu viel sein. Das Zusammenspiel von Konzentration, Kraft und drohendem Ekel, dem Vorekel, labilisiert mich. Ich öffne den Deckel. Hier, zwischen Klo und Waschmaschine, gönne ich mir einen Moment der Ruhe, sammle Kräfte, wappne mich.

Dann kommt es zum Feindkontakt. Ich hebe den Eimer an und schütte die Jauche ins Klo – dabei muss ich einen Fangarm mit gespreizten Fingern wie eine Reuse vor das herausströmende Wasser halten, damit keine Windeln in die Toilette flutschen. Bis hierhin ist es einfach nur die erwartbar ekelhafte Aufgabe eines Jauchemeisters. In Phase zwei kommt aber die Unpraktikabilität des Lebens hinzu, die die dann bereits angegriffene, labile Seele vollends perforiert.

Es gibt Dinge im Alltagsleben, die haben etwas begeisternd Praktisches an sich. Zum Beispiel Bettwäsche. Zieht man das Laken von der Decke, ist es bereits umgekrempelt, so dass es nach dem Waschen gleich wieder bezugsfertig auf links liegt. Ich schlüpfe in die Lakenecken, greife munter pfeifend die Deckenecken, schüttle und staune, wie praktisch das Leben sein kann.

Aber da gibt es eben auch die anderen Dinge. Die unpraktischen, die Drama und Debakel triggern, einen im Handumdrehen die ganze Mühsal des Lebens spüren lassen. Etwa die Brotseide, die die Bäckerin doch gerade noch perfekt um den ganzen Laib geschmiegt hat und bei uns nach dem Abendessen vorne und hinten nicht mehr reicht. Und das, obwohl gerade mal noch ein halber Laib übrig ist. Oder die Tatsache, dass der Mensch oft genau dann Geld hat, wenn er alt ist und dann plötzlich viel mehr davon hat, als er überhaupt braucht, und kein Geld, wenn er jung ist und es so bitter nötig zu haben scheint. Oder eben die Sache mit dem Windeleimer und der Waschmaschinenöffnung.

Ein Windeleimer ist rund, eine Waschmaschine eckig. Immer wenn ich den Windeleimer vor die Maschine wuchtete, berührten sich die beiden in genau einem Punkt. Ein Problem. Denn ein Punkt ist als Jauchebrücke für eine Unzahl triefender, tropfender Kuhstall-Windeln nichts weiter als eine Unverschämtheit.

Ich packte den Eimer an Rand und Boden, schwenkte ihn prüfend, berechnete Armwinkel, Streufeuer, Einflugschneise, Lukengröße. Ich stand im Bad wie Tiger Woods beim Abschlag: wippte, wiegte, zielte, holte Schwung – und...

Am Ende schafften es genau drei der 17 Windeln in den Maschineninnenraum. Die anderen klatschten gegen die Frontseite rund um die Luke, fielen von dort leblos auf den Boden, markierten wie Paintballmunition alles, was sie berührten.

Das Wort ist kurz, es ist Englisch und ich stieß es dreimal hintereinander hervor – während Windelsud aus der Luke sabberte, Kuhstallsuppe die Fliesenfugen entlang – und unter die Waschmaschine rann.

An unserer Windelkarriere lässt sich ziemlich genau ablesen, wie sich Prioritäten verschieben. Elternsein ist Mangelverwaltung. Zeit, Souveränität, Aufmerksamkeit, Gelassenheit, Bananen. Von nichts gibt es genug. Elternisten gehen dem Mangelmanagement aus dem Weg, indem sie auf ihrem Perfektionismus bestehen, sich auf Nebenfelder der Eltern-Kind-Beziehung versteifen, die ohne Kompromisse auszukommen scheinen. In Wahrheit geht es aber darum, im Mangel zu priorisieren, die Kompliziertheit zuzulassen, mit Mut in den Kompromiss hineinzugehen und dabei halbwegs den Kopf über Wasser zu halten, obwohl so viel hinten runterfällt.

Wie viel Energie sind wir bereit, auf die Hinternpflegeoptimierung unserer Kinder zu verwenden? Wir haben diese Frage im Laufe unserer nun schon zehnjährigen Wickelkarriere ganz unterschiedlich beantwortet. Mit steigender Anzahl der Kinder wuchs unsere Bereitschaft, Ideologien abzuschwören. Von Mehrwegwindeln sattelten wir auf Wegwerf-Ökomarken um. In Edinburgh haben wir mit Kind drei zum Discounter gewechselt. Ab Kind fünf benutzten wir sogar die fiesen Feuchttücher, von denen mal eine Freundin meinte, sie habe die jetzt gerade bei sich ausprobiert, eine Woche lang.

»Und?«

»Das ist nichts.«

»Warum?«

Ihr Hintern jucke jetzt ganz grauenhaft. Nein, so was

komme nicht an den Popo ihres Kindes. »Auf keinen Fall. Nie.«

Neulich meinte Viola, ob ich mir vorstellen könnte, einen Windel-Twister zu kaufen. Eine dieser dekadenten, neureichen Bionade-Ära-Erfindungen? Eimer auf, Windel rein und schon wird sie geruchsversiegelt in einer eigenen Tüte eingedreht.

»Nein, Viola. Auf keinen Fall. Kommt mir nicht ins Haus.«

»Dann eben nicht.«

»Dieses morbide Teil. Auf was für Ideen du auch kommst!«

»Ist ja gut.«

»Was kostet das denn überhaupt?«

Meine Eltern kamen nach Edinburgh zu Besuch. Das war gut, weil es immer auch kompliziert ist, jemanden, den man schätzt, in eine neue, frisch eroberte Welt einweihen zu können: Da waren all die Charity Shops und die geheimnisvollen Tennent's, natürlich auch die Royal Mile, Princes Street und Arthur's Seat, das Castle und das brandneue Parlament, in dem bald die Stimme von Vorzeigeschotte Sean Connery die Geschosse im Aufzug ansagen sollte, was dann aus irgendwelchen Gründen doch nicht geklappt hat.

Aber auch, weil sie dann Großeltern sein und wir ein wenig Twenty-Somethings spielen konnten: ein Ausflug nach Glasgow oder hier ins Theater, zu zweit ins Kino (dort zum Beispiel sahen wir im Werbeblock einen Anti-Euro-Spot: Schwarzweißflimmern, alles sieht nach historischer Aufnahme aus, ein Mann zappelt im Hitlerkostüm, dazu Mikrophonknistern, Reichsparteitagsraunen.

Hitler hampelt, streckt Finger und Hand nach vorne, brüllt: »Ein Volk! Ein Reich! Ein Euro!«).

Anderntags gingen wir mit dem Creative-writing-Kurs, den ich in einem Anfall von »Ich brauche ein komplizierteres Leben« gebucht hatte und für den ich viel zu schlecht Englisch sprach, in die Kneipe. Ich erzählte von dem Container bei uns auf der Straße, den Schrauben und Polizisten. Einer aus unserem Kurs schrieb später darüber eine Kurzgeschichte: »Screwing in skips«. Wir spielten Kneipen-Jenga. Man baut aus Holzziegeln im Format von Zigarettenstangen einen Turm, immer drei auf einer Ebene, die nächste um 90 Grad gedreht. Steht der Turm, muss reihum jeder einen Stein rausziehen und nach dem Dreierschachtelsystem wieder obendrauf legen. Der Turm wächst in die Höhe, wer ihn umwirft, zahlt die nächste Runde: Man bekommt immer mehr, als man bestellt.

Ich habe in meinem Leben verschiedene Alkoholspiele mitgemacht. Eins davon ist *Beer Pong*, das mir ein Schulfreund mit großem Getöse gezeigt hatte. Eine unübersichtliche Anzahl gefüllter Biergläser wird auf einer Tischtennisplatte verteilt. Dann spielt man ganz normal Tischtennis: Trifft einer mit dem Ball in eines der Gläser, muss der andere es leeren. Je öfter man trifft, desto härter hat es der Mitspieler, sich überhaupt noch zu rächen. Super Spiel, dachte ich, erzählte es viele Jahre lang weiter als muntere Jugendanekdote. Die Leute nickten: Ja, echt super.

»Klingt toll«, sagte auch Matze und baute eine Unzahl Schnapsgläser vor uns auf. Ich solle das mal ausprobieren, sagte er und füllte die Gläser. Er habe da etwas falsch verstanden, wandte ich ein: »B-e-e-r P-o-n-g«, buchstabierte ich. »Beer« und »Pong«, also »Bier« und »Tischtennis«, nix »Schnaps« und »Gläser«. Hallo? Er sagte nur »Jaja«, holte eine Musikkassette, spulte. Das sei Herbert Grönemeyer, sagte er, und das Spiel ganz einfach. Man müsse nichts weiter tun als zuhören und ab und zu mal ein Glas trinken. Genauer gesagt: Immer dann, wenn Grönemeyer das Wörtchen »Alkohol« singt. »Fertig?« Ich nickte. Ich kannte das Lied nicht gut, fragte mich noch, warum zur Hölle da so viele Gläser standen und fiel nach dem ersten Refrain vom Stuhl.

»*Alkohol ist dein Sanitäter in der Not*
Alkohol ist dein Fallschirm und dein Rettungsboot
Alkohol ist das Drahtseil, auf dem du stehst
Alkohol, Alkohol, Alkohol.«

Jahre später las ich »Wonder Boys« von Michael Chabon und war empört. Beer Pong war eins zu eins aus dem Roman geklaut. Und der ist von 1995! Da trank ich doch noch Martini-Fanta aus Plastikbechern, hinter der Tankstelle.

Und das Grönemeyer-Spiel, das werde ich auch noch irgendwo finden.

Meine Frau sagte, wir sollten jetzt mal ins Krankenhaus fahren.

Wir parkten außerhalb der Parkgebührzone. Denn es gab Sätze, die wollten wir beide weder hören noch denken.

»Was glaubst du, wie lange du noch brauchst? Also nur so... also wegen der Parkuhr«, war zum Beispiel so einer. Oder: »Ich gehe noch mal raus, nachwerfen. Es wird ja nicht gerade in den nächsten Minuten ernst werden, oder?«

Also parkten wir außerhalb. Und ja, auch jetzt war es gut, dass die Großeltern da waren: Weil sie dann Gianna und Elena hüten konnten, während wir in der Royal Infirmary of Edinburgh waren.

Ich wusste, wo wir hin mussten, stützte Viola mit dem rechten Arm, in der linken Hand den Geburtskoffer mit Morgenmantel, Wollsocken, rich chocolate cookies und einer toskanischen Salami, die meine Schwiegereltern meiner Mutter extra noch mitgegeben hatten.

»Das Kind braucht doch Kraft«, meinten sie. Wobei mit »Kind« meine Frau gemeint war.

Als wir damals auf unserem Zwischenstopp in München den Freunden eröffnet hatten, dass wir erstens gleich wieder abfahren würden, nach Schottland, ich zweitens das Studium dann halt irgendwie dort fertigmachen würde und drittens: Wir noch ein Kind bekämen, ja auch dort – da war die Stimmung gemischt. Wir, so sagten die Gesichter der Freunde, waren auf dem Weg, Sonderlinge zu werden.

Niemand aus dem engeren Freundeskreis hatte damals selbst ein Kind. Familie gründen, Eltern und Vorbild sein, das alles waren Themen, die noch von der Welt und den Werten der Generation unserer Eltern bestimmt waren. Irgendwann nahm mich Tobias, der seinen Zivildienst in einer Behindertenschule gemacht und dort danach neben dem Studium immer mal wieder ausgeholfen hatte, zur Seite: »Ich wünsche euch alles Gute.« Dann ging er ein wenig mit der Stimme runter. »Es ist schon krass. Wenn das Kind behindert ist, dann müsst ihr halt euer ganzes Leben umstellen.«

Auf dem Flur 119 war nicht viel los, wir durften sofort in den Kreißsaal, Nummer fünf: Gymnastikball, Duftschälchen, Lachgashahn.

Viola wollte aufs Bett. Mehr nicht. Sie fand das mit dem Lachgas nicht witzig. Und damit ich es gleich wusste: »Heroin lasse ich mir auch nicht geben.«

Auf dem winzigen Armbändchen, das in Camillas Tagebuch klebt, steht »Baby Cadeggianini Girl 12 / 06 / 03 @10.39«. Es ist das erste Mal, dass ich – was bei mir bis dato immer noch »Klammeraffe« hieß – und in Italien »Strudel« mit gerolltem »r«, so wie es die Schotten auch gern mit ihrem R tun – als Platzhalter für »at« entzifferte.

Und als die Hebamme plötzlich das tief violettfarbene Baby in den Händen hielt, schaute sie kurz, wuchtete es herum, stemmte es wie einen Pokal in die Höhe und sagte mit schottischem Akzent: »We have a wee Scottish girrrrl.«

Das Baby knarzte. Ein kaputter Dudelsack, dachte ich. Die Hebamme legte Viola das Baby auf den Bauch. Es aalte sich, suchte die Brust. Ein kleiner Astronaut, fremd und aus Versehen irgendwo gelandet. Mir stieg Kreißsaaltaumel in den Kopf, in den Bauch, in die Beine. Auf einmal war nichts mehr wichtig, außer dieses winzige, neue Wesen, das dabei doch noch so fremd war.

An die Fremdheit musste ich mich erst gewöhnen. Das war etwas, was ich nicht erwartet hätte.

Wird man Vater oder Mutter, hat man ja einige Zeit, sich darauf vorzubereiten. Man stellt sich ein bisschen die Geburt vor, man überlegt, wie man sich als Eltern verhalten wird: Was will man mit dem Kind alles tun, was ihm zeigen, was ist einem selbst wichtig? Man sucht einen Namen aus, den man mag, von dem man denkt, er könnte zu dem passen, was da gegen die Bauchdecke tritt. Man skizziert das Leben mit dem neuen Menschen nach der Geburt. Und dann ist das Baby da: zauberhaft, rührend, süß, alles – wie eine Tasse warmer Kamillentee, der im Brustkorb ausgeleert wird, innen drin. Und trotzdem fremd, total fremd.

Beim ersten Kind hat uns das umgehauen. Dass man sich sogar an sein eigenes Fleisch und Blut erst mal gewöhnen muss, damit hatten wir einfach nicht gerechnet. Noch dazu waren wir davon überzeugt gewesen, dass es ein Junge werden würde – nach einigen Diskussionen (»Nein, Viola, *Dante* geht nicht.«) sollte er Luigi heißen, weil wir Gigi als Spitznamen super fanden. Und dann lag da plötzlich eine Tochter zwischen uns in diesem Münchner Kreißsaalbett. Wir hatten Nähe erwartet, ein sofortiges Familiengefühl. Stattdessen lag da dieses unvertraute Wesen, dem wir mit Kindchenschema-Rührung begegneten: »Schau, wie nett er sein Fäustchen ballt.«
Pause.
»Äh, *sie*.«

Die schottische Hebamme übernahm wieder das Baby. Inzwischen war das ganz fiese Blauviolett in ein helleres Violett übergegangen. Die Hebamme zählte Zehen und Finger, maß Köpfchen und Körper. 20 Inches, 6 Lbs und 5 Oz. Sie machte ein ganz verzücktes Gesicht, fiepste: »Isn't she cute? Isn't she the cutest wee girl in the world?«
Ich blickte in das Gesicht der Hebamme, dann wieder auf das Baby. Und mir fiel nichts ein. Ich sagte, es sei eben ein Baby. Süß, sicher. Ein Baby halt. Eben ja. Anyhow. So

etwa und schabte währenddessen mit dem Daumen über die abwaschbare Wand. Und auf einmal wandelte sich das Gesicht der Hebamme, als ob ich einen geheimen Schalter umgelegt hätte. Ich hätte da schon ganz recht, sagte sie plötzlich mit normaler Stimme. Sie beugte sich vor, als ob sie fürchtete, dass jemand anderes hätte mithören können: »At the end they do all look like Winston Churchill in his last days.«

Viola hatte Hunger. Und sie wollte was Salziges.
»Äh, Salami?«
»Hast du Brot?«
»Besorge ich.«
Und als ich in die Teeküche von Flur 119 kam, voll im Kreißsaalrausch, erschien es mir nur logisch, dort einen Sack Toastbrot und diese Maschine anzutreffen, diesen Sechsfach-Schlitz-XXL-Toaster, der zwölf Scheiben auf einmal rösten konnte.

Als wir mit unserem Winston drei Stunden später auf die Straße traten und bei unserem Spezialparkplatz ankamen, klemmte ein Knöllchen hinterm Scheibenwischer. 45 Pfund sollten wir zahlen, innerhalb der nächsten zehn Tage nur die Hälfte. Auch den Strafzettel haben wir einfach in Camillas Tagebuch geklebt. Wir hatten ein deutsches Nummernschild am Wagen, ein Vollstreckungsabkommen gab es damals noch nicht. Soll Camilla ihn doch zahlen, wenn sie groß ist. Wenn sie will. Irgendwann mal.

Ein gutes Jahr später kommt eine E-Mail von Dave, unserem Nachbarn: Er habe sich eben unten was geholt, vom indischen Takeaway, das erste Mal: »And not only did i get the food i *ordered – i got a can of tennent's that i didn't.«* Eine dottergelbe Dose, ein Pint groß, unbestellt, unverletzt, original versiegelt, kostenlos zum Menü dazu. Direkt vor dem kleinen Rasenstück mit dem Mäuerchen, wo man so schön in der Sonne sitzen kann.

1 Frau
1 Mann
4 Kinder
2006
12 Monate
in Tel Aviv, Israel

wo mir Yorkshire-Terrier-Momente, Uli-Hoeneß-Bub
und Ajami-Araber kräftig einheizen:
Manchmal bekommt man nur mehr, wenn man
gegen Regeln verstößt

Es ist keine feine Mischung, der Beton grießig, fies für den Hintern auf Dauer. Trotzdem hocken wir dort schon eine ganze Weile. Sechs Stockwerke über dem Meeresspiegel, auf dem Dach einer Parkgarage, unter uns glitzert und wummert Tel Aviv. Es ist Nacht, die Luft ausgelaugt, vom Tag verlebt. Rechts Neve Tzedek, das hochsanierte Künstlerviertel: schick, teuer, Anzugmenschen. Links Florentin: runtergewohnte Bauhaus-Bauten, illegale Clubs, wandernde Saftbars. Ganz oben kauern wir auf unserem Ausguck wie zwei Bademeister in Rente, sehen dem Leben beim Wabern zu. Mal seufzt einer: »Ist schon sehr schön hier« – so was eben. Dann Schweigen, dann sagt der andere: »Wir haben's aber auch gut.« Dann ein paar Muskeln strecken, ein wenig die Haut auf dem Beton wälzen, die salzige Luft mit einem Schluck palästinensischem Bier hinunterspülen.

Früher hat meine Frau immer gesagt: »Sobald ich 30 bin, will ich nicht mehr schwanger werden.« Auf keinen Fall. Schluss. Aus. Finito. Das fand ich von Anfang an super. Klare Ansage. Ein Plan. Eine tolle Frau. Und wenn Leute nach einem Lebenskonzept fragten, hatte ich eine aparte Antwort parat. Wobei ich eigentlich nie so recht verstanden habe, was sich die Leute herausnehmen, da rumzubohren.

Wir sind jung. Und ja, wir haben Kinder. Und ja, es sind mehrere. Deswegen sind wir aber noch lange nicht gaga.

Oder habe ich irgendjemanden eingeladen, mit viertelgaren Überlegungen aufzuwarten? Woher kommt die Tollkühnheit, lose Bekannte zu löchern, ob sie noch ein Kind wollen? Sind wir narrenfrei? Wir werden es schon sagen, wenn wir wollen. Wenn mich einer fragte, bekam er jedenfalls die Dreißiger-Regel serviert. Das hatte bisher immer gereicht. Danach war Stille, es wurde vielleicht ein wenig gegrummelt, ein Getränk bestellt, aufs Klo gegangen, so was.

Bis zu diesem Abend auf dem Parkdach.

Viola behauptet bis heute, sie habe es ja erst aus der Post erfahren. Ein sonderbar steifes, übergewichtiges Kuvert wäre da im Briefkasten gelegen.

»Und ein Papier!«, sagte Viola am Telefon. »Mit ganz viel Struktur. Wie die Hände einer alten Frau.« Sie machte eine kurze Pause, dann sagte sie: »Ich mache das jetzt auf« und drückte mich, bevor ich noch irgendwas erklären konnte, aus der Leitung.

Ich bestreite es ja bis heute, bin mir sicher, dass ich ihr von der Stipendiumsbewerbung erzählt hatte. Vielleicht nur beiläufig, okay, während ich mit Sohn und einem Gläschen »Zartes Gartengemüse« kämpfte, während irgendein ICE-Bobbycar unser neues Klavier rammte, während »Die Rübe« lief und nebenan italienische Kinderlieder »Zecchino d'oro«. Vielleicht brüllte ich es in eine gedachte Lücke, bestand nicht auf einer Reaktion. Kann sein.

Warum sollte es Absprachen und Informationen auch anders ergehen als all den Handschuhen, Brotzeitboxen, Hausschlüsseln, die sich regelmäßig aus unserem Besitzstand verabschieden, die abtauchen, als ob es sie nie gegeben hätte? Eine Art natürlicher Schwund: Wo viele Menschen mit vielen Dingen hantieren, geht eben auch viel verloren.

Aber erwähnt hatte ich es. Auf jeden Fall.

Und trotzdem: Geglaubt habe ich nie wirklich daran. Eine große deutsche konservative Stiftung soll eine junge, ernährerlose Familie in die Welt hinaus schicken? Ausgerechnet nach Israel? Mit vier kleinen Kindern? Das jüngste ein halbes Jahr alt, das älteste gerade mal fünf?

Es klingelte erneut.

»Viola Mob«, stand auf meinem Display. Und ja, da hatte ich ein wenig Angst.

Würde sie schimpfen? Nachtarocken? Sie sollte sich beruhigen, hätte ich sagen können, es war doch ohnehin eine Absage, war doch nichts passiert.

Wie ich überhaupt auf die Idee habe kommen können? Israel? Dieses hochgerüstete Land, Verrückte von allen Seiten, alle paar Monate Kriege und Konflikte.

»Hast ja recht«, hätte ich beschwichtigt. »War ja nur ein Versuch.« Ein letzter Strohhalm, Plan und Struktur ins nächste Jahr zu bekommen. Noch ein paar Monate sollte meine Redakteursausbildung an der Deutschen Journalistenschule dauern. Und dann? Viola mit Romanistikabschluss und ein wenig Übersetzererfahrung, ich mit diesem Magister in Philosophie und rundherum die Nachwehen der letzten und die Vorboten der nächsten Medienkrise. Weiterwursteln, irgendwie?

Mein Telefon klingelte noch immer.

Und was, wenn die Stiftung Gefallen am Wahnsinn gefunden hatte? Wenn wir tatsächlich in ein paar Monaten alle zusammen im Terminal 2, Halle F, sicherheitsgefährdete Flüge, stünden? Würde Viola da überhaupt mitmachen? Wird sie nicht eher die Arme um die Kinder legen, den Mund schmal machen, mit den Augen funkeln und zischen: »Ohne uns«?

»Ja, hallo«, antwortete ich. Kleinlaut, auf Schelte gefasst. Stille. Zuerst war da nur die leere Leitung. Ich hörte Viola ins Telefon atmen. Sie schwieg, atmete noch mal tief. Dann sagte sie: »Sag mal, da ist es doch wärmer als in Italien, oder?«

Viola, sonnenabhängig, sie birst vor Zutrauen. Sie sagt gern: »Das wird toll.« Und wenn es wirklich etwas ganz Schlimmes ist, ändert sie ab auf: »Das wird schon.« Sie hat auf alle unsere Buchrücken Signaturen geklebt und die Titel in einer Exceltabelle verschlagwortet. Sie hat mich zum Trampen und Wildcampen überredet. Auf Korsika, in Schweden, in Finnland, in Ungarn, in Italien.

Jetzt also Israel. Viola sagte: »Das wird toll.«

Und ich? Was sollte diese ewige Auslandsreiserei eigentlich? Wann wird »Ich bin weit herumgekommen« zu »Ich bin weit *herunter*gekommen«? Hannibal und Patachon, die CYL-Agenten, schüttelten nur den Kopf. Dieses Telefonat, bei dem mir Viola vom teuren Briefpapier die Stipendiumszusage vorlas und wir beide mit Herzhüpfen ein paar Mal schluckten, Spontan-Sorgen austausch-

ten – »Ist das für unsere Kinder nicht die falsche Welt?«–
»Wann war noch mal der letzte Selbstmordanschlag?«
»Wie ist das als Deutscher dort?« –, dieses Telefonat war
ganz eindeutig ein Fall für Patachon: »Hauptsache, anders. Hauptsache, nicht normal.«

»Und wer hat das bitte gepackt?«, fragte der Sicherheitsmann in Halle F des Münchner Flughafens, dem Extra-Gate, an dem alle Israel-Flüge abgefertigt werden. Die Haare gegelt und aufgeigelt, die Miene unwirsch, dazu ein steifer Anzug, jede Menge Berechtigungskärtchen, die er an Bändern um den Hals trug, im rechten Ohr steckte ein Knopf, von dem durchsichtiges Telefonhörerkabel in seinen Hosenbund führte und dort verschwand. Vor ihm stand ich, eines der Kinder an der Hand und Lorenzo, sieben Monate alt, auf dem Arm. Hinter mir reihten sich sechs gesteckt volle Gepäckwagen, dahinter Viola und noch mal zwei Kinder. Die drei waren gerade noch in Rufweite. Wie Warentrenner auf einem überdimensionierten Förderband beim Großeinkauf: Nein, das da hinter gehört tatsächlich nicht mehr zu uns.
    Der Mann ließ das einzige »S« in der Frage gefährlich zischen.
    »Und wer hat *das* bitte gepackt?«
    Was sollte man da jetzt antworten?
    »Ja, ich. Gestern Abend, und dann habe ich Arm in Arm mit dem Gepäck geschlafen, es nie mehr aus den Augen gelassen und mit dem eigenen Wagen direkt hier vor Sie hergefahren.«
    Sechs Gepäckwagen voll? Arm in Arm? Direkt?
    Solche Sicherheitsleute müssen sich jeden Tag Hunderte von Lügen anhören. Entweder man stumpft ab, re-

agiert nur noch auf Signalwörter, oder man wird bissig, liest zwischen den Worten, im Gesicht, im Augenaufschlag, in der Handbewegung.

Bei dem Mann im steifen Anzug tippte ich auf Beißwut und begann zu schwitzen.

Trotzdem musste man ja nicht gleich mit der ganzen Wahrheit rausrücken. Dass wir etwa seit dreieinhalb Wochen bröckchenweise gepackt, mal hier, mal da eine Tasche fertiggemacht hatten, dass ein Teil tatsächlich tagelang unbewacht im Gartenhäuschen meiner Eltern herumgestanden hatte, ein anderer bereits am Vorabend aufs Autodach geschnallt worden war. Und dann, ja dann war kurz vor der Abfahrt ja auch noch der Schwager gekommen, in der Hand einen Koffer mit einem breiten Stoffband: grün-weiß-rot. Italia. Die Schnalle war kaputt, das Band hat ihn aber prima zusammengehalten. »Das ist ohnehin besser«, meinte er. Tricolore und so. Das hätte seine Frau extra noch für uns... Ich wuchtete das Ding in den Wagen.

17,3 Kilo, wie ich später an der Gepäckwaage erfahren sollte. Michelangelo grinste bis über beide Koteletten, umarmte uns: »Tutto bene? Auguri.«

Der Kopf des Sicherheitsmanns schob sich Millimeter für Millimeter in meine Richtung. Oder bildete ich mir das nur ein? Vielleicht haute er mir auch gleich eine rein.

»Wer hat das bitte gepackt?« Ich musste jetzt echt mal antworten.

»Wir beide«, sagte ich holprig. »Also, die Frau da hinten und ich.«

Klar, ich hätte jetzt besser aufpassen müssen, dann hätte ich das, was jetzt gleich passierte, verhindern können.

Aber wirklich allein schuld war ich nun auch wieder nicht, schließlich war es ja er, der mir so zu Leibe gerückt war.

Jedenfalls grapschte Lorenzo nach einem dieser Plastikkärtchen, die um den Hals des Sicherheitsmanns baumelten, schob es sich umgehend tief in seinen zahnenden Rachen und biss zu. Für ein paar Sekunden waren wir drei uns gefährlich nahe. Der Mann im steifen Anzug, weil das Plastikkärtchen wie ein Kalbstrick um seinen Hals montiert war. Ich, weil ich Lorenzo nicht einfach loslassen konnte. Lorenzo, weil er nicht loslassen wollte.

Die Stimmung hellte das alles nicht auf. Der Sicherheitsmann wollte jetzt die Koffer sichten, ging mit wiegenden Schritten an der Gepäckwagenschlange entlang. Und schon der zweite, den er ausgewählt hatte, war der Schwagerkoffer.

»Was ist da drin?«, fragte er.

»Den hat meine Frau gepackt«, log ich.

»Aufmachen!«, befahl er.

In dem Koffer waren nur drei Dinge. Aber davon reichlich. Es waren die drei Ps, deren Fehlen für Italiener einem Leben ohne Sinn gleichkommt. Pasta, Pomarola, Parmigiano. 17,3 Kilo. Die Pomarola war selbst eingemacht, und ich sah meinen Schwager vor mir, wie er seiner Frau erklärte, was sie alles tun müsse, um die perfekte Pomarola hinzubekommen. (Wann bei welchem Bauern welche Tomaten kaufen, wie waschen, wie schneiden, welche Hitze, wie viel Salz, welche Gläser...) »Sie ist der Mittelpunkt des Sugo«, sagt Michelangelo immer, der Mittelpunkt der Soße. »Versaust du die Pomarola, versaust du die ganze Pasta.«

Nach etwas mehr als einer Stunde war der Sicherheitsmann mit mir und dem Gepäck fertig. Patachon war hochzufrieden. Nichts war normal gelaufen. Nicht die Kontrolle und nicht das Kinderbegleitprogramm. Gepäckwagenrennen zum Beispiel mit Kleinkind-Ben-Hurs kommen in Halle F des Münchner Flughafens ganz schlecht an; Polizisten zu löchern, ob ihre Maschinenpistolen auch wirklich echt sind, auch. Und dann hartnäckig zu bleiben, macht es nur noch schlechter. Und immer wieder durch die Metalldetektoren der Sicherheitsschleusen zu flitzen ist schlichtweg verboten.

Ich dürfte jetzt einpacken, sagte der Mann noch und winkte dann den nächsten Passagier heran.

Schmach und Demütigung sind die Lernfenster im Erwachsenenleben. Es sind die Momente im Leben, in denen die Zeit plötzlich lang wird, man niemandem ins Gesicht sehen will, in sich kehrt und sich vornimmt, bestimmte Dinge in Zukunft grundsätzlich anders anzugehen. Packen zum Beispiel.

Unser Gepäck sah nach der Sicherheitskontrolle aus wie nach einer Dachspeicherauflösung, bei der jemand zu faul zum Treppensteigen gewesen war und kurzerhand alles in den Hof geworfen hatte. Die Schlange der Mitreisenden glotzte, Lorenzo biss in einen der vakuumverschweißten Parmesan-Keile.

Männern bleibt das Potential von Schmach und Demütigung häufig verborgen. Testosteronverdorben und logikfern herrschen sie dann den Nächstbesten an. Aber natürlich hatte Viola recht und weder sie noch Lorenzo trugen Schuld an der Gesamtlage. Aber – Himmelarschundzwirn – dann war auch noch der schnallenschwache

Schwagerkoffer so kaputt, dass er in Halle F bleiben musste.

Manchmal, wenn das Schicksal einfach immer weiter auf einen eindrischt, schlägt laute Verzweiflung in stillen Fatalismus um. Und so war es damals auch. Ich schaute zu Boden und begann zu packen, bugsierte und stopfte, drückte und rüttelte, zerrte an Reißverschlüssen und Schnallen, sah im Tunnelblick nur noch Gepäckberg und Taschen und Koffer. Ich packte mich in einen Rausch, in Trance. Ich wickelte Pullover um Pomarolagläser, versenkte zwischen Kinderwäsche Parmesan-Keile, insgesamt fünf, jeder zu eineinhalb Kilo.

»Es gibt da diese tibetanischen Buddhisten«, murmle ich zu Viola, »die drapieren aus verschiedenfarbigem Sand kunstvolle Gemälde auf den Boden und zerstören anschließend in wenigen Augenblicken das Werk wochenlanger Arbeit. Übrig bleibt nur ein Häuflein Mischsand, den die Mönche dann mit großem Ritus in einen Fluss streuen.« Viola öffnete die Pappschachtel mit ihrem Fahrrad, schnallte Pasta auf den Gepäckträger, verklebte sie mit Packband, schüttelte den Kopf.

»Leute gibt's.«

An diesem Abend auf dem Parkdach ist Viola irgendwie anders. Ihr unausgeruhter Blick, ihre Bewegungen, wie sie schon zum Bier greift: Alles ist nur Anlauf, nur Vorbereitung, nichts ruht in sich, nichts hat den befreiten Leichtsinn von sonst. Heute würde es nicht dabei bleiben, dass es irgendwann einfach nur gemütlich sein wird, wir uns was erzählen, ein wenig kabbeln, wieder versöhnen, den Abend in unsere Arme kommen lassen. Dieser Abend ist anders, hat einen Plan. Und der Plan ist nicht von mir.

Plötzlich macht es einen lauten Knall. Ich fahre zusammen, schaue in Violas Gesicht. Auch sie ist erschrocken. Ich luge vom Dachrand: Krakelende Jugendliche tanzen und hampeln in einem Baucontainer, haben von dort ein türgroßes Holzbrett auf die Straße geworfen.

Der Knall hat mich im Dämmerzustand halbwachen Bewusstseins erwischt, wenn der Kopf nicht mehr weiß, was groß und klein, was laut und leise ist. Etwa eine Katjuscha-Rakete? Hier in Tel Aviv?

Quatsch.

Im Dämmerzustand bin ich wie ein junger, unerfahrener Yorkshire-Terrier, der laut bellend auf den großen Schäferhund zuläuft. Dich mach ich fertig, du mieser winziger Punkt am Horizont, du kleine riechende Fellwurst, denkt er sich. Etwa ab Rentner-Stockwurfweite realisiert der junge Wilde, dass da etwas nicht ganz stimmen kann mit seiner leichten Beute. Er hadert, wird immer unsicherer, schließlich dreht er noch in der Bewegung ab und im sehr engen Wendekreis um. Dann gibt er wieder Vollgas, in die andere Richtung.

Der Mensch hat's im Leben oft nicht so leicht wie der Hund. Ein bisschen leinenloses Gassigehen, sich dem Pöbeln und Balzen überlassen – das reicht einfach nicht für Yorkshire-Terrier-Momente, für diese hirnbefreiten Intimitäten mit sich selbst, für die Magie der Unabgeklärtheit.

Es ist wie Stühlekippeln, bloß mit dem Kopf. Alles wird fraglich, unselbstverständlich, kann jeden Moment kippen. Und die Sinne herrschen ohne Kontext. Eine Fliege ganz dicht vorm Auge mutiert im Kopf zur Amsel. Das Reiben der gestärkten Bettwäsche zum heranrollenden Donner.

Fühlt sich so Verrücktsein an?

Israel ist perfekt, um den Yorkshire-Terrier im eigenen Leben zu entdecken. Ständig sieht man neue Dinge: Plastikplanen-

Siedlungen in der Wüste; Märtyrer-Leichenzüge; baumhohe Mauern; Läden, an deren Eingang man den Inhalt seiner Taschen auf dem Tisch eines Sicherheitsmanns ausleeren muss. Was das alles bedeuten soll? Keine Ahnung. Aber man bellt schon mal los.

Viola zieht mich vom Dachrand weg.

»Wie blöd das wäre! Vom Parkdach fallen!« Sie schüttelt den Kopf. »Ausgerechnet in Israel.«

Wir waren seit zwei Wochen in Israel. Die vier Kinder balgten im Sand, bauten Burgen, übten Laufen. Das Meer rauschte vor sich hin, es war Shabat, Viola und ich tranken Café Hafuch, gammelten in den Tag hinein.

»Hafuch bedeutet ›umgedreht‹«, erklärte uns das wahnsinnig lockige wie hübsche Mädchen, das mit glasigem Blick und in Flipflops die Getränke über den Sandstrand balancierte. »Das Verhältnis von Kaffee und Milch ist *umgedreht*.«

»Super«, sagte ich und trank ein paar Schlucke. Im Grunde genommen ist es nichts anderes als Latte macchiato, gesprenkelte Milch.

Elena, 4, fütterte Lorenzo, fast 1, gerade mit Sandkuchen, als ein junger israelischer Soldat mit seinem Mädchen im Arm an uns vorbeischlenderte. In Uniform, das M16-Gewehr über die Schulter gehängt. Lässig, lachend. Die Kinder unterbrachen ihr Spiel, blickten den beiden nach. Ganz leise fragte Gianna, 5: »Papa, was macht der Jäger mit dem Mädchen da?«

Wie viel Waldorfidylle müssen Eltern um die Kindheit ihrer Kinder bauen? Wie viel Welt dürfen sie ins Ritter- und Prinzessinnenparadies hineinlassen? Wie viel müssen sie vielleicht sogar hineinlassen?

Auf dem Weg nach Jerusalem im Egged Bus Nummer 405 saß ich zusammen mit Lorenzo neben einem israelischen Soldaten. Busfahren in Israel hat nichts Tollkühnes, ist normal. Trotzdem tauchen im Kopf ungeübter Israel-Busreisender umgehend die Nachrichtenbilder von damals auf, zweite Intifada, die Bilder von vor knapp zehn Jahren, als oft mehrere Busse pro Woche von Selbstmordkommandos in die Luft gesprengt wurden.

Ich war ein ungeübter Israel-Busreisender. Ungeübt, larmoyant, schicksalsversessen. Ich machte ein Foto von Lorenzo und stellte mir vor, wie später Spezialisten irgendeiner Antiterroreinheit die Speicherkarte der Kamera aus einem Meer aus Bus- und Körperteilen isolieren würden. Ich stellte mir vor, dass dieses Bild das Letzte wäre, was von uns Zweien übrig bleiben würde. Unser kleiner, strohblonder Viertelitaliener, der an einem israelischen Soldaten hinaufblickt. Und ich auf der anderen Seite der Kamera: Wie war es, durch den Sucher dieses Kind zu sehen, diese Neugierde?

Okay – sich die Welt ohne sich selbst vorzustellen, Freunde, Bekannte, Familie, die alle mit verheulten Augen auf die Leerstelle glotzen, die man selbst zu hinterlassen hofft, hat etwas extrem Neurotisches.

Aber in Zeiten der Not, wenn einem die Zweifel bis zum Hals stehen, kommt es einer psychischen Erste-Hilfe-Leistung gleich. Ein schneller Ego-Kick, noch einmal Mittelpunkt: Wer wird alles an meinem Grab stehen? Wer wird weinen? Und wie sie alle weinen würden. Wer traut sich zu lachen? Und wer von denen ist ehrlich?

Man kann das Beerdigungsspiel auch andersrum aufzäumen: Was in meinem Leben muss eigentlich passieren, dass zum Beispiel meine gute Freundin Christine *nicht* auf meine Beerdigung kommt?

Wir fuhren also die Kurven nach Jerusalem rauf, Lorenzo, ich, der Soldat neben uns und 40 andere Fahrgäste. Im Mittelstreifen erinnerten in Beton eingegossene Militärfahrzeuge aus dem Unabhängigkeitskrieg an die Staatsgründung 1948, vor uns leuchteten schon die gelb-weißen Steine des Bergs der Ruhe, des Har HaMenuchot, des größten Friedhofs Jerusalems.

Auf einmal gluckste der Soldat neben mir. Ich schaute auf und sah Lorenzo auf dem Gewehrlauf des Soldaten herumkauen.

Ich sollte mir keine Sorgen machen, meinte der Soldat, die Waffe sei frisch gereinigt.

»Freitag ist mein Lieblingstag«, sagte Elena. »Da gibt es im Kindergarten immer Cola und Kekse und alle feiern Shabat. Nächstes Mal darf ich sogar die Ima Shabat spielen und die Kerzen anzünden.«

Nach zwei Wochen staatlichem Kindergarten in Tel Aviv radebrechten Elena und Gianna Hebräisch, malten überall israelische Flaggen hin, spielten Shabat. Eines Mittags kam Gianna nach Hause, lieferte die tägliche Bilderproduktion ab. Es waren F16-Kampfjets, auf dem Seitenruder: Davidsterne.

Die Welt ist immer stärker als die Eltern. Und Laufställe sind spätestens dann zu klein, wenn die Kinder laufen können. Zäune haben Lücken, Latten sind lose, das Ding ist zu niedrig oder untertunnelt.

Wir haben es ziemlich schnell aufgegeben, unsere Kinder zu Inselbürgern des Glücks zu machen. Wir lebten nun mal in Israel, und jeder konnte miterziehen. Das ist in Deutschland nicht anders. Für alles andere fehlen uns die Fußfesseln.

Rückhalt hilft. Der Rückhalt, den wir ihnen geben können. Und der, den sie in sich selbst haben. Hoffentlich. Und immer mal wieder ein Lachanfall, der die Rippenbögen tanzen lässt.

Ein paar Wochen später war ich zu Besuch bei einer Freundin im Gazastreifen. Kinder in Kleidersammlungswäsche ließen speichenlose Fahrradfelgen Sandberge hinabkullern, spielten barfuß in aufgerissenen Straßen. Wo immer wir waren, richteten sich die Augen auf uns: Ein Ausländer im abgeriegelten Gaza-Streifen ohne Kamera und ohne UN-Auftrag ist eine Attraktion.

Eine Traube Grundschüler drückte sich herum, folgte uns ein paar Meter. Sie winkten. Ich konnte kein Arabisch, sie kein Englisch. Sie kicherten, wollten irgendwas sagen, sich mitteilen. Sie wollten freundlich sein.

»Fuck you«, sagte einer und grinste.

Ich winkte zurück.

Viola kratzt am Bieretikett. Das macht sie sonst nie. Sie wirft Papierstreifen vom Dach, sieht ihnen nach. Viele sagen, ein eingerissenes Bieretikett sei praktisch, dann könne man im Zweifelsfall sein Getränk identifizieren. Das ist Blödsinn. Das Gegenteil ist richtig, wie ich in jahrelangen Festflaschenfeldstudien erproben konnte. Immer wenn ich in Getränkeunsicherheit geriet, war es mir ein Leichtes, aus der Vielzahl stehengelassener Flaschen zur einzig Etikettunverletzten zu greifen und den Abend herpesfrei zu überstehen, während Eti-

kettpopler regelmäßig ins Schleudern kommen: Habe ich am Flaschenkopfetikett oder doch am Bauch gerissen? An der Ecke links unten oder doch einen kleinen zentralen Streifen?

Viola sagt, ich habe zu viel Zeit. Sie jedenfalls habe sich noch nie um eine Bieretikettentheorie gekümmert.

Jetzt knubbelt sie schon wieder.

»Wusstest du«, fragt Viola, »dass das berühmteste Kinderlied in Israel ausgerechnet ›Hänschen klein‹ ist?« Ich schaue auf, summe ein wenig an der Melodie herum. Erstens: Stimmt das? Marschiert Klein-Hans durch Negev und Galiläa, durch Tzfat und Beer Sheba? »Echt«, frage ich, »Hans?«

»Nee. Natürlich nicht der. Hier singen sie vom kleinen Yonatan. Yonatan HaKatan...«

Aber zweitens: Was soll der Singsang? Was will sie mir eigentlich sagen?

»Viola?«

Sie reckt das Kinn, schiebt die Unterlippe ein wenig vor, zieht die Augenbrauen nach oben – gerade so, als ob sie das Sätzchen »An mir ist nichts Komisches, absolut nichts, rein gar nichts, alles ganz normal, wirklich«, pantomimisch darstellen will. Und dabei übertreibt wie eine Stewardess bei der Sicherheitspräsentation.

Soso.

Für die ersten drei Wochen in Israel hatten wir eine Unterkunft gebucht. Das einzige, was wir aus Deutschland vorab organisiert hatten. Es war von Anfang an klar, dass wir innerhalb dieser drei Wochen eine Wohnung finden mussten, und das mit sehr limitiertem Budget, ohne Möbel und Hebräisch, dafür mit vier Kindern im Schlepptau. Und es war, wie es eben oft in solchen Situationen ist, wenn eine Aufgabe besonders beschwerlich und aussichtslos erscheint: Auf einmal hing für uns der Himmel voller Hängematten. Wir saßen fest in Trägheit und Urlaubsgefühl. Den Packstress im Rücken, das Meer um die Ecke und überall neues, tolles Essen. Dazu diese prächtige Drei-Wochen-Unterkunft. Die Eigentümerfamilie war irgendwo in Laos im Urlaub und hinterließ uns für 600 Dollar diesen Palast mit der gigantischen Dachterrasse. Draußen die ruhige Straße, der berühmte Eisladen direkt im Viertel: »Dr. Leck« mit dem sauguten Käsekucheneis, drinnen fünf Meter hohe Räume, im ottomanischen Baustil mit den typisch runden Lüftungsfenstern knapp unter der Decke. Die Hitze steigt nach oben und wird vom Meerwind rausgeblasen: eine natürliche Klimaanlage. Wir saßen da, ließen die Hitze aus den Räumen tragen. Kamen an. Als nur noch eine Palast-Woche übrig war, schlich sich Panik in unsere abendlichen Resümeegespräche. Klar, wir hatten Dinge gesammelt, die es uns in unserer neuen Wohnung irgendwie leichter machen sollten. Ein Klappbett etwa, das an einem Abend herrenlos herumgestanden war, nachdem die Flohmarkt-Verkäufer die Dinge, von denen sie sich in Zukunft noch Reibach erwarteten, eingesammelt und weggepackt hatten. Das Bett blieb liegen, wir retteten es. Oder die Granatapfelpresse, die wir sehr günstig erstanden hatten. Ich dachte: Super, eine richtige Granatapfelpresse und so günstig. Hier, wo es Granatäpfel gibt wie bei uns Kartoffeln. Nie wieder Saftdurst! Gesundheit, ich komme. Und dann entdeckte ich, dass ein kleines, aber entscheidendes Scharnier kaputt war und reparierte es kurzerhand mit der modellgleichen Presse unserer Palast-Familie.

»Tut man nicht. Ist fies«, hörte ich in meiner Seele jemanden sagen.

»Weiß ich, Moralist«, sagte ich. Mist auch. Wenn ich gesagt hätte: »Mache ich nie wieder«, müsste ich auch noch lügen. Also sagte ich lieber: »Mist, passiert.«

Ich glaube, jeder hat so einen Moralisten, einen mahnenden Zeigefinger, der in der Seele rumbohrt. Für manche ist das die eigene Mutter, für andere Sahra Wagenknecht oder der liebe Gott. Bei mir ist es der Hoeneß-Bub, der Sohn von Uli Hoeneß, dem großen Bayernmanager, -präsidenten, -aufsichtsratsvorsitzenden. Der Hoeneß-Bub installierte sich in meiner Seele in der Paninisammelzeit der Weltmeisterschaft 1986.

Wir hatten mit unserem Taschengeld stets machen dürfen, was immer wir auch wollten, mit einer Ausnahme: Paninibilder. Das wäre eine ganz üble Abzocke, hieß es. Wer sie trotzdem kaufte, den traf tiefe elterliche Verachtung, und zwar mehrtägig und pro Packung. Die Paradeleistung meiner Eltern war es, ihre sechs Söhne tatsächlich paninifrei durch die Kindheit bekommen zu haben. Zumindest fast.

Die WM '86 war *meine* Panini-Weltmeisterschaft. Ich hatte ein fast volles Album, war der Held unter den Brüdern, die Fehlnummern kannte ich auswendig. Und das kam so.

Ich ging in dieselbe Grundschule wie der Sohn von Uli Hoeneß. Er war, vor allem während der Paninizeit, sehr beliebt in der Schule. Wo immer der Hoeneß-Bub stand und ging, hing eine Traube Schüler um ihn und seine Abziehbildchen herum. Ich trug an jenem Sommertag – am D-Day der Moral – T-Shirt und kurze Hosen mit weiten Taschen. Wie immer war es die ganze Pause lang um nichts anderes gegangen als um Lücken, Doppelte, Wappen. Und ich? Hatte kein einziges Bildchen. Die Pause war rum, es war kurz vorm zweiten Gong. Wir drängten die Stufen zum Eingang hinauf, und da ging er direkt neben mir, der Hoeneß-Bub. Ich hatte den Blick geradeaus gerichtet, stur, spürte aber seinen Atem, seinen Blick. Aufgeregt war er: »Wer hat meine Doppelten gesehen? Meine Doppelten. Mein ganzer Stapel ist weg.« Und nur einer wusste, wo sich der Stapel jetzt befand. Die Hände tief in den weiten Hosentaschen, spürte ich ihn dort, verteilt auf beide Seiten, so dick war der Stapel gewesen.

Sammelte der Hoeneß-Bub nicht bereits für das dritte Album? Eben. Hatte nicht Simon neulich gesagt, der Hoeneß hätte so viele Bilder, dass er es nicht mal mehr schaffte, alle Packungen überhaupt aufzureißen? Eben. War ich nicht eigentlich so was wie Robin Hood? Ich schöpfte ja nur den Überfluss ab. Mit dem kleinen Unterschied, dass ich die Beute, statt sie an die Armen weiterzugeben, für mich behielt. Gut, ein – wie ich heute durchaus einsehe – nicht ganz unwesentliches Detail, das uns beide, also Robin Hood und mich, bei allen Gemeinsamkeiten, sagen wir, zumindest unterscheidbar machte.

Und es ist eigentlich genau das, was den Hoeneß-Bub in mir charakterisiert. Er taucht immer dann auf, wenn ich mir etwas schönrede. Greenwashing der Seele. Ich weiß: Falsch, tut man nicht, und kaue so lang darauf herum, bis es schon irgendwie passt. Also etwa: Ich hatte mich einfach so sehr geärgert, dass die Granatapfelpresse irreparabel kaputt war, dass ich dem Ärger mehr Raum gegeben habe als meiner Moral. Und wahrscheinlich benutzen die die eh nie. Eben. Was brauchen Palastbewohner überhaupt so eine Presse?

Ich war neun Jahre alt, es war vormittags, die letzten Lücken im Paninialbum waren gerade verdaut, genauso wie das verlorene WM-Finale, als auf einmal ein riesiger Schäferhund vor unserem Wohnzimmerfenster auftauchte und mich anglotzte. Er draußen, ich drinnen. Mein Mund offen. Seiner geschlossen. In meinem: Haferflocken, die herausfielen. In seinem: einer unserer Hasen, der sich nicht mehr rührte.

Der Hund war – wie wir kurz drauf erfahren sollten – der Schäferhund vom Hoeneß. Und der Hase in seinem Maul war nicht der einzige, den er erwischt hatte.

Das hatte Folgen.

Erstens durften meine fünf Brüder und ich jahrelang kostenlos ins Bayernstadion. Zweitens verstand einer meiner Onkel das als Freibrief, sich an Silvester danebenzubenehmen.

Schräg gegenüber vom Hoeneß-Anwesen gab es damals eine Baustelle. Im Kran hatte der Bayernmanager ein gigantisches Feuerwerk aufbauen lassen. Hunderte Knallkörper, Lichteffekte, Raketen. »Von einer Asienreise«, hieß es in der Schule. Auf dem abendlichen Verdauungsspaziergang kamen wir samt Verwandtschaft auch beim Hoeneß-Anwesen vorbei. Und es war mein Onkel, der kurzerhand die Lunte zündete. Blitze, Funken, Knaller – mehrere spektakuläre Minuten lang – um 22 Uhr. Kurz bevor es vorbei war, kam der Hoeneß-Bub aus dem Haus. Er blickte auf den Kran, sah die letzten Funken, hörte die letzten Böller. Er reckte die Faust über den Kopf, brüllte. Zuerst verstanden wir ihn gar nicht wegen der Böller und weil wir ja auch auf der anderen Straßenseite standen wegen des Spektakels. Dann, als alles vorbei war, hatte er sich bereits auf den einen Satz versteift:

»Wir verklagen euch!« Sein Vater lachte nur und hielt den Hund zurück.

Mein Verhältnis zu Tieren war von Anfang an schwierig. Das liegt an Mama. Mama impfte uns von frühester Kindheit: »Es gibt zwei Dinge, die wirklich gefährlich sind: Zigaretten und Haustiere.«
»Komm schon, Mama, was soll an einer Meersau gefährlich sein?«
»Dann sind sie eben bescheuert«, meinte Mama.
Mama war ein Schutzwall. Sie konnte zum Beispiel spontan und glaubwürdig losheulen, sobald ich oder einer meiner Brüder Rauchgeruch mit nach Hause brachte.
»Aber, Mama, ich wurde angeraucht.« Es half nichts. Sie heulte.
»Jede einzelne Zigarette kann man auf eurem Röntgenbild sehen.« Schon vor Jahren hatte sie gewarnt: »Eine einzige Zigarette genügt, und ihr seid abhängig.« Später kannte sie uns besser. »Wer mit 18 Jahren nicht raucht, bekommt 1000 Mark von mir.« Das ging dann ziemlich gut.
Bei den Haustieren aber hatte ich von Anfang an meine Zweifel. Meine Mutter erzählte zwar gern und plastisch von traumatischen Nahhunderfahrungen. Sie zeigte Bisswunden, eingehandelt als Teenager, erzählte Horrordetails vom Hoeneß-Hund. Sie verschanzte sich hinter uns Kindern, selbst wenn die Kläffer klein und angeleint waren. Sie wies Spendensammler für Tierheime und Koalas barsch zurecht: »Ich füttere Kinder, keine Tiere.« Heute glaube ich, in Wahrheit wollte sie nicht *uns* vor überflüssigen, verstörenden oder gar gefährlichen Haustieren be-

schützen, sondern umgekehrt: Sie wollte die *Tiere* vor uns beschützen.

Das, um es offen heraus zu sagen, hat nicht so gut geklappt. Wir hatten einen enormen Haustier-Durchsatz. Unter anderem 17 Hasen, 32 Hühner, sehr viele Kaulquappen, 2 Fische, 3 unterernährte Igel, die bei uns im Wäschekeller überwintern durften, 1 Vogel von der Nachbarin, 1 wilde Krähe mit verkrüppelten Füßen und 1 Venusfliegenfalle, die wir zum vollwertigen Tier umerzogen.

Der Begriff »Haustiere« ist irreführend, denn ins Haus durften nur die Igel und die Fische. Die anderen mussten in den Garten, ins Gehege, in Ställe, Brunnen oder Blumentöpfe.

Unser erster Hase gehörte meinem älteren Bruder. Er war schneeweiß, mümmelte gern, roch immer nach Stall und Geborgenheit. Mein Bruder gab ihm den schönen Namen »Hase«. Das war praktisch, man wusste sofort, wer gemeint war. Mein Bruder kümmerte sich rührend um das Tier, fütterte es, putzte seinen Stall, besprach es mit Erstklässlerproblemen, begrüßte Hase noch vor dem Frühstück. Er wollte alles mit ihm teilen.

Eines Tages sollten Hase und mein Bruder zusammen aufstehen, exakt zur selben Uhrzeit. Mein Bruder wollte das so. Hase, glaube ich, eher nicht. Mein Bruder stellte also einen Wecker in den Stall. Einen von diesen alten Aufziehdingern, die oben zwei Schellen haben und einen Klöppel dazwischen, der zum eingestellten Zeitpunkt wie wahnsinnig das Rütteln und Scheppern anfängt. Mein Bruder musste um 6.45 Uhr aufstehen. Noch vor dem Frühstück wetzte er wie gewohnt in den Garten, um Hase einen guten Morgen zu wünschen.

Hase lag im Stall. Tot. Herzinfarkt. Ermordet von einem Wecker.

Man muss sich das vorstellen. Ein Hase, flauschiges Fell, unschuldig, schneeweiß, hoppelt abends guten Mutes in seinen Stall. Vielleicht hatte er einen harten Tag hinter sich, hatte nur mieses, trockenes Gras gefunden, ihn grämen die Probleme seines Herren, die Streitigkeiten mit der Lehrerin, mit dem Sitznachbarn, der Pausenaufsicht. Vielleicht kann er nicht gleich einschlafen, macht sich Sorgen und fällt erst tief in der Nacht in einen unruhigen, hasenfüßigen Schlaf.

6.44 Uhr: Die letzte Minute im Leben unseres kleinen Helden bricht an. Der verriegelte Stall, bisher der Ort, der ihm immer Schutz gab, Hort seiner Zuflucht – vor schlechtem Wetter, wilden Tieren, streichelwütigen Kinderhänden –, er wird sich in wenigen Sekunden in Kriegsgebiet verwandeln. Und es wird einen Toten geben.

Der Wecker im Hasenstall war für mich traumatisch. Seitdem habe ich mich nie wieder um 6.45 Uhr wecken lassen. Diese Zeit ist tabu. Und natürlich wird auch niemand aus unserer Familie je einen Schäferhund halten.

Aber immerhin – Hoeneß-Bub hin, Hoeneß-Bub her – hatten wir jetzt eine Saftpresse. Und wir sammelten weiter. Dinge für die Zeit nach dem Palast. Zum Beispiel den Teppich, bei dem wir uns noch nicht sicher waren, ob er im Bad landen würde oder vielleicht als Fußabstreifer vor der Tür oder doch wieder im Müll. Egal: Erst mal in die Palast-Waschmaschine damit. Ein Fehler.

Der alarmierte Fachmann zog ein Knäuel Teppichfasern aus dem Filter, probierte, fluchte. Dann sagte er, er müsse das Gerät mitnehmen.

»Okay«, sagten wir und erwarteten Terminkalenderblättern: wann er sie denn abholen könne?

Es gab schon immer zwei Dinge, die beim Umzug – da konnte man noch so studentisch sein – nicht von den Kumpels getragen wurden: die Waschmaschine und das Klavier. Da müssen einfach bandscheibenvorfallversicherte Fachleute ran, und zwar mit Schwerlastzügen und Gurtsystemen. Aber er, der starke, braungebrannte Fachmann, schulterte ein selbstgebautes Rückentragegestell und nahm atlasgleich die tonnenschwere Maschine Huckepack.

Einen Menschen, der gerade allein eine Waschmaschine trägt, zu bitten, doch noch eben kurz stehen zu bleiben, »nur ganz kurz, wirklich«, man wolle nur schnell den Fotoapparat holen, der liege gleich da drüben, »nur ein Momentchen, ehrlich« – das ist schon ein Grund, für den Rest der Menschheit als Abschaum zu gelten.

Und das mit Recht.

Wer so etwas tut, ist ein schamloser Gaffer, der sich an menschlichem Leid labt, dem Anekdote und Beweisfoto wichtiger sind als der Mensch selbst.

»Unmöglich«, würde der Hoeneß-Bub sagen.

Ich mag das Foto sehr gern. Es zeigt einen Menschen, der sich um ein Fotogesicht bemüht, sich ein Lächeln ins Gesicht pumpt, an dem aber einfach – da hilft es nicht drumherumzureden – eine Waschmaschine am Rücken zerrt. Jemand, der gleichzeitig mit Erschöpfung und Stolz ringt.

Nicht genug übrigens, dass der Teppich die Waschmaschine im Würgegriff hatte. In einem unanständig rüden Zweikampf hat die Waschmaschine nämlich gleichzeitig auch den Teppich zur Strecke gebracht, ungefähr so wie die Söhne des Ödipus in der Schlacht um Theben sich gegenseitig niedergestreckt hatten. Der zerschredderte Teppich Eteokles, klammheimlich entsorgt, und die Waschmaschine Polyneikes, mit kaputter Pumpe vom Schlachtfeld getragen, von Atlas mit seinem Rückentragegestell.

»Ein Teppich hier ist wahrscheinlich eh Mist«, quittierte Viola. »Bei der Hitze.« Manchmal frage ich mich bis heute: Ob sie wohl den Hoeneß-Bub kennt?

Die Honeybeach-Bar hatte den Außenbereich neu bestuhlt. Auf dem Trottoir: ein Berg alter Holzstühle, absichtlich demoliert. Mal die Lehne gebrochen, mal ein Bein, mal eine Strebe. Wir verluden zwölf kaputte Stühle auf unseren Kinder-Fahrradanhänger, schachtelten und stapelten. Dinge mit Geschichte sammeln. Und dann weiterschreiben: Im Palast auf der Dachterrasse bastelten wir acht ganze daraus, strichen die Sitzflächen rosa und blau, die Kinder durften mitmalen.

Stühle, Saftpresse, Klappbett, kein Teppich – so sammelten wir, was man zum Wohnen so braucht. Einzig: Wir hatten noch immer keine Wohnung. Und nicht mehr viele Palast-Tage. Was, wenn auf einmal kein Tag mehr übrig sein sollte? Kein Tag mehr, an dem wir eine zu kleine, zu teure, zu laute Wohnung ansehen konnten. Kein Tag mehr, an dem Makler uns sagten, dass die in den USA lebenden Vermieter nur Jahresverträge rausgaben und keinen Monat weniger. Was, wenn auf einmal die Leute aus dem Laos-Urlaub wieder vor der Tür ständen? Wir hätten dann total überrascht tun können.

»Ihr hier?« Dann ein verblüfftes Gesicht, mit Hang

zum Entsetzen, bereit für eine ganz schreckliche, laotische Urlaubabbrecher-Geschichte. Hotel voller Ratten, am dritten Tag ausgeraubt, in Afghanistan notgelandet und seitdem auf dem Rückweg: zu Fuß und mit dem Bus. Überhaupt: Hatten die nicht mal ein Kind mehr gehabt? Mein Gesicht hätte schon wirklich entstellt aussehen müssen, auf alles, wirklich alles gefasst, dann ein paar hilflos verwirrte Sätze hinterhergepresst.

»Ihr... ihr wolltet doch erst in drei Wochen kommen? Es ist doch nichts passiert? Nichts Schlimmes, oder?«

Viola sagte, ich sei ein Talentminimalist, zumindest was Schauspielerei anbelangte, aber noch einiges mehr, und ich sollte jetzt lieber noch mal diesen Typen anrufen, den Araber aus Ajami.

Eine halbe Stunde später fuhr ein schwarzer, kastenartiger Subaru vor. Abgetönte Scheiben, silberfarbene Trittbretter an den Seiten, es sah ein wenig nach A-Team-Karre aus. Klar hätte er eine Wohnung, meinte der Mann.

»Was heißt hier ›Wohnung‹? Ein Haus mit Möbeln, Wänden, Kaffeemaschine, Garten, allem drum und dran. In Ajami.« Wir sollten einsteigen.

Wirklich? Ajami? Einmal waren wir nachts auf unserer Palast-Dachterrasse gesessen, als plötzlich Böllerschläge die Luft zerrissen. Wir blickten uns um, suchten das Feuerwerk. Hoeneß? Mein Onkel? Ein Nachbar lachte. Nein, nein, kein Feuerwerk. Das sei drüben, das andere Viertel, Ajami, Straßenschießereien.

Ajami ist das Viertel im Süden Tel Avivs, vor dem uns jeder gewarnt hat.

»Die werden dein Auto aufbrechen, dich ausrauben, du wirst viele Drogen sehen, viel Gewalt. Auf offener

Straße. Alles frustrierte, abgekanzelte Araber dort.« So was eben. Und ich stand im Hagel der Einwände: nickend, vollgehagelt, verloren. Ich hätte zur Gegenrede ansetzen können, mich aufreiben an großkalibrigen Sorgen. Bringt meistens nichts. Und macht obendrein schlecht gelaunt.

Deswegen hatte ich meine eigene, kleine Rechthaberstrategie. Und die geht so: Zuerst bin ich ganz still. Ich lasse den anderen reden. Drogen und Einbruch und Ausland und überhaupt. Währenddessen nicke ich ein wenig, so dass der andere auch wirklich alles sagt. Alles, was er sagen kann. Dann eine kleine Kunstpause, sich in Gedanken sammelnd, und die Einwände vor dem inneren Auge noch mal schaulaufen lassen. (Vorsicht: die Pause darf nicht zu lange werden.) Jetzt mit zielsicherem Griff den mickrigsten, den nebensächlichsten Einwand vom Laufsteg drängen und diesen dann möglichst doof und in einem beiläufigen Ton widerlegen. Fertig. Es genügt, diese Widerlegung ab und zu gern auch nur mit ein, zwei Stichworten zu wiederholen. Schon ist man im Recht. Ich sagte also damals zum Beispiel: »Unser Auto können sie schon mal gar nicht aufbrechen. Wir haben nämlich gar keins.«

Ganz zu Anfang der Reiseplanungen war das noch anders. Da spielten wir mit dem Gedanken, einen alten Bus zu kaufen, mit Kindern und Krempel vollzupacken, uns in Brindisi einzuschiffen. So bekäme man ein ganz anderes Gefühl für die Entfernung, argumentierten wir, auch die Kinder. Könnte das nicht auch viel billiger sein als zu fliegen? Und den Wagen wollten wir danach dort unten verticken. Schon wähnten wir uns in grenzenloser Mobilität und Reichtum.

Nur: Es fuhr keine Autofähre nach Israel. Aufgrund der politischen Lage sei die Verbindung vorübergehend eingestellt worden, stand im Internet. Wir hätten Fähr-Hopping machen müssen, über Griechenland und Zypern.

»Dann fahren wir halt mit Frachtschiffen«, meinte Viola: Billig zwischen Containern und abends Schnaps mit der Crew.

Frachtschiffe fuhren zwar, wollten aber 800 Euro pro Nase. Und was genau hätten wir eigentlich fünf Tage lang mit vier Kindern auf so einem Containerschiff gemacht? Wir überlegten noch kurz. Der Landweg? Osttürkei und dann? Syrien? Das alles, nur um dort dann ein Auto zu haben? Das dann ja auch noch aufgebrochen worden wäre. Nee, nee.

Wir saßen also in der A-Team-Karre, vier Kinder mit an Bord, dazu der Ajami-Araber. »Da müsste es ja auch irgendwo Strand geben«, murmelte ich zu Viola. Und wo Strand ist, ist es gut. Und nach Kern-Tel-Aviv war es wirklich nicht weit. Zwölf Minuten vielleicht mit dem Rad. Erst später verstanden wir, dass das ganze Viertel durch einen gigantischen Müllberg vom Meer abgetrennt war: Die Trümmer von etwa 3000 arabischen Häusern, die die Tel Aviver Stadtverwaltung in den siebziger und achtziger Jahren hatte einreißen lassen. Dazu illegaler Müll. Als wir das Meer suchten, war der Berg etwa 15 Meter hoch.

Wir waren angekommen. Es war ein kleiner, dunkler Bungalow voller Kram, mit Rohputz an der Wand. Immerhin ein Garten. Die Kinder tollten ein wenig. Lustlos. Es gab keinen Rasen, keine Spielzeuge, nur Erdboden.

Als wir in die Küche kamen, saß dort eine alte Frau.

»Ja«, sagte unser Fahrer, Küsschen links, Küsschen rechts, das sei seine Mutter. Wir nickten in ihre Richtung: »Salam.« Eigentlich waren es kleine Verbeugungen.

Und dann begann ein heftiger Disput zwischen Mutter und Sohn. Wir verstanden nichts und schauten uns verlegen weiter um. Dunkel war es hier und total vollgeräumt. Wann sie denn ausziehen würde, fragte ich. Er eierte rum, sprach von einem Bruder, der Maurer sei.

»Man könnte zum Beispiel hier eine Mauer ziehen«. Sein Arm schnitt durch die Küche.

»Mauer?«

»Ja. Dann hätte meine Mutter auch einen eigenen Eingang, und Sie könnten Arabisch lernen.«

Oh.

Ja, das klinge interessant, logen wir.

Jetzt müssten wir dann aber auch wieder aufbrechen; die Kinder, Hunger, Termine.

Es gibt ein paar Worte, die ein Eigenleben entwickelt haben, sich eine Parallelbedeutung aufgebaut haben. Man will ehrlich sein, aber kein Rüpel. Der Ausweg ist ähnlich wie beim Zeugnisdeutsch ein Geheimcode der Alltagssprache. Beim Abendessen serviert ein Freund zum Beispiel ein Himbeer-Ziegenkäse-Risotto? »Schmeckt total *interessant*.«

Und wie ich den neuen Gitarrenlehrer finde?

Den langweiligen Paul? »*Nett.* Warum?«

»Und diese Leggins, kombiniert mit dem halskrausenähnlichen Maxi-Schal.«

»Ja, ich weiß, der ist handbedruckt und kommt aus Mauritius. *Ungewohnt*, ja. *Kunstvoll*. Und das ist halt auch *echt mal was anderes*.«

Ich vermute, dass sich die Doppelzüngigkeit dieser Worte beim Übersetzen verdünnisiert. Der Ajami-Araber aus der A-Team-Karre jedenfalls hat in den nächsten Tagen noch viermal angerufen, immer wieder mit neuen Ideen, hinter welcher Mauer er seine Mutter hätte parken können. Und beim Preis, meinte er, da ließe er noch mit sich handeln.

»Hört sich interessant an. Echt.«

Wir sahen noch eine ganze Menge, eine Wohnung ohne Fenster etwa. Also, kein Schildbürgerversehen, da waren schon Aussparungen in den Wänden, nur eben kein Glas. Eine andere Wohnung im vierten Stock war sehr schön, Riesenbalkon. Allerdings ohne Geländer, also ganz ohne Geländer, stattdessen: hüfthohe Kakteen. Die Vermieterin meinte, dass das letztendlich doch auf dasselbe rauskäme.

Die nächste hatte einen Balkon mit Geländer, nicht ganz billig, dafür aber Erstbezug. Eine Waschmaschine könnte noch besorgt werden. Den Rest müssten wir kaufen, meinte der Vermieter. Wir rechneten, überlegten. Die Kinder kaperten die Wohnung, stampften über unbetretenes Parkett, tappten an frisch gestrichene Wände. Camilla setzte sich in eine poshe Maueraussparung, in die vielleicht später mal eine schlanke, teure Vase gestellt werden würde. Sie grinste, ihr Hintern passte genau in die Lücke. Als sie wieder aufstand, war die Aussparung grau, ein Kinderpobackenabdruck auf dem Vasenplatz. Und mir war klar: Schon während der Besichtigung wohnten wir das Objekt runter.

Ich schimpfte ein wenig, aber mehr für die Eigentümerohren, als dass ich ernsthaft die Hoffnung damit verbunden hätte, meine Kinder verlören den Spaß am neuen Spielrevier.

Ein schrecklicher Elternmoment. Man realisiert, dass man manche erzieherischen Maßnahmen nur für das Publikum inszeniert, für die eigene Imagepflege. Kommunikation, die über Bande gespielt wird, ist eine hässliche Sache. Wenn ich mit einem meiner Kinder spreche, aber das Kind gar nicht meine. Mir ist etwa aufgefallen, dass ich einem schreienden Kind auf dem Heimweg häufig genau dann Beruhigungsformeln zumurmle, wenn ich an einem Passanten vorbei muss. Ich sage: »Ach, Lorenzo, komm schon, gleich sind wir zu Hause.« Ich meine: »Auch wenn der schon total verheult aussieht, im Grunde genommen ist schon jemand für ihn da, und das bin ich.«

Es ist armselig.

Fast so schlimm wie die Belehrungssätze von naseweisen Eltern, die gern in überfüllten Zugabteilen ihren antwortübersättigten Kindern mal eben viel zu laut was erklären, in Wahrheit aber die Mitreisenden volllabern wollen.

»Melanie, siehst du? Der junge Mann neben dir hat auch etwas zu lesen. Lesen ist gesund. Wenn du etwas größer bist, wirst du das auch können. Was glaubst du, was der liest?«

Manchmal mag ich Bandenkommunikation auch. Kinder haben ja keine Scheu vor Klassikern, krallen sich im Supermarkt leidenschaftlich an Warenausleger, durch die man Spalier laufend den einzigen Weg zur Kasse nimmt: »Ich will aber Schokoriegel / Kaugummi / Überraschungs-Ei / Tic-Tac. Jetzt!« Ich brülle dann auch irgendwann: »Die bauen die Scheißdinger doch absichtlich genau hierhin, genau auf deine Höhe, damit wir hier stehen und dich anbrüllen. Willst du, Gianna / Elena / Camilla / Lorenzo / Gionatan / Jim tatsächlich auf so einen blöden Trick hereinfallen?«

Der Eigentümer der Wohnung jedenfalls winkte ab. Der graupopomelierte Erker seiner Musterwohnung? Egal. Und zwar nicht, weil er besonders geschäftstüchtig war, nicht, weil er in uns die einzigen Mieter sah, die die erste fertiggestellte Wohnung in dem Komplex anmieten könnten und so blöd wären, für ein Baustellenleben die satte Miete zu berappen – waren wir nämlich nicht. Und auch nicht in einer antrainierten, aufgesetzt beherrschten Kinderfreundlichkeit, die im Grunde auch nur eine Geschäftstüchtigkeit mit größerem Radius ist (Die kleinen Rentenkasseneinzahler, die muss man halt aushalten). Nein, sondern weil Kinder in Israel einfach dazugehören. Und zwar aus einer gelassenen, selbstverständlichen Haltung heraus. Kinder machen Sinn und Freude, hauptsächlich aber Dreck und Chaos – so sind sie halt.

Asaf zum Beispiel, unser späterer Nachbar, von dem die Eltern dachten, er studierte, wir aber wussten, dass er eigentlich immer im »Riff-Raff« rumhing, einer berlinesken Wohnzimmerkneipe zwei Straßen weiter, manchmal, um dort zu bedienen, manchmal auch nur, um dort zu trinken. Asaf also, er klingelte ein paar Wochen nachdem wir über ihm eingezogen waren: Ob wir ein längeres LAN-Kabel hätten? Also so eins fürs Internet. Wir suchten, baten ihn herein, tranken gemeinsam Kaffee. Nach einer halben Stunde stellte sich ganz nebenbei heraus: Er hatte in den letzten Wochen eine Art »Lärmgrundriss« unserer Wohnung erstellt. Der Platz, der bis in die Mittagszeit laut seinen Studien am ruhigsten war, wo er auch sein Bett hingerückt hatte, war nun sehr weit weg von seiner Internetbuchse, weswegen er nicht mehr vom Bett aus surfen konnte, was er aber gern wollte...

Wir haben schon oft Wohnung gesucht in verschiedenen Städten und Ländern, mit unterschiedlicher Anzahl an Kindern. Aber nirgendwo sind die Kinder so wenig Thema wie in Israel. Und nirgendwo so viel wie in Deutschland.

Ich sollte noch mal bei Kobi vorbeigehen, meinte Viola, der Mann, der Wohnungen aus Zwangsversteigerungen rauskaufte. Der Typ also, der uns gleich zu Anfang seine fünf Pässe gezeigt hatte und sie dann zurück neben Dollarscheinbündel in seinen Tresor legte, der Viola nach 25 Minuten bereits anvertraut hatte, dass er eine »offene Ehe« führe, die dann allerdings nicht mal unser Mietverhältnis überdauert hatte, der das philippinische Kindermädchen bei sich zu Hause in einem Zimmer wohnen ließ, dessen Grundfläche die einer handelsüblichen Matratze unterschritt.

Ja, er habe da etwas, sagte Kobi. Wir könnten gleich vorbeifahren. Er öffnete den Wagen, gab eine fünfstellige PIN ein, es piepte. Er ließ den Motor an. Sein Wagen wäre auch GPS-geortet. Sonst wäre die Versicherung so teuer. Würde der Wagen geklaut, meinte Kobi, hätte man genau eine Stunde. Wenn man ihn innerhalb dieser Zeit nicht stoppen würde, dann wäre er im Westjordanland. Er wischte mit der Hand durch die Luft, als ob er eine Fliege hätte vertreiben wollen.

»Dann ist er weg.«

Ich dachte an seine fünf Pässe, die Stahlgarage, aus der er den Wagen gerade lenkte, die Dollarbündel, die offene Ehe. Dann ist er weg? Westjordanland?

Die Wohnung war super. Zwei Balkone, Einbauschränke, billig, zentral und meernah. Im Hausflur lag zwar eine tote Katze, aber die konnte man ja wegräumen. Das Problem: Amiram.

Amiram war der Vorbesitzer, ein Halbinder, der die Wohnung beim Roulette verzockt hatte. Und jetzt noch drin wohnte, weil er nicht so recht wusste, wohin. Er wohnte dort zur Miete, die er nicht zahlte.

Innerhalb von ein paar Sätzen, die ich nicht verstand, schaukelte sich die Unterhaltung zwischen ihm und Kobi hoch. Ich schaute mich um, wie man es eben tut, wenn man eine Wohnung zu mieten beabsichtigt.

Kobi und Amiram schrien sich an.

Klo und Bad getrennt – ja, das war gut.

Kobi schlug mit der Faust gegen die Wand.

Ich prüfte noch mal den Zustand der Silikonversiegelungen, den Wasserdruck.

Kobi brüllte, raste aus der Wohnung, außer sich vor Wut.

Ich nickte Amiram zu, schabte noch zweimal verlegen mit dem Fuß auf der Küchenfliese – und ging hinterher.

Nach einem Treppenabsatz wandte sich Kobi zu mir um, ohne jede Wallung, vollkommen gelassen. Manchmal müsste man eben ein wenig härter vorgehen, meinte er. Ob wir einziehen wollten? Am Sonntag wäre die Wohnung frei.

Ja, wir wollten. Denn die Laoten standen bei uns vor der Palasttür. Und nein – um es gleich vorweg zu nehmen: Die Wohnung mit den zwei Balkonen war am Sonntag natürlich nicht frei.

Patachon, der Hausfisch, der Normalverhinderer, drehte aufgeregt ein paar Runden. Genau so hatte er sich das vorgestellt. Wir, aufgewachsen im Speckgürtel Münchens, behütet und abgesichert, standen auf einmal im Herzen des Nahostkonflikts, mit vier kleinen Kindern, einem Vermieter mit fünf Pässen im Tresor, der uns eine Wohnung zuschanzte, aus der ein glücksspielsüchtiger Halbinder sich nicht rausbewegte. Goldfischfest.

Patachon hatte ja recht. Im Grunde genommen fand ich Normalität schon immer anstrengend. Nicht so sehr, weil ich denke, dass Anderssein immer besser ist. Eher aus einem Moment der Seelenhygiene. Meine Tante sagt: »Man kann, man darf, man soll – aber man muss nie.« Das ist ihr Spruch. Hätte ich Kaffeetassen mit Aufdruck – würde ich ihn mir auf meinen Gutemorgenbecher schreiben. Ein guter Start für jeden Tag, und sei es der, an dem einen die Frau verlässt, das Kind beschimpft, der Chef kündigt.

»Aber man muss nie«, sage ich mir.

Erwartungen erfüllen zu sollen und zu müssen ist undankbar. Man kann dabei nur verlieren. Der Job des Tonmanns beim Dokumentarfilm ist genauso. Die Kamera wird gelobt, jeder Schwenk analysiert, die Recherche gewürdigt, der Autor umgarnt. Aber kein Mensch sagt: »Oh, phantastischer Atmo-Ton, astrein eingefangen, und das unter *den* Bedingungen. Respekt.« Der Ton fällt nur auf, wenn er stört.

Bei uns zu Hause ist das Pendant zum Tonmann der, der den Kuchen aus dem Ofen holen muss. Manche sagen, ich übertreibe, aber noch mal eben rauszugehen und im Türrahmen zu flöten: »Ach ja, könntest du dann bitte noch nach dem Kuchen sehen?« ist nichts weniger als systematische Menschenerniedrigung. Denn auch beim

Kuchenrausholen gilt: Gewinnen ist unmöglich. Im günstigsten Fall, wenn also Chronos, der Herrscher der Zeit, am Rausholer Gefallen findet, ihm ein glückliches Händchen schenkt und ihn den optimalen Rausholzeitpunkt erraten lässt, selbst dann wird für das gelungene Gesamtkunstwerk sämtliche Meriten ganz selbstverständlich der Bäcker einstreichen. Und der Rausholer kann sich in die Masse der zum Dank verpflichteten Mitesser einreihen. In allen anderen Fällen, und ein Kuchen ist eigentlich nie perfekt, trifft den Rausholer die Bäckerwut mit voller Wucht. Zu hart, zu braun, zu dunkelbraun, zu blass, zu spitz, zu schwarz, zu krustig. Und innen: zu weich, zu teigig, zu breiig, zu mürbe, zu klebrig, zu bröselig. Und überhaupt: »Der sieht irgendwie ganz anders aus als sonst.«

Es ist Teil der Demütigung, dass der Rausholer nur über Bande geprügelt wird. Steht das missglückte Machwerk erst einmal auf dem Tisch, heißt es nur: »Irgendwas stimmt mit unserem Ofen nicht.« Oder: »Haben wir keine Alufolie mehr?« Oder gern auch nach dem ersten Bissen: »Der hätte noch gekonnt.« Und wer den Bäckerinnen und Bäckern während dieser Sätze in die Augen blickt, der weiß: Es geht ihnen nicht um Ofen, Alufolie oder Backzeit. Sie wollen nur eins: Den Rausholer vierteilen. Und zwar jetzt.

Natürlich hatte Amiram, der glücksspielsüchtige Halbinder, versprochen, auszuziehen, am Sonntag. Ein Onkel von auswärts wollte ihn vorübergehend aufnehmen. Aber das war wie mit seinen Mietzahlungszusagen. Je öfter er sie wiederholte, je öfter er davon sprach, desto misstrauischer sollte man werden, desto unwahrscheinlicher war es, dass er sie wahr machte. Und am Shabat, da könnte er ohnehin unmöglich arbeiten.

Wir befürchteten: Amiram würde noch monatelang den brüllenden Kobi aushalten. Nichts von seinen Sachen war gepackt, und dieser Onkel hatte sich noch nicht ein einziges Mal sehen lassen, sogar das Pessach-Geschirr stand noch sauber gestapelt im Verschlag. Es sah alles danach aus, als ob Amiram es sich trotz Kobi und Kündigung einfach weiterhin gemütlich machte. Andererseits: Wir hatten einen Mietvertrag für die Wohnung, vier kleine Kinder und die Laoten vor der Palasttür. Und früher oder später würde Amiram ohnehin raus müssen, in den Gegenwind des Lebens.

Es war eine Zwickmühle: Ließen wir den gebeutelten Amiram dort leben, wo er wohnte, saßen wir schon morgen auf den Straßen Tel Avivs. Setzten wir aber unseren Mietvertrag durch und dafür Amiram an die Luft, machten mir Moral und Hoeneß-Bub die Hölle heiß. Sollten *wir* etwa zum Erfüllungsgehilfen des Zwangsversteigerers werden?

Wir entschieden uns für den guten, alten Mittelweg: den Selbstbetrug. Denn wieder mal war es so, dass die Straße härter war als der Hoeneß-Bub.

Wir standen zwischen Meer und Shalom-Tower, dem ersten Skyscraper Israels. In den Sechzigern gebaut und über Jahrzehnte das höchste Gebäude des Nahen Ostens. Wir standen vor Rehov Ya'avetz 12, ein dreistöckiger Zweckbau, vor Amirams Wohnung. Vor unserer Wohnung. Und wir hatten unseren Fahrradanhänger dabei, bepackt mit den angemalten Stühlen, einer gelben Plastikwippe, vollgestopften Plastiktaschen, ja den bunt karierten mit Reißverschluss. Er könnte ja erst mal bleiben, sagten wir zu Amiram. Ob wir schon mal ein Zimmer beziehen dürften?

Es ist ein schreckliches Geheimnis. Es ist etwas, was einem niemand sagt, wenn man mit dem Gedanken spielt, Kinder zu bekommen, was aber jede Mutter und jeder Vater wie eine stille Wunde mit sich rumträgt: Mit den Kindern kommt der Tod ins Leben. Ist es vor der Elternschaft einfach nur das eigene Leben, auf das man halbwegs verantwortungsvoll achtet – nie betrunken Auto fahren, nie das Bügeleisen anlassen oder mit spitzen Dingen in der Teflonpfanne kratzen, immer mal wieder was für die eigene Seele tun, nur im äußersten Notfall handgreiflich werden, und wenn, dann nur mit den Fäusten –, zieht mit dem Mutter- und Vatersein eine ganz neue Dimension des Sterbens ein. Was, wenn sich die eigene kleine Familie nicht an die Reihenfolge hält? Was, wenn dem Kind was passiert?

Es reicht, dass jemand den Gedanken antippt, ganz leise, ganz unrealistisch – und schon steht der Tod in der Tür. Ohne zu klopfen. Abends im Bett, wenn einem der nächste Tag im Kopf herumspukt. Kann die Oma eigentlich noch richtig aufpassen? Oder nachmittags: Warum ruft die Tochter nicht an, auch wenn wir es doch ausgemacht hatten? Oder morgens: War da nicht gerade dieser Rums auf der Straße zu hören, ganz eindeutig: Mensch gegen Beton? Und warum schreit niemand? Sind alle Kinder da?

Der Tod in Gedanken lässt sich nur mit einer Mischung aus vorgenommener Sorglosigkeit und Schicksalsergebenheit in die Flucht schlagen: Klar hatten wir ausgemacht, dass sie anruft, aber sie wird eben so viel Spaß haben, dass sie nicht mehr dran denkt. Und außerdem: Ich kann jetzt eh nichts machen.

Anders ist es, wenn einen der Tod persönlich besucht und seine kalte, raue Hand ums Herz schließt. Wie zum Beispiel an dem Tag, als wir umzogen, zu Amiram in die Bude, in das eine Zimmer, das er freigeräumt hatte.

Ein Umzug ist natürlich immer die Steilvorlage für mangelnde Eltern-Aufmerksamkeit. Und natürlich ist das bei uns nicht anders, obwohl es eigentlich auch vorher oder nachher hätte passieren können.

Wir haben freilaufende Kinder. Dagegen können wir nichts tun. Und vor allem: Wir wollen gar nicht. Sie dürfen allein einkaufen gehen, auch wenn sie noch nicht in der Schule sind und auch mal vom Klettergerüst runterfallen. Vergleicht man das Familienleben mit einem militärischen Konflikt, dann sind Viola und ich weder Abfangjäger noch Ahmedinedschads, die laut tönend an Massenvernichtungswaffen herumbasteln. Wir sind keine Fußsoldaten, die dem Feind Aug in Aug gegenüberstehen, und auch keine Aufklärer hinter den Fronten. Wir sind eher die NGO, die immer zu spät kommt, erst mal machen lässt und dann immer mal wieder aus der zweiten Reihe – jenseits der Steinwurfentfernung – etwas ruft: »Vertragt euch doch!« oder »Es gibt Gummibärchen für alle – Hände und Gesicht mit kühlem Wasser waschen, in zwei Minuten im Wohnzimmer.«

Man könnte sagen, es war Pragmatismus, weil wir als absolut durchschnittlich begabte, also vierhändige Eltern gegen Übermacht spielten. Also gegen 40 Kinderfinger, die von vier Kinderquerköpfen dirigiert wurden. Kann sein. Es ist eine Art hoffnungsvolle Resignation, Defätismus mit einem positiven Spin, mit dem leichtfertigen Vertrauen, dass das schon irgendwie funktioniert. NGO halt.

Vielleicht hätten wir es schon früher bemerkt, wenn nicht so viel Trubel gewesen wäre. Zumal wir unsere mehr als sieben Sachen mit dem Fahrrad transportieren mussten. Das Bett zum Beispiel balancierte auf Sattel und Anhänger, drunter und drauf Taschen und Tüten, daneben die Kinder. So karawanierten wir die Strandpromenade hinauf. Wir schleppten, zerrten, fluchten. Fremde Menschen machten Fotos von uns.

Am Abend, es gab Falafel von der Ecke, saßen wir zusammen auf dem Balkon, tunkten Bällchen in Hummus und Thina. Schade, das mit dem Palast. Aber jetzt die eigene Wohnung.

Lorenzo, knapp 1, kam auf den Knien angerutscht. Er war gerade in der Altötting-Phase.

Altötting ist der größte Marien-Wallfahrtsort Deutschlands. Dort steht die Gnadenkapelle, wo 1489 eine Altöttingerin ihr dreijähriges ertrunkenes Kind auf dem Altar aufgebahrt und durch Beten und Flehen, wiederbelebt haben soll. Seitdem rutschen Kranke, Siechende und deren Angehörige auf den Knien um die Kapelle herum, in der die Schwarze Madonna steht. Tausende Votivbilder erzählen im Rundgang von Rettungen und Wundern, danken der heiligen Maria für Heilung.

Auch Lorenzo rutschte, wann immer es der Untergrund erlaubte, auf den Knien herum. Ich glaube nicht, dass er das wegen Maria tat oder er mal Bürgermeister von Altötting werden wollte. Er konnte damals einfach noch nicht richtig laufen, fand krabbeln aber doof, zu wenig Überblick, wahrscheinlich nervte ihn auch dieses ständige Halsüberstrecken. Würde mich, glaube ich, auch wahnsinnig machen.

Ich strich Lorenzo über die Haare. Vorne über die Stirn, hin zum Fontanellenloch, das schon fast zugewachsen war. Er sah müde aus, unser strohblonder, kleiner Altötter. Dann fuhr ich an den Hinterkopf – und mit einem Mal fror meine Bewegung ein.

Dort, an Lorenzos Hinterkopf, war eine spiegeleigroße Fläche, die sich eben nicht nach Kinderkopf, nicht nach Haar und Haut auf Schädelknochen anfühlte, sondern genau so wie eines dieser Kühl-Gelkissen, das man auf Bänderriss oder Wespenstich presst – mit nur zwei Unterschieden: Erstens war dieses Gelkissen nicht kalt, sondern wie eines, das man nach der Wespenattacke vergessen, nicht mehr zurück in die Kühltruhe gelegt hatte und dann Wochen später aus der Sofaritze zieht. Und zweitens war es eben kein Gelkissen, sondern Lorenzos Hinterkopf, körperwarme Kopfmasse. Ohne Knochen, ohne nichts.

In so einer Situation versuchen Eltern gern eine Schadensabschätzung vorzunehmen. Ich auch.

Ich alarmierte stammelnd meine Frau. Zusammen starrten wir unserem Kind in die Augen, drückten seine Hand, fühlten den Puls, flüsterten in die Ohren. Aber natürlich war es vollkommen zwecklos. Ein Kind kann sich so normal benehmen, wie es will: Die Gelassenheit ist nach dem ersten Kühlkissen-Gefühl dahin.

Irgendwann spät nachts – Gianna, Elena und Camilla schliefen bereits, das erste Mal in der neuen Wohnung – läutete mein Handy. Viola rief aus dem Krankenhaus an. Es war tatsächlich ein Haarriss in der Schädeldecke, wie die Computertomographie anzeigte, aber soweit alles in

Ordnung. Es könne schon sein, hatte Viola den Ärzten gesagt, dass er irgendwie und irgendwann um- oder runtergefallen war. Er war nun mal ein kleiner, agiler Junge. Und er hatte ein paar Geschwister. So genau wusste sie nun mal nicht, was da tagsüber alles passiert sein konnte. Das sei nicht gut, hatten die Ärzte geschimpft. Lorenzo wurde weiter beobachtet, sie musste die Nacht über dableiben.

Giannas erster Satz am Morgen galt ihrem Bruder: »Ist Lorenzo noch im Krankenhaus?«

»Ja«, antwortete ich, und umarmte sie. Ihre Sorge rührte mich, tröstete über eine rastlose Nacht hinweg. Aber es sei alles okay. Die Ärzte hätten grünes Licht gegeben. Wir könnten die beiden jetzt abholen.

Amiram hielt es zehn Tage mit uns aus. Zimmer an Zimmer lebten wir zusammen und doch in sehr verschiedenen Welten. Amiram, der morgens zur Arbeit ging, an irgendeinen Postschalter, der immer wieder mit der Mutter seines Kindes zu sprechen versuchte, die im Modegeschäft gegenüber arbeitete und die uns noch drei Monate lang nach Amirams Auszug jeden Tag an ihn erinnerte, bis der Laden Pleite machte. Amiram, der seinen Tag danach zu planen versuchte, dem wändeprügelnden Vermieter nicht zu begegnen.

Und wir, die wir uns peu à peu Alltag und Gegend eroberten. Den Café Hafuch mit Meeresrauschen. Den Shuk Ha'Carmel, das Kilo Erdbeeren für 50 Cent hier, Mozzarella vom Bulgaren dort. Es ist der größte Markt Israels, der einzige Markt der westlichen Welt, der noch ein saisonal gebundenes Angebot hat. Avocados und Mangos zum Beispiel teilen sich dort das Jahr. Ab September gibt es Granatäpfel, an jeder zweiten Ecke vor den Augen frisch gepresst. (Ja, Hoeneß-Bub, ich weiß, gibt es auch zu Hause. Und ja, die Presse funktioniert noch. War gemein, ich weiß. Aber egal, so ein blutiger, frischer, dichter Granatapfelsaft: zu gut.) Pomelos, Melonen. Wir parieren das Angebot mit einem wahnsinnigen Früchtedurchsatz. Kiwis, Erdbeeren, Mangos kommen erst in die Tiefkühltruhe, dann zusammen mit ein wenig Zucker, Joghurt oder Sahne in den Mixer. Früchte derart lecker aufzubereiten können wir uns in Deutschland gar nicht leisten.

Für ein Magazin recherchierte ich mal einen Stadtrundgang durch die Saftbars von Tel Aviv.

»Hi, I am a German journalist. I do a report about juice bars in Tel Aviv.« Und erst nach der achten Bar, nachdem ich mich durch Melone und Minze, durch Litchi und Drachenfrucht, durch Ingwer und Sellerie getrunken hatte, erst dort, als ich gerade den »Kurzen unter den Säften« probieren will, den gepressten Weizengrassaft: fingerhutgroßes Becherchen, gefüllt mit leuchtmarkergrünem Saft, der schmeckt, als ob man in eine Wiese beißen würde, gerade als ich sagte »Ja, also juice, freshly squeezed juice«, da verstand ich, warum die Leute in den sieben Bars zuvor und auch hier in der achten nach meinem Auftaktsprüchlein stets reserviert reagierten, so als ob mit mir was nicht ganz gestimmt hätte. Mit mir, dem German journalist, der einen Artikel über *Jews* bars in Tel Aviv machen will.

Am Ende stand dann tatsächlich Amirams Onkel vor der Tür. Nein, für den ganzen Kram hatte der keinen Platz, nein, auch nicht für die Fischerausrüstung. Amiram sollte zwei Taschen packen. Und ja, das Pessach-Geschirr ginge on top.

Und so ging ich ein paar Monate später mit den Kindern und Amirams Angeln nach Jaffa, an den Hafen. Es war früh am Morgen, die Kinder waren aufgeregt, und wir hatten wahnsinnig viel Glück: Keines der Kinder rutschte von der Hafenpromenade hinunter ins ölige Brackwasser und vor allem: Keiner der Fische von dort unten biss auf Amirams Angelhaken. Und so stand auch noch Jahre später, als wir längst ganz woanders lebten, Amirams grüne autoreifengroße Glasschale bei uns in der Küche. Und die Töchter gehen noch heute mit Amirams Militärtaschen zum Judo, mit hebräischem Aufdruck. Und drei von den ursprünglich mal acht Weingläsern, die zwar nicht wertvoll, aber irgendwie hübsch und voller Erinnerungen sind, stehen auch noch bei uns im Schrank.

»Wie wollen wir das dieses Jahr mit dem Baum machen?«, fragte Viola. Ja, der Baum. Natürlich gibt es auch im Heiligen Land pünktlich zum Fest raumhoch maßgeschneiderte Tannen. Dachte ich. Denn so hatte der Jüdische Nationalfond KKL das versprochen, und in Beth Schemesch, eine Autostunde von Tel Aviv entfernt, extra ein »Weihnachtsbaum Verteilungszentrum« hochgeforstet. Dort könnte man entspannt durch Tannenbaumplantagen streifen, an Stämmen rütteln, Wuchs und Nadelfarbe prüfen und schließlich sein ganz persönliches Exemplar auswählen, absägen, aufs Dach schnallen.

»Tu's bloß nicht!«, sagte mein russischer Freund Fima. Windschiefe, dürre Fichten stünden dort, die noch auf der Rückfahrt reflexartig alle Nadeln von sich würfen. Er zeigte mir seinen Baum, den er auf den Aircondition-Kasten an der Außenmauer seiner Wohnung im 3. Stock gepackt hatte. Ein armseliges Pärchen, die beiden: Die Klimaanlage und der Weihnachtsbaum, zusammen vereint im Heiligen Land. Er plante, so verriet Fima mir, ihn einfach dort zu vergessen. Spätestens zu Neujahr könnte er ihn dann in den Hof stoßen.

Ich beneidete Fima. Nicht um den Baum, der tatsächlich aussah wie die vegetarische Version eines gerupften Huhns. Ich beneidete ihn um die Fähigkeit, nach Plan zu vergessen. Das will ich auch können. Ich hätte eine Menge, was ich vergessen will. Ich würde To-do-Listen schreiben mit den ganzen Dingen, die ich vergessen will. Drohende Aufgaben, Peinliches, Fehler. Etwa das Familienfest, an dem ich meine Cousine zur Begrüßung umarmte, ganz zaghaft, »Bei dir muss man ja noch aufpassen« sagte und sie antwortete: »Nein, das Kind ist schon längst da.« Schon vergessen. Oder der Geburtstag meines Vaters, entfernte Bekannte dort, die einen Sohn in meinem Alter hatten (gerade seine Ausbildung abgebrochen, dafür die Tür in einem Club übernommen). Und dann sagte ich – zwei Kinder und nicht mehr als eine Zwischenprüfung in Philosophie – mit vorauseilender Altklugheit: »Ja, es ist schon schwierig mit den Kindern. Da macht ihr euch sicher Sorgen?« Vergessen, samt der völlig berechtigten Retourkutsche: »Deine Eltern werden sich auch Sorgen machen.« Aber auch Handfesteres. Die täglichen Erziehungsfehler etwa, die mich abends im Bett quälen. Das Anschreien, die verpassten Chancen für Nähe, das Ins-Zimmer-Bugsieren, wenn ich mir nicht mehr anders zu helfen weiß. Selten sind wir als Menschen schutzloser, als in dem Moment, in dem wir als Eltern den Halt verlieren. Schwupp, alles vergessen mit dem Vergiss-mich-jetzt-Plan à la Fima.

Ich beschloss, dass das »Weihnachtsbaum Verteilungszentrum« dieses Jahr nicht unser Baumlieferant würde. Schließlich lag das beste Stück aus dem Wäldchen ja bereits auf Fimas Aircondition-Kasten, und in der Zwischenzeit waren sicher das zweit- und drittbeste Bäumchen auch schon abgeholzt worden. Also neu.

In kurzen Hosen und Flip-Flops, zusammen mit Gianna und Elena, zog ich los, den Weihnachtseinkauf besorgen. In Bethlehem gebe es Plastikbäume, sagte mir ein Mann auf dem Markt. Ja toll, und? Ein anderer wollte mir eine Menora verkaufen, einen riesigen, siebenarmigen Leuchter. Elena sagte, der wäre tot und außerdem könnte man da nicht genug dranhängen. Nach zwei Stunden kamen wir mit einem Jasminbäumchen zurück. Ich dachte mir: Jasmin, das war doch irgendwas, was ganz abenteuerlich gut riecht. Das Bäumchen steckte im Topf, konnte also nicht gleich welk werden, war spärlich genug bewachsen, dass der wenige Weihnachtsschmuck, den wir hatten, auffallen würde. Und außerdem: Einen Jasminweihnachtsbaum! Wer hat schon so was? Die Kinder waren erschöpft, froh, dass wir endlich was gefunden hatten – und außerdem war da auch genug Platz für Geschenke unten drunter – und Patachon war wieder mal zufrieden mit mir.

Um es kurz zu machen: Noch am selben Tag wurde unser Weihnachtsbaum auf den Balkon verbannt, die Tür verrammelt. Ich war kurz davor, die Lüftungsschlitze zu versiegeln. Jasmin in Massen verströmt einen unglaublichen Gestank. Und zum ersten Mal willigte ich ein, an Heiligabend auch ein wenig Weihrauch zu verbrennen.

»Nie darf ich mit nach Gaza«, motzte Elena, 4, und stellte sich mir stampfend in den Weg. Ich war spät dran. Gestern war eine israelische Granate ins Fußballstadion der Frauennationalmannschaft von Palästina, Sektion Gaza, gefallen. Da brauchte ich Bilder. Also noch mal umarmen und »ja, vielleicht bringe ich auch was mit«. Mal sehen.

Nach dem Abzug der israelischen Siedler im August 2005 aus dem Gazastreifen waren die Menschen dort voll neuer Hoffnung. Eine davon sollte Tourismus heißen. Warum nicht Araber aus der ganzen Welt nach Gaza holen, zu den Underdogs Israels, in die Wiege der Geschichte, ans Mittelmeer? Ein extra eingerichtetes Tourismusministerium fand archäologische Stätten, jahrhundertealte Mosaiken, einen Sandstrand, einen Zoo. Teure Hotels wurden gebaut, sogar Mövenpick hat 250 Zimmer und fünf Sterne dort am Strand von Gaza.

An diesen Luxushotels zeigt sich die ganze Absurdität des Lebens im Gazastreifen. Häufig reicht der Optimismus der arabischen Finanziers nur bis zur dritten oder vierten Etage. Von dort ragen Stahlstreben aus dem Rohbeton in den Himmel, immer bereit, in guten Zeiten doch noch weiterzubauen.

Leben herrscht in den Luxushotels vor allem im Untergeschoss und im Krieg.

Im Untergeschoss sind die großen Festsäle, in denen die Bewohner ihre Hochzeiten ausrichten, für die sie sich für den Rest ihres Lebens verschulden. Im Krieg sind auch die oberen Etagen der Hotels im Gazastreifen ausgebucht. Dann mieten sich Journalisten in die Parallelwelt dort ein, mit WLAN, Cappuccino und frisch gepressten Fruchtsäften: »Im al-Deira gibt es herrlichen Fisch« – direkt neben Flüchtlingslagern, Dreck und Elend. In manchen Städten hängen noch immer Plakatbanner des Tourismusministeriums Gaza über den Straßen, voll mit dem Optimismus von damals, ein kleiner Junge auf einem Fischerboot ist darauf zu sehen: »Besuchen Sie Gaza«. Oft sind die Plakate mehrmals durchschossen.

Der Gazastreifen ist abgeriegelt. Junge wehrpflichtige Soldaten sitzen in einer Art Baucontainer am Grenzübergang Erez, scannen Dokumente, händigen Formulare aus, fragen Vorgesetzte. Kein Tourist kommt hier rein, Bedingung ist Diplomatenpass oder Presseausweis der israelischen Regierung.

Und Teil des Gaza-Wahnsinns ist diese Stimmung schon im Grenzposten-Container wie in einem dieser »Eis-am-Stil«-Filme. Ich füllte Listen aus, erfand Gründe, warum ich hinein wollte, unterschrieb, dass ich im Falle einer Entführung auf jegliche Hilfe des israelischen Staates verzichten würde. An der Wand hinter den Soldaten mit Pubertätspickeln hing ein Blatt in Mädchenschrift, Yehuda stand in der Mitte, ein Herz drum rum und viele Pfeile.

Später, als ich mit Ranya, einer Freundin aus dem Gazastreifen, im Auto saß und sie mich fragte, wie es war – der eine Kilometer Fußweg durch den Niemandslandtunnel hinter mir, eine Schleuse zwischen zwei verschiedenen Welten: Auf der einen Seite der israelische Grenzübergang, mit den »Eis-am-Stil«-Soldaten, mit Nacktscannern und Hi-Tech-Security. Auf der anderen Seite zwei Kalaschnikows auf einem Campingtisch, palästinensische Brummbär-Beamte, die meine Personalien handschriftlich in eine Liste eintrugen – da sagte ich zu Ranya: »Nichts Besonderes. Alles wie immer.«

Einmal war es nicht wie immer. Ich war gerade auf dem Weg von Gaza zurück nach Tel Aviv, vorbei an den Campingtisch-Brummbären, rein ins Niemandsland, den Tunnel dazwischen. Am ersten Gatter staute sich alles. Es war Anfang November, der Ramadan war gerade vorbei. Mehrere hundert Palästinenser warteten. So voll war es noch nie. Diesmal waren es nicht Kranke, die zur medizinischen Versorgung nach Israel wollten, und auch nicht Männer, die sich dort als Tagelöhner verdingten. Diesmal waren es Familien aus dem Westjordanland, die die Festtage bei Verwandten im Gazastreifen verbracht hatten und jetzt wieder nach Hause wollten. Aber es ging nichts weiter.

Die Ansagen der israelischen Armee durch die Lautsprecher verstand ich nicht. Wir warteten. Eineinhalb Stunden. Dann wieder irgendwelche Durchsagen aus den Lautsprechern. Und auf einmal – auf einmal wirbelte diese tiefverschleierte Frau ihre Hände durch die Luft, schrie, als ob es um ihr Leben ginge. Ich verstand nichts. Sah nur, wie alle zur Seite stürzten, weg von der Frau. Panik. So wie der Ölfilm zur Seite gedrängt wird, wenn man einen Tropfen Spülmittel hineingibt, so drängte plötzlich alles weg von einem Punkt. An diesem Punkt stand die fuchtelnde, schreiende Frau, um sie herum Platz und Leere.

Aber es passierte nichts. Die Frau hatte keinen Sprengstoffgürtel umgebunden, sie war keine Selbstmordattentäterin, sie beruhigte sich; die Menschen neben ihr versuchten es auch. Die israelischen Soldaten hatten alles über Videokameras beobachtet. Wieder die Lautsprecher – jetzt sehr klar: Heute werde das Gatter nicht mehr aufgehen, sagten die Soldaten, wir sollten alle nach Hause gehen.

Ja gern, nach Hause, dachte ich und blieb.

Und tatsächlich öffnete sich das Gatter dann doch noch. Als fast alle anderen schon gegangen waren.

Ranya wohnt in Beit Hanoun, einem Dorf ganz im Norden des Gazastreifens, das berühmt wurde, weil von dort, aus dem Dickicht der Gärten und Orangenplantagen viele Tausende Kassamraketen Richtung Israel abgefeuert wurden.

Ich mag Ranya sehr gern. Sie ist eine starke Frau, die sich in der Männer-Gaza-Doktrin immer irgendwie Freiräume erkämpft; die sich gegen ihren Bruder behauptet hat, der ihr das Studieren verbieten wollte; die einen Freund in Gaza-Stadt hat, den sie heimlich küsste; die es dann später geschafft hat, sich mit Hilfe europäischer Freunde – darunter auch ich – übers Wochenende die 3500 Dollar Brautgeld zu besorgen und sich so vom Willen ihres Vaters freizukaufen.

Ich mag sie wirklich.

Was ich allerdings hasse, sind ihre Geschenke. Es ist immer das Gleiche, ich kann sagen, was ich will. Sobald wir uns sehen, scheint sie nur noch einen Gedanken zu haben: Dieser Mann ist extra hierhergekommen, um sich und seine Familie mit Überraschungen aus dem Gazastreifen zu versorgen. Ein DIN A3-Reliefdruck der Al-Quds-Moschee zum Beispiel? So was könne man überall aufhängen. Eine Arafat-Tasse? Hier, bitteschön. Sieben Kilo Orangen? Ja, auch Ranyas Familie hat eine Plantage. Gern auch was mit Batterie: Ein Frotteeherz etwa, das, wenn man es drückt, »I love you« krächzt, oder Plüschhausschuhe für Camilla, die bellen, sobald man vorne draufsteigt. Einmal gab sie einem mir nur entfernt bekannten Journalistenkollegen einen Sack voll Second-Hand-Kinderwäsche mit. Vorbei an den Kalaschnikow-Brummbären, durch den Tunnel, durch die Gatter. Ich hatte einen Treffpunkt mit ihm ausgemacht, die Tüten gleich zu Anfang weggesteckt und dann vier Bier mit ihm getrunken.

Und einmal drängte sie mich in diesen winzigen Laden in Gaza-Stadt, nicht viel größer als ein ICE-Klo. Ein junger Hauch von einem Mann, Ahmad, ein guter Freund von ihr, wie sie ihn mir vorstellte, hinterm Tresen. Und davor, dahinter, links und rechts und unter und über ihm alles voller kleiner Fläschchen und Flakons und Phiolen. Es war heiß hier drin und feucht. Dazu ein Geruch, der jeglichem Gedanken den Atem raubte. Schwer, dick, süß, nicht mehr nur über-, sondern schlicht fehldosiert. Wie wenn man jemandem, der nach der Dessertkarte fragt, einen Sack Puddingpulver über den Kopf kippt.

Mir wurde schummrig. Um mich irgendwie auf den Beinen zu halten, fokussierte ich ein grünes Fläschchen knapp über Kopfhöhe. Ahmad grinste.

»Si Keyi bi?«, fragte er, und schon wedelte er mit einem parfümierten Tuch unter meiner Nase. »Schanell?« »Opseschn?« Meine Fußsohlen wippten, mein Gehirn verwandelt sich in warmen Grießbrei.

Es gebe hier alles, einfach alles, brabbelte Ranya von der Seite. Jedes Parfüm, an das ich nur denken könnte. Natürlich nicht das Original, aber Ahmad, der Mann mit der großen Spritze, könnte es mir nachmischen. Ich sollte was für meine Frau aussuchen, sagte Ranya.

»Frauen mögen so was.« Und ich sollte mir ruhig Zeit lassen.

Ahmad grinste wieder. Ob ich an etwas Bestimmtes dächte, ob ich schon wüsste, was ich wollte.

Ja, natürlich. Ahmads Parfüm einpacken und dann raus, das wollte ich. Luft! Schnell! Bitte!

Also los, ein Parfümname, irgendeine Marke, schnell. Ja, wie hieß es noch, das Dings. Ach. Gerade hatte er doch noch irgendwas gesagt. Ich sandte Eilboten in mein Grießbreihirn: »Parfümnamen, wurscht, welchen. Aber zackig!« Und tatsächlich: Es kam Bewegung in den Grießbrei, vor den Boten türmte sich ein mächtiger Berg auf. Gleich würde er kommen, der Name, der mich retten wird. Was heißt hier *ein* Name? Ein ganzer Haufen. Gleich, einen Moment noch. Dann: Bluff – eine Grießbreiblase, geplatzt. Darin: nichts. Und die Boten kehrten mit hängenden Köpfen und leeren Händen zurück. Das Einzige, was mir noch durch den Kopf ging, war Christine. Sie ist Unternehmensberaterin, effizient und erfolgreich. Sie sagt: Wenn sie eine halbe Stunde in einem Geschäft ist, dann kauft sie aus Prinzip etwas. »Sonst«, sagt Christine, »war die halbe Stunde ja verschenkt.«

Ich musste glasig geguckt haben. Zumindest schaute mich Ahmad ein wenig so an, und häufig ist es ja so, dass in Momenten der Emphase das Gegenüber den eigenen Ausdruck spiegelt. Ahmad nickte. Düfte nach Marken zu wählen, das täten auch nur Anfänger. Ein Parfum wäre schließlich Assoziation, Metapher: Gedanke und Luft.

Er belegte deswegen Parfums viel lieber mit den Namen von Alltagsgegenständen. Ich sollte ihn nur machen lassen. Ahmad griff hinter sich – nicht das grüne Fläschchen nehmen, bitte! Nicht den Fixpunkt meines Bewusstseins rauben! Ich klammerte mich an die Theke, blinzelte mich wach, zurück in den Laden. Ahmad stellte drei Flakons auf die Theke, direkt vor meine Nase. Mit dem Handrücken fuhr er an den Fläschchen entlang.

»Rolex, Burka, Kalaschnikow.«

Ich bemühte mich jetzt, nur noch durch den Mund zu atmen, dabei aber so auszusehen, als ob ich schnupperte. Das ist extrem schwierig. Man muss geheim und langsam bei halboffenem Mund einatmen und dann das fingierte Schnüffeln mit Begleitbewegungen kaschieren: Kopfrecken, Nasenflügel bewegen und ein wenig Luft zufächeln.

»Burka bitte«, presste ich, »zweimal« und blätterte 150 Schekel auf die Theke. Ob er sie als Geschenke verpacken könnte? Ich müsste kurz raus, telefonieren.

Als Ranya mir wenig später auf der Straße die Tüte in die Hand drückte, schaute sie tadelnd: Was ich mir dabei jetzt bitte gedacht hätte? Ich wand mich, wollte schon Ausreden anheuern, überlegte aber noch, welchen Gesprächspartner ich vorschützen könnte und vor allem, warum das doofe Ding nicht geklingelt hat, da blieb Ranya stehen, schaute mir direkt in die Augen.

»Für wen ist das zweite Parfum?«

Klar, daran hatte ich nicht gedacht. Das war eine absolute Grießbreiidee. Im Moment der Rettung einfach noch ein kleines Ablenkungsfeuerwerk zünden, hatte ich gedacht. Etwas, mit dem keiner gerechnet hätte, dass bloß nicht irgendjemand auf die Idee kommt, hier wolle ein Mann aus einem Parfumladen fliehen. Aber zugegeben: So eine zweite Burka, das klingt verdammt nach einer Geliebten.

»Das ist für meine Mutter«, log ich. Ranya schaute so,

als ob ich mit sehr dreckigen Fingern gerade an ihr Silberbesteck gegangen sei. Sie habe mir auch noch »Gelber Sonnenschirm, aufgeklappt« mit einpacken lassen, zur Sicherheit.

Ich blieb damals fünf Tage im Gazastreifen, schaute der Frauennationalmannschaft zu, wie sie um das Erdloch herumkickten, begleitete palästinensisches Gemüse, das wegen der geschlossenen Warengrenzen auf den Lastern vergammelte, besuchte im Flüchtlingslager Khan Yunis, einen Rapper, der in seinem Zimmer auf dem Dach neben dem Taubenstall Eminem-Poster hängen hatte, trank mit dem geheimen und verbotenen Freund Ranyas geheim und verboten eine Flasche Wein, die ich geheim und verboten reingeschmuggelt hatte. Später saßen wir feixend bei Ranyas Cousins, als sie auf einmal ein Passbild aus ihrer Geldbörse zog. Ein Mädchen war drauf zu sehen.
»Meine Freundin«, sagte sie, »tot.« Sie bewundere ihren Mut. »Sie ist im Kampf gegen das israelische Militär gestorben, ist eine Shahid, eine Märtyrerin.«
Und obwohl die Cousins für ganz unterschiedliche politische Partei brannten, hatten sie alle ein Foto von sich, auf dem sie irgendwo mit Stirnband, Koran und Kalaschnikow für die Kamera posierten. Halb im Scherz. Vielleicht. Aber was ist daran schon Scherz?

Ich kaufte tatsächlich noch Geschenke. Ein paar Bögen Aufkleber, Fulla, die arabische Version von Barbie, mit Kopftuch, aber genauso wespentaillig, inklusive rosafarbenem Gebetsteppich. Eine verkitschte, singende Plastikblume, die sich später bei Elenas Geburtstag als absoluter

Renner entpuppte. Auf den Kuchen gesteckt, angezündet. Zuerst kommt ein paar Sekunden Feuerstrahlspektakel, dann klappen sechs Plastikblütenblätter aus, an deren Spitzen je eine entflammte Kerze klebt. Dazu spielt eine Knopfzelle »Happy Birthday« in Endlosschleife. Auf der Packungsseite steht: »If you need to stop the music, please cut off the copper wire.«

Für mich kaufte ich noch ein paar Anzughosen. Umgerechnet sieben Euro das Stück, voll synthetisch, mit hübschen Spitzbogenlaschen über den Gesäßtaschen. Wo er die herhabe, fragte ich meinen Taxifahrer, der wie fast alle hier einen alten Mercedes aus Deutschland fuhr. Komplett auf senfgelb umgespritzt, bis auf das ovale Länderkennzeichen. Auf dem Weg zu seinem Lieblingsschneider, fragte ich ihn noch, warum sie das hier alle drauflassen, dieses »D« hinten am Kofferraum. »Das heißt ›Diesel‹«, sagte der Taxifahrer.

Noch Jahre später gehe ich mit den unverwüstlichen Gazahosen durch mein Leben, durch Istanbul, die Voralpen oder an der Ostseeküste. Der Gazastreifen ist ein Billiglohnland. Häufig wird nur die Verarbeitung dort gemacht. Der Stoff kommt aus Israel, die fertigen Produkte werden meist gleich wieder exportiert.

In meinem Hosenbund steht: »Made in Italy«.

Ich schlief bei Mohammed, dem Nachbarn von Ranya. Sie könnte mich als unverheiratete Frau nicht bei sich im gleichen Haus schlafen lassen. Mohammed wäre zwar noch jung, erst 14, aber sehr nett, gleich nebenan und außerdem irgendwie mit ihr verwandt. Jeden Abend um neun begann das Surren der Überwachungsdrohnen, immer wieder wurde die Nacht von israelischen Bombeneinschlägen zerrissen. Die wollen nur die Brücken kaputt machen, sagte Mohammed. Die Wand, an die ich meinen Kopf drückte, wackelte. Am Morgen schauten wir uns die Einschläge der Nacht an. Es hat nichts Kriegerisches, so ein Bombenkrater, sieht aus wie eine ungepflegte Baugrube, nur dass sie eben – in diesem Fall – eine Straße durchtrennte.

Der Krieg ist unübersichtlich und über alle Maßen absurd. Einerseits finanzieren die USA etwa ein Fünftel des israelischen Verteidigungshaushalts. Andererseits stand da dieses Schild neben den zersprengten Asphaltplatten. Es ist heil geblieben, hat die Bomben überstanden: »Finanziert mit Mitteln der US-Aid« steht darauf, einem amerikanischen Hilfsfonds, der Regierungsgelder verteilt.

Kinder bolzten einen Ball gegen eine Asphaltplatte, die früher Teil der Straße gewesen war und jetzt steil in den Himmel ragte. Auch im Krieg gibt es immer Alltag.

Ein paar Wochen später, Deutschland fieberte gerade im Sommermärchen, stand ich mit Ranya vor einem Restaurant in Gaza-Stadt. Es herrschte Krieg, »Operation Sommerregen« nannte ihn das israelische Militär. Drinnen lief das Viertelfinale der Weltmeisterschaft, Deutschland gegen Argentinien, draußen brachen israelische Flugzeuge den Schall: Säbelrasseln. Ein Kellner winkte uns, wir könnten nicht hierbleiben, eine unverheiratete Palästinenserin, geschminkt, noch dazu zusammen mit einem Europäer, zwischen all den Wasserpfeifen. Aber er habe noch einen Extraraum. Und so saßen wir im Hinterzimmer, schlürften alkoholfreie Cocktails und sahen Klinsis Elf durchs Elfmeterschießen zittern, während von der Grenze her Granateneinschläge donnerten.

Als wir gehen wollten, hielt uns der Restaurantbesitzer auf. Gratulierte, meinte, er habe selbst einen Onkel in Deutschland, »Dusseldorf«. Er liebe Deutschland. Das sei so ganz anders als Dänemark mit diesen Dreckskarikaturen. Er zeigte uns ein Plakat, das er an seine Restauranttür geheftet hatte, auf dem zum Boykott großer dänischer Marken aufgerufen wurde. Darunter eine dänische Flagge mit Fußabdruck.

Wir sollten noch einen Tee mit ihm trinken. Er heiße übrigens »Abu Amir«. Vater von Amir, bedeutete das, und »Amir« wiederum bedeutete »Befehlshaber«, erklärte er. Ich machte kleine Schritte, trippelte ihm hinterher, zur Bar. Er hatte noch vier weitere Söhne. Khaled, Jusuf, Mahmoud und Malik. Ob ich wüsste, was die Namen bedeuten würden? Ich schüttelte den Kopf und mimte eine erwartungsvolle Miene. Also, meinte Abu Amir und schlürfte am total übersüßten Tee, Khaled bedeute »der Ewige«, Yusuf »großer Führer«, Mahmoud sei »der Lobenswerte« und Malik »der Herrscher«. Ich nickte anerkennend und rührte ein wenig im Tee. Spätestens da hätte ich dazwischengrätschen müssen, hätte mich zum Beispiel als »Abu Lorenzo« vorstellen können oder diesen Namensquatsch ganz beiseiteschieben sollen. Aber nein, ich wartete und rührte. Und im Nachhinein habe ich Abu Amir schon in Verdacht, dies alles von langer Hand vorbereitet zu haben. Zu glatt war die Rampe, zu akkurat seine Treffer. Aber damals schlitterte ich vollkommen arglos Satz für Satz in die Malaise.

Abu Amir sagte, die Deutschen seien gute Fußballer, sie würden Weltmeister, sagte er. Philipp Lahm gefalle ihm. Schade, dass er keinen Elfmeter schießen durfte. Er hätte sicher verwandelt.

»Was bedeutet denn der Name?«

Pause.

Abu Amir und Ranya schauten mich neugierig an. Ich stotterte. Also, das mit den Namen sei im Deutschen nicht ganz so rigide, da gebe es viele Auslegungen und so. Und bei Lahm, also da müsste ich jetzt erst mal kurz überlegen. Also »Philipp«, das könnte griechisch sein, vielleicht irgendwas mit Freund.

»Aha. Und ›Lahm‹?«

»Ja, das also…« Ich schluckte. Dann sagte ich: »Ganz ehrlich, Herr Abu Amir. ›Lahm‹, das heißt ›langsam‹, ›behäbig‹, ›energielos‹, ›lasch‹, ›matt‹, ›schwach‹, ›träge‹, ›lethargisch‹, ›schlaff‹, ›tranig‹. So was eben.«

Abu Amir schaute mich lange an, seine Augen funkelten. Dann fragte er: »Und Schweinsteiger?«

Es ist ein großes Glück, dass ich in Momenten seelischer Not tollpatschig werde. Ich goss also Abu Amir meinen Zuckertee über die Hose und ließ Ranya die Wogen glätten. Zum Halbfinale, log ich, wäre ich wieder da, ganz klar, Hinterzimmer mit den bunten Cocktails. Inschallah.

Ich sprach in diesen Tagen mit vielen jungen Männern im Gazastreifen. Studenten, die vermummt ihre Kalaschnikows durch die Straßen trugen, junge Väter, die aus alten Gasflaschen Panzerminen bastelten. Wir redeten viel über Hass, wenig über Hoffnung, viel über Heldentum, wenig über Zukunft. Und Mohammed? Der Junge, bei dem ich im Zimmer schlafen durfte, der Nachbar von Ranya. Ich war bereits wieder in Deutschland, als mich eine SMS von Ranya erreichte, Mohammed sei am Tag zuvor beim Picknicken mit zwei Freunden im Grenzsperrgebiet von einer israelischen Drohne getötet worden. Seine Mutter hätte nur noch einen Arm beerdigen können.

Warum Mohammed? Mit ihm saß ich abends auf dem Hausdach ums Lagerfeuer, wir redeten über Kaffee, über Schule, über seine Pläne. Wir steckten unsere Köpfe zusammen über seinen Schulatlas, auf dem der israelische Staat nicht eingezeichnet war und sich stattdessen ein riesiges Palästina ausbreitete. Er aber deutete auf Amsterdam und Kopenhagen. Ob ich ihm helfen könnte, sich um Stipendien für europäische Unis zu bewerben?

»Ja, klar.«

Doch dazu war es nie gekommen.

Der letzte Schluck Bier schaukelt in der Flasche. Viola liegt auf dem Parkdach und sagt nichts. Absolut nichts. »The finest in Middle east« steht auf dem Label, wahrscheinlich auch das einzige, zumindest aus den palästinensischen Gebieten. Drunter die Unterschrift von Nadim C. Khoury, gebraut nach deutschem Reinheitsgebot. Der Schluck ist wahrscheinlich ohnehin schon lack, denke ich und schwenke die Flasche ein wenig, als ob Kognak darin wäre. Vielleicht ist ja auch gar nichts? Vielleicht ist ja gar nichts los mit Viola. Vielleicht bilde ich mir alles nur ein?

Meine Freundin Irit erzählte mal von ihrem Ex-Mann, »diesem unsensiblen Stück Typischmann. Der hat überhaupt kein Verhältnis, nicht mal zu sich selbst«, sagte sie. Der könne nicht mal Magen- und Darmschmerzen voneinander unterscheiden.

»Ein Typischmann eben.«

Ich nickte gleichermaßen bedröppelt wie ertappt. Es fühlt sich immer blöd an, eine unsensible Seite an sich zu entdecken. Aber besonders blöd ist es, wenn diese auch noch dem Gender-

klischee entspricht: Magen und Darm – tatsächlich ist das auch für mich ein einziges Bauchinnenraumdurcheinander.

Ich bin gern Mann, aber ich bin extrem ungern Typischmann. Testosteron klingt für mich nach Tier, nach Bulle; Fußball nach Dosenbier, nach Hooligans. Aber Magendarm? Ist das nicht ein Wort? Hält man sich da nicht die flache Hand knapp unterhalb des letzten Rippenbogens, kneift ein wenig die Augen zusammen, reckt den Hals und sagt: »Ich habe da so eine Magendarm-Geschichte, ganz übel.« Früher zumindest war das okay. Freunde hatten dann Mitleid und sorgten sich und schonten den anderen, und Ärzte hatten dann Medikamente, auf deren Beipackzettel »Linderung von Magen-Darm-Beschwerden« versprochen wurde.

Ich gebe ehrlich zu: Ich bin eher der »Magendarmtyp«, also in einem Wort und dann rippenbogenabwärts. Als ich das Irit beichte, schüttelt sie den Kopf, sagt, ich müsse da an mir arbeiten, das sei total hölzern, total Typischmann.

Und das tue ich jetzt auch. Ich arbeite an mir. Immer wenn ich Irit sehe, mache ich jetzt Introspektion, eine gedankliche Magen-Darm-Spiegelung, also erst Magen, dann Darm.

»Frühstücksmarmeladenbrötchen dringt verlustfrei in den Zwölffingerdarm vor, Magen wieder gefechtsbereit.« Die Statusmeldungen aus meinem Bauchinnenraum packe ich gern in Militärsprache, ein wenig Typischmann muss sein. Und Trotz ist sicher auch Typischmann, oder?

»Ich will noch ein Kind«, sagt Viola.

Stille.

Sekunden später ist alles Blut aus meinem Kopf gewichen. Ich nehme einen Schluck – ja, er ist lack –, korreliere Geburts- und Tagesdatum, pumpe wieder ein bisschen Blut in meinen Kopf, stottere: »Aber..., aber du bist zu alt! Die goldene Dreißiger-Regel!«

Sie sagt: »Wurscht. Ich will.« Das sei einfach eine Regel gewesen, ja, sie habe die auch nett gefunden. Aber jetzt, jetzt spüre sie tief drinnen, dass sie noch ein Kind wolle. Unbedingt. Jetzt. Sie spüre das körperlich. Ob ich mir das vorstellen könne?

Ganz tief drinnen? Wen meint sie? Ich beginne mit Nachforschungen. Kämpfe mich vorbei an Irit, am Magen, dann am Darm. Hallo? Ist da wer? Nichts.

Da ertönt plötzlich aus meinem Inneren Fanfarenmusik, Reitergetrampel, dazu Speergeklapper. Es ist sehr lautes Getrampel. Ich erschrecke ein wenig, denke mir aber: Okay, da musst du jetzt durch, seinem Inneren kann man schließlich schlecht ausweichen.

Natürlich: Es sind Elefanten, Kriegselefanten, an ihrer Spitze Hannibal. Was will der denn bitte? Es geht hier um die Frage, ob wir ein fünftes Kind bekommen wollen oder nicht. Es geht um die Frage, ob wir zu siebt durchs Leben steuern wollen, ob das nicht alles kompletter Wahnsinn ist. Es geht um viel. Sehr viel. Zumindest für uns. Also, hallo, Hannibal, was bitte soll denn das jetzt?

Wenn es einen gibt, der immer schon gestanzte Sätze parat hat, mit dem man nicht wirklich reden kann, dem man höchstens zuhören kann, dann ist es Hannibal. Er reißt seinen Elefanten rum, stellt sich auf den Sattel, legt die Handflächen gegen die Mundwinkel. Dann schreit er: »Das ist eure letzte Chance.«

Wie das denn? Viola ist 30, ich 29. Ein weiteres Kind? Ich dachte, wir haben noch Zeit? Wann beginnen Risikoschwangerschaften?

Hannibal könnte jetzt über Nachzügler lamentieren, vom richtigen Zeitpunkt schwadronieren, der nie kommen wird, schwärmen, wie toll doch alles funktioniert. Aber wie gesagt,

Hannibal ist kein Mann der Diskussion. Er vertraut auf den Hall seiner Stimme, lässt den Elefanten zweimal stampfen und reitet fort, Richtung Magen. Oder Darm. Keine Ahnung.

Wir hatten noch zwei Wochen, dann liefen unsere Visa ab. So was kann ein Moment der inneren Einkehr sein. Man kann das zum Anlass nehmen, die nächste Zeit zu planen. Man kann einen Flug buchen, zurück zum Beispiel. Und wenn nicht, dann kann man darüber nachdenken, warum man das eigentlich nicht tut. Ob man sich nicht gerade drückt vor der Rückkehr in das alte Leben, vor den Schritten, die jetzt anstehen. Mal richtig arbeiten zum Beispiel und sich nicht immer nur von einem Projekt ins nächste wursteln, nicht von Stipendium zu Stipendium hangeln.

Klar, kann man alles machen, sollte man vielleicht auch. Bei uns war das anders, etwa so:

»Du, unsere Visa laufen aus.«

Langes Schweigen.

»Ja. Dann müssen wir die halt verlängern.«

»Ich geh da mal hin.«

Ich stand vor dem Kirya Tower, der Tel Aviver Zweigstelle des israelischen Innenministeriums, gleich neben den Azrieli-Türmen, drei gewaltigen Wolkenkratzern mit unterschiedlichen Grundflächen. Der runde und der dreieckige Turm waren schon fertig. Der mit quadratischer Grundfläche wurde gerade gebaut. Von der 1er Autobahn aus, wenn sich nach dem Müllberg bei Lod die Großstadt-Silhouette vor einem ausrollte, waren diese Türme mein Referenzpunkt. Von dort entfaltete ich die Karte im Kopf.

Tel Aviv ist die erste Stadt, die ich von oben denke. München, Bologna, Hamburg, Berlin, Edinburgh, Florenz – überall, wo ich mich eben ein wenig auskenne, bin ich in der Fahrradsicht hängengeblieben. Eingefahrene Wege, die sich – wenn es gut läuft – zu einem Netz verbinden, das ich aber aus der Horizontalen denke, street view sozusagen. Bei Tel Aviv habe ich in die Draufsicht gewechselt.

Angefangen hat das, als ich mal in Gaza nach dem Weg zu einem Fischrestaurant fragte und der nette Mann anstatt von rechts und links, nur von Himmelsrichtungen sprach.

»Dann biegst du westlich ab und die dritte südlich ist es dann.« Ein Kompass im Kopf gibt eine Draufsicht. Beim Gazastreifen ist das eigentlich keine Kunst, der schmale Streifen zieht sich an der geraden Küste entlang, das Meer gibt Orientierung. In Tel Aviv ist das nicht viel anders, dachte ich mir und begann, Karten tatsächlich nicht mehr nur in Navi-Anweisungen zu übersetzen »Die nächste links und dann die dritte rechts«, sondern mit dem Kopf in der Vogelperspektive zu bleiben und wie ein kleiner, leuchtender Punkt auf der Karte zu fahren. Jahre später machten wir Urlaub in New York, und neben zwei Fahrrädern und etlichen Bartipps war es vor allem der Kompass, den uns eine Freundin lieh, der uns so gut durch die Stadt jonglierte.

Die Dame des Innenministeriums stapelte die Pässe von Viola und den Kindern, klopfte sie ein paar Mal gegen ihre graue Schreibtischplatte und legte sie als akkuraten Stapel neben ihre Tastatur.

»Jetzt machen wir erst mal die. Denn hier«, sagte sie

und wedelte mit meinem Ausweis ein wenig in der Luft, »haben wir ein Problem.«

Ich saß vor ihr. Ein Schuljunge, der auf seine Abreibung wartet. Natürlich, dachte ich, Innenministerium, Geheimdienst, Shabak und Mossad, FBI und so weiter, die wissen einfach alles. Ich und Gaza und West-Jordanland, die Interviews mit Terroristen, das Waffenlager, das sie mir gezeigt hatten: Die Kassam-Raketen dort, die selbstgebastelten Panzerminen. Sicher, mir waren auf dem Weg dorthin die Augen verbunden worden, aber vielleicht weiß der Geheimdienst ja genau das nicht. Wird es mir nie glauben. Die Studenten, die als Uni-Armee mit Sturmhauben und Kalaschnikows irgendwo in einem Hinterhof posierten. Die Reportage aus der Märtyrerstadt, einer Siedlung für Familien von Selbstmordattentätern, deren Häuser als Rache von israelischen Kommandos zerstört worden waren. All das würden sie jetzt aus mir rauspressen. Sie würden mich nicht gehen lassen, bis sie jeden Namen, jede Telefonnummer von mir hätten.

»Wo liegt Netafim?«, wollte die Dame wissen.

Netafim? Ich hatte keine Ahnung, stotterte ein wenig rum. Sie meinte, ich sei doch dort gewesen. Sie starrte auf ihren Bildschirm, schaute mich an, dann wieder auf den Bildschirm.

»Problem«, sagte sie. Immer wieder dieses eine Wort. »Problem.«

Sie habe hier 18 Einträge, alle für Netafim, teilweise am selben Tag rein und raus.

Was Netafim überhaupt sei, fragte ich.

»Problem.« Sie druckte Papiere aus, holte Dokumente, nahm meinen Ausweis. Ich sollte warten.

Tage später – ich hatte einen ihrer Ausdrucke mit dem menorageprägten Innenministeriumspapier aus dem Papierkorb klauen können – bekam ich heraus, dass Netafim ein bereits vor Jahren geschlossener Grenzübergang zwischen Ägypten und Israel nahe bei Eilat am Roten Meer war. Bei jedem Grenzübertritt nach Gaza speicherte der Hi-Tech-Shabak-FBI-Computer der »Eis-am-Stil«-Typen: »Netafim«, einen längst gesperrten Grenzübergang fast 300 Kilometer durch die Wüste entfernt.

Nach einer Stunde klebte mir die Behörden-Problem-Dame das neue Visum in den Ausweis. Sie könnte sich das jetzt auch nicht erklären, aber das würde schon alles irgendwie okay gehen.

Warm und sämig floss das Glück durch meinen Körper. Es ist diese geschenkte Euphorie, wie wenn man einen Schlüsselbund, den man wirklich schon überall gesucht und mit dessen Verlust man sich bereits fast abgefunden hat, plötzlich doch noch in der einen Hosentasche scheppern hört, in der, die man doch schon dreimal kontrolliert hatte. Eigentlich.

Dem Schicksal ein Schnippchen schlagen. Irgendwie bin ich gerade noch mal so davongekommen. Alles hatte geklappt. Sechs Pässe, neue Visa. Und Geld war auch noch übrig.

Ich schwang mich aufs Rad, ein goldener Nachmittag, die Sonne im Rücken, die Räder surrten über den Asphalt, ich jubilierte.

Als ich zu Hause vom Rad stieg, wollte ich abschließen, schaute zurück: der Gepäckträger – leer. Tasche weg. Alles weg. Wie ein Wilder raste ich den Weg zurück. Nichts. Noch mal. Doppelnichts. Wie kann man nur so blöd sein, die gesamten Dokumente einer sechsköpfigen Familie samt 700 Schekel Bargeld auf einen wackligen Gepäckträger zu schnallen? Wie geht das?

Mein Telefon klingelte, Viola war dran. Ich wollte in den Hörer brüllen, heulen, schluchzen, jammern, die Visa, die Pässe, alles ... – sie unterbrach mich: Gerade sei ein Taxifahrer da gewesen, habe eine Tasche gebracht, die lag auf der Straße. Meine Tasche. Er sei aber schon wieder weg.

Danke. Vielen, vielen Dank!

Irgendwann musste er kommen: Der erste Selbstmordanschlag in Tel Aviv.

Viola war mit den Kindern gerade auf dem Shuk Ha'Carmel, dem Karmelmarkt, gewesen, dort, wo sich knapp zwei Jahre zuvor ein sechzehnjähriger Junge aus Nablus in die Luft gesprengt und drei Menschen getötet hatte.

Diesmal traf es einen Shawarma-Laden an der alten Busstation, etwa zwei Kilometer entfernt. Über 30 Menschen wurden dort verwundet, der Attentäter starb. Kommt es zu einem Anschlag, unterbrechen alle Sender das Programm, berichten vor Ort. Die erste halbe Stunde nach einem Anschlag sind die Mobilfunknetze überlastet. Jeder ruft seine nächsten Bekannten an.

»Mir geht's gut. Was ist mit dir?« Inzwischen kennt in Israel fast jeder jemanden, der bei einem Attentat verletzt, wenn nicht gar getötet wurde.

Ich war etwa eine Stunde nach dem Anschlag am Shawarma-Restaurant. Es war eine Mischung aus Professionalität und Entsetzen, Gefasstheit und Fassungslosigkeit. Eine Frau mit gelber Sicherheitsweste sortierte kindergroße Puppen vom benachbarten Laden, die bei der Explosion durcheinandergewirbelt wurden. Sie wirkte apathisch, als ob sie froh wäre, sich nicht um verletzte oder panische Menschen kümmern zu müssen. Beine zu Beinen. Köpfe zu Köpfen. Ein Mann hatte zufälligerweise gerade im Moment der Explosion mit seinem Handy ein Telefongespräch aufgezeichnet. Jetzt stand der Mann vor der Absperrung, stützte seine Arme auf die Barriere, starrte auf das Loch im Asphalt, wo der Attentäter gestanden haben musste. Immer wieder spielte er seine Aufnahme ab, bis zum lauten Knall, bei dem der kleine Handylautsprecher bis zum Platzen übersteuerte.

Drei Monate später wurde in demselben Restaurant ein sechszehnjähriger Junge aus Jenin von einem Sicherheitsbeamten aufgefordert, seine Tasche zu öffnen. Er brachte fünf Kilogramm Sprengstoff zur Explosion. Elf Menschen starben, rund 60 wurden verletzt. Der Sechszehnjährige wurde in die Statistik nicht eingerechnet, Selbstmordattentäter werden in Israel nie mitgezählt.

Es ist ein Luxus, den Kindern von all dem nichts erzählen zu müssen. Nicht an dem Versuch zu scheitern, es erklären zu sollen, zu müssen. Als ob es erklärt irgendwie weniger grauenvoll wäre. Es ist der Luxus, die Kinder in einer anderen Welt belassen zu können. Diese Parallelwelt, die wir aus Deutschland kannten und in die wir auch wieder zurückkehren würden, die es aber genauso hier in Israel gab.

Während des Gazakriegs etwa lagen wir am Tel Aviver Stadtstrand. Es war Shabat, es war voll, es war eigentlich alles wie immer. Nur, dass ab und zu ein Helikopter durchs Bild rauschte, die Küste entlang.

Die aus dem Norden, die von rechts nach links über meinen Café Hafuch flogen, brachten neue Soldaten. Und die aus dem Süden, von links nach rechts, flogen Verwundete in den Norden. Das kurze Stück, die paar Sekunden, die der Helikopter direkt über den Badegästen flog, unterbrachen alle ihre Unterhaltung. Manche schauten den Hubschraubern nach, andere winkten der Bedienung: bestellten neue Getränke.

Einerseits: schlimm, ignorant, gefühllos, abgebrüht. Ich weiß. Andererseits: Ist es wirklich so viel besser, ein betroffenes Gesicht aufzusetzen? Zu Hause zu bleiben. Entsetzt zu sein. Und wann sollte dieses Leben mit schlechtem Gewissen sich dann wieder einrenken? Wenn die Bodentruppen aus Gaza raus sind? Wenn die Besatzung vorbei ist? Wenn Frieden mit den Palästinensern geschlossen ist? Wie weit muss Krieg und Elend weg sein, dass man geflissentlich zum Alltag übergehen darf? Dass man Kaffee, wo auch immer, einfach so trinken darf?

Ich war auf dem Rückweg aus dem Norden. Der Libanonkrieg wütete, ich kam aus den raketenbeschossenen Städten im Norden, Nahariya, einem Kibbutz ganz im Norden, Rosh HaNikra, das verwaist im Windschatten des Raketenhagels liegt, verbrachte einen Tag lang in Kfar Giladi, einem Kibbuz an der Grenze, dessen Bewohner unter Tage wohnten, im Bunker. Gerade hatten drei Grad-Raketen ein Eisenbahndepot in Haifa getroffen, acht Menschen waren gestorben. Niemand hatte erwartet, dass die Hisbollah so weit reichende Waffen besaß. Und keiner wusste, was noch kommen würde.

Die Verkehrsampeln waren ausgeschaltet, damit niemand an roten Ampeln auf leeren Straßen wartete und sich so länger als nötig an einem nicht raketensicheren Ort aufhielt. Dörfer verwaisten, Menschen flohen panisch Richtung Süden.

Aus dem Stau auf der 2er Autobahn wählte ich Violas Nummer. Das Mobilfunknetz war überlastet, brach immer wieder zusammen. Als ich endlich durchkam, gab ich im Staccato-Ton Tipps für den Notfall durch, für den Fall, dass die Hisbollah tatsächlich auch das weitgehend bunkerfreie Tel Aviv mit ihren Raketen erreichen sollte: Weg von Fenstern und Türen, Mauern suchen, die, die in Richtung Süden gehen.

Es war dieses Telefonat, das Viola später immer wieder als Wendepunkt anführte. Sie hatte nichts so recht schrecken können, nicht meine Erzählungen aus Gaza mit noch warmen Leichen in Kühlhäusern, nicht die Katjuscharakete ganz im Norden, deren Druckwelle ich in der Magengegend gespürt hatte und nach der ich über die Straße balanciert war wie auf Eiern. Nicht der Familienausflug durch Hebron, auf dem wir mit den Kindern von maskierten Hamasniks erschreckt worden waren. Wir schlenderten durch die Einkaufsstraße, die Kämpfer rannten von Geschäft zu Geschäft und warfen die schweren Eisentüren zu. »Heute kein Kommerz.« Trauer war angesagt, wegen der Toten am Strand von Gaza. Dazu plärrten Sirenen aus ihren Megaphonen. Wir wichen Richtung Straßenmitte zurück. Die Kinder fanden die Männer lustig, wollten mitspielen.

Auch die Telefonate mit unseren Eltern hatten Viola nicht verschreckt, die fast täglich darum baten, doch jetzt endlich nach Hause zu fliegen. Vier kleine Kinder und das Land im Norden und Süden im Krieg. Was das denn bitte alles soll?

Sie hatte immer geantwortet, jaja, das stimmte ja auch alles, wäre aber weit weg, hier in der Blase Tel Aviv wäre alles ruhig, anders, normal. So etwa hatte sie das immer gesagt. Und ich hatte ihr das geglaubt. Und sie selbst sich auch. Bis zu diesem Telefonat. Das hatte die Perspektive verschoben. Plötzlich war sie nicht mehr eine Frau, die verdammt nah an Meer und Sonne lebte, nicht mehr eine Frau, die auf den Abend wartete, die Pläne hatte, ausgehen wollte, sondern plötzlich war sie allein. Mit vier kleinen Kindern. Im Vielleichtkriegsgebiet.

1 Mann
keine Frau
keine 6 Kinder
alle 4 Wochen
12 Tage am Stück
in einer 4er-WG in Altona, Hamburg

wo ich zwischen Sex-Persilschein, Lachsweibchen
und schlechtem Gewissen rangiere:
Manchmal ist mehr tatsächlich nichts anderes
als mehr

Irgendjemand hatte den Tisch abgeholt. Den großen, dunkel gebeizten, der weder Pflege verlangte noch bekam; an dem locker zwölf Leute Platz hatten, auf dem letzthin sogar ein Gast übernachtet hatte. Der letzte Grappa war zu viel gewesen, und er hatte einfach seinen Kopf sinken lassen. Und war anschließend nicht mehr vom Tisch wegzubewegen gewesen. Da lag er dann, Stirn auf der Platte, kein Spuckfaden, geringfügige Schlafgeräusche: in Pole-Position fürs Frühstück. Und wir gingen auf unsere Zimmer.

Wer kauft Mottenfallen? Wer hört sich nach jemandem um, der uns das Bad billig neu, sagen wir, zumindest annehmbar fliest? Bei Silke sind auffällig viele Wespen im Zimmer. Ein Nest? Wer kennt sich da aus? Der Gasherdanzünder ist immer weg, und das nervt. Wer regelt das?

Wollen wir Sonnenliegen für den Hof? Klar, können die Nachbarn sich bei uns ins WLAN einhacken. Verlangen wir dafür Geld? Wie viel? Wer spricht mit ihnen?

Wir hatten wirklich alles geregelt. Alle Aufgaben besprochen und verteilt, an alles gedacht. Nur nicht daran, einen Tischbeauftragten zu bestimmen. Einen, der im Fall der Fälle festhält – am Tisch. Also, zum Beispiel für den Fall, dass plötzlich eine wildfremde Frau auftaucht, sich als frühere Mitbewohnerin ausgibt, sich in der Mitte unserer geräumigen Wohnküche aufbaut (die zwei tatkräftigen Freunde halten sich zu diesem Zeitpunkt noch dezent im Hintergrund), mit einem ihrer wahnsinnig spitzen Zeigefinger auf unseren Küchentisch zielt und dann sagt: »Das ist meiner.« Woraufhin die zwei tatkräftigen Freunde in die Mitte unserer Wohnküche vordringen und sich in einer vor allem in ihrer Selbstverständlichkeit unverschämten Art unseres Herzstücks bemächtigen. Einen Tischfesthalter, daran hatten wir einfach nicht gedacht.

Mist.

Tschüs, Tisch!

Jetzt liegt da eine alte Tür auf zwei Tapezierböcken. Das geht auch. Vorerst mal. Da sitze ich, trinke das zweite Glas überraschend durchschnittlichen Rotwein. Geht auch mal. Aus einem Senfglas. Das geht auch. Ein sechsfacher Familienvater aus München arbeitet den halben Monat in Hamburg und wohnt dort in einer WG. Das geht auch. Manchmal. Zur Not.

Ich bin der erste an den Böcken heute Abend. Wir kochen gemeinsam, jeder einen Gang. Wir haben eingeladen, jeder drei Freunde. Vier mal drei plus vier – Achtung: Punkt vor Strich – macht 16. 16 Menschen, vier

Gänge, um halbneun. An unserem Zwölfender auf Böcken? Wird schon.

Ich kann mich ohnehin zurücklegen. Ich habe mich um die Nachspeise gekümmert, und das schon gestern Abend – und versaut: unten Teig, oben Schnee, in der Mitte »Gurken«, wie Gionatan Rhabarberstücke voller Abscheu nennt. Eigentlich ein erprobtes Ding, mein Lieblingskuchen.

Aber auf einmal lagen da diese Muffin-Förmchen – kleine gefalzte Pokale des Individualismus.

»Gestatten: Zeitgeist mein Name.«

»Oh, hallo. Du hier? Bei uns in der WG? Das gibt's ja nicht. Angenehm: Georg. Was steht an?«

»Kontextbruch. Jetzt ganz groß. Nicht verpassen. Alles, was thematisch gebunden ist, rausreißen, neu machen. Hier, ich habe dir diese Muffin-Förmchen hingestellt. Eine Steilvorlage.«

In einer Mischung aus Weihnachtsbäckerei und Gestalttherapie drapierte ich 16 Törtchen in den Ofen und verließ die Küche.

Jemand, der sogar den Zeitgeist reden hört, von dem darf man wirklich erwarten, dass er es mitbekommt, wenn seine Törtchen um Hilfe schreien. Habe ich ja eigentlich auch. Dieses Zischen. Ich dachte, dass der Hausmeister im Hof die Platten kärcherte. Nie wäre ich auf die Idee gekommen, dass unser kleiner Gasherd zu Hochofenform auflaufen und 16 Indiviualistentörtchen zu einer Art Rhabarberfußmatte zusammenschmelzen würde, zu etwas, was man also eher im Fußraum eines Pkw vermuten würde als auf dem Dessertteller. Es waren ohnehin nur die jämmerlichen Schlusstakte eines Sonntags gewesen, der sich gegen mich aufgelehnt hatte.

Mittags hatte ich die Familie noch zum Bahnhof gebracht, Frau und Kinder, Rückreise antreten, Ende eines Kurztrips. Vier Tage zuvor waren wir gemeinsam von München hochgefahren: 6 Stunden, 8 Menschen, 3,3 Quadratmeter. Noch eine Geschichte vorlesen?

»Ja, Räuber Plotzenrotz.« Ab Kassel war die Abteiltür nur noch selten zu. Noch mal aufs Klo? Gionatan fürchtete sich vor der Unterdruckspülung.

»Die schreckliche Toilette«, flüsterte er und wollte trotzdem den Knopf selber drücken. In seiner Mimik jener grandiose Mix aus Grusel und Neugier: Schweppes-Gesicht des Lebens. Noch mal Entenkarawane zum Speisewagen: Aufgehängte Gläser anschauen, Süßigkeitenkörbchen scannen.

»Und was machen die mit den Sachen, wenn die bis Hamburg keiner kauft? Schmeißen die die dann weg?«

Menschen, die im Moment nichts weiter wollen vom Leben, als in Ruhe Currywurst aus der Mikrowelle essen, in unangenehme Gespräche verwickeln.

»Was stinkt hier so?«

»Und warum isst du das?«

Jetzt also wieder zurück, ohne mich: 6 Stunden, 7 Menschen, 3,3 Quadratmeter. 0,06 Quadratmeter mehr für jeden als bei der Hinfahrt, dafür halber Betreuungsschlüssel. Am Bahnhof der Abschied: Winken, Zugpfeifen, ein wenig Hinterherrennen, Auslaufen. Dann Schalheit.

Im Film würde es jetzt vielleicht regnen. Auf jeden Fall würde es einen Cut geben, vielleicht noch einmal eine Nahaufnahme vom Gesicht des desperaten Mannes und dann schnell weg. Raus aus dieser Malaise. Ich aber bleibe hocken im verheulten Bahnhof, in der leervollen Stadt, in meinem anderen Leben. Ich trotte nach Hause, lustlos, ohne zu schlendern.

Diese Wohnung hier, die vorher einfach nur meine Ersatzwohnung gewesen ist, Unterschlupf, immer ein wenig leer, spartanisch, unwirklich, zweite Geige, ist jetzt auf einmal voll. Angefüllt mit dem, was war. Mit Leerstellen, mit Menschen, die fehlen, mit Stimmen, die schweigen. Der Flur, durch den keine Kinderfersen mehr trampeln. Das Brett, das vorher einfach nur ein übriggebliebenes Regalbrett war, ist jetzt Teil der Sitzbank, auf der drei Kinderhintern nebeneinandergesessen hatten, immer dann, wenn es etwas zu essen gegeben hatte, und die sich nie einig darüber werden konnten, wer in der Mitte sitzen durfte.

Oder die Tüte Blattkoriandersamen dort auf der Fensterbank, die zuvor immer nur eine von etlichen Samentüten gewesen war, die meine Mitbewohnerin sich vorgenommen hatte mal zu säen, irgendwann mal, irgendwann. Diese Tüte war jetzt Jims Tüte, die er mit Begeisterung, viel Spucke und ein paar Zähnen aufgezuzelt hatte – in der Meinung, es sei vielleicht Ahoi-Brause oder sonst was.

Und meine Tür? Von der beim Versteckspielen der Türgriff abgefallen war, als Lorenzo sie zu fest zugeworfen hatte – und deshalb Camilla im Zimmer einschloss.

»Ruhig, ganz ruhig«, beschwichtigte ich aufgeregt durchs Schlüsselloch. »Das haben wir gleich.« Und genau in dem Moment, als ich mit Löffel, Zange, ein wenig Feingefühl und viel Fluchen das Ding tatsächlich wieder aufgebracht hatte, tauchte Camilla auf. Nicht im Zimmer, sondern hinter mir.

»Ich hab gewonnen!«

Jetzt stehen all die Dinge hier rum: Sofa, Türgriff, Koriandersamen, Regalbrett – wie Requisiten eines abgesetzten Theaterstücks. Wegen technischer Probleme bis auf weiteres nicht im Programm.

Sogar die Dunkelheit in meinem Zimmer hat sich verändert: Da waren die Kinderlungen, die ich habe schnaufen hören, die von Erschöpfung, Träumen und einem Tag in der Bürostadt erzählten.

Weg.

Und später in der Nacht, dieses halbseidene Schwarz, noch deutlich vor Morgengrauen, das früher einfach nur Grund genug war, sich wieder umzudrehen,

»Viertel nach fünf? Ihr spinnt!«

Das ist jetzt die Zeit, zu der Viola und ich in einem Hamburger Sandkastenhäuschen kauerten, kalt war es, finster war es und keinen Kaffee gab es. Gar keinen. Den Kindern war das freilich wurscht. Sie taten einfach so, als ob das alles ganz normal wäre, und spielten. Ganz normal und keineswegs kompliziert.

Was hätten wir auch tun sollen? Ein Kind war aufgewacht, hatte lauthals die anderen in unserem Notunterkunft-Matratzenlager geweckt. Keine Chance, sie wieder zum Schlafen zu bewegen. Einfach alle wach, und das in der hellhörigen WG-Wohnung, und das um Viertel nach fünf: Ich packte noch schnell eine Stange Butterkekse unter den Arm – und ab zum Spielplatz, dem kleinsten gemeinsamen Nenner.

Noch einen Wein ins Senfglas. Wann kommen eigentlich die anderen Gänge? Die Mitbewohner? Mein Daumen fährt über die Noppen des Glases.

Senfgläser sind wie Ikea-Lampen. Die aktuelle Kollektion ist immer unerträglich. Wenn man aus Senfgläsern trinkt, schmeckt es komisch. Man denkt zu sehr an die Wiener Würstchen, die die Kinder gerade noch in genau ebenjenes Glas getunkt haben.

Wenn man unter einer Ikea-Lampe wohnt, legt sich das aromalose Gefühl von Massenfertigung auf das eigene Leben. Haben Markus und Isabel nicht genau die gleiche Lampe in ihrem Schlafzimmer hängen? Ausgerechnet Markus und Isabel. Die mit dem unglaublich hässlichen Segmüller-Wandschrank im Schlafzimmer und dem Taschentuchspender direkt neben dem Bett, der mich mit seinem übergriffig privaten Einblick gruselt.

Wenn die Dinge in die Jahre gekommen sind, werden sie – verklärt von der verstrichenen Zeit – zwar ganz automatisch cooler (so wie dieses gerade zylindrische Glas, das unten benoppt und dicker ist), sind aber genauso oft einfach Pressspan-Scherben-Schrott.

Obwohl: Da gibt es unseren Münchner Ess- und Basteltisch, Jahrgang 1975, vererbt von den Schwiegereltern, »Möbel aus der Deutschen Demokratischen Republik« ist auf der Unterseite aufgestempelt – und zwar im Auftrag von Ikea. Oben haben wir ihn mit sieben Schichten Bootslack veredelt, von dem der Verkäufer damals meinte, »nicht einmal Bleigeschosse mit mehr als 500 km/h können da ran. Der ist bombensicher.«

Ich würde mit dem Verkäufer gern noch mal ein Wörtchen sprechen. Ich würde die Kinder mitnehmen, sie einzeln hochhalten.

»Wie schnell?«, würde ich den Verkäufer jedes Mal fragen. »Welche Waffenklasse?« Aber wurscht, der Tisch steht noch. Weit weg.

Die Gäste sind da.

»Was hast du denn da auf der Hand?«, will die Frau über Eck wissen, deren Namen ich mir nicht merken kann. Wir haben gerade die Fenchelschafsfrischkäsesparten durch, mit viel Zitrone und grobgestoßenem Pfeffer, als Starter. Es ist laut, wir sind tatsächlich zu sechzehnt. Als es immer noch läutet – nachdem bereits Bürostühle in die Küche gerollt wurden – und zwei weitere Gäste ohne Sitzplatz dastehen, denke ich noch mal kurz an das Regalbrett und die Bankkonstruktion: Würde die Regalbank halten? Welche drei Personen im Raum am ehesten? So ein Sonderprojekt, so eine geheime Fragestellung, die man in einer Gesellschaft hat, kapselt einen ab.

Irgendjemand holt dann einfach zwei Bierbänke aus dem Hof. Auch gut.

»Ja, das da auf der Hand, also…«, ich zögere, schaue auf meinen Handrücken, als ob ich es erst selbst entziffern müsse. Mist. Irgendwie habe ich vergessen, das richtig abzuwaschen. »Willst Du die Wahrheit wissen?«

Sie beugt den Kopf ein wenig zur Seite, blinzelt, lässt die Augen einen Moment länger geschlossen als nötig: eine Mischung aus ein bisschen gelangweilt und wahnsinnig sexy.

»Mich interessiert alles«, sagt sie. »Aber vor allem die Wahrheit.«

Ich atme übertrieben aus. Und als eigentlich schon die ganze Luft raus ist, hänge ich noch meine Antwort dran, tonlos, einsilbig. »Das sind drei verschiedene Kaugummitattoos übereinander.« Sie nickt langsam, mich taxierend.

»Okay.« Pause. Dann: »Und wie zur Hölle kommen die da hin?«

Ich schlucke. Irgendwas stimmt mit dem Radicchio-Orangen-Salat nicht, zu viel Billigbalsamico wahrscheinlich. Und was soll das überhaupt mit den Orangen? Warum muss heutzutage überall Orange rein? Hallo? Das ist eine Frucht! Die kann man so essen, einen Obstsalat daraus machen oder zu Saft pressen. Sonst? Und gut sind Orangen eigentlich eh nur zwischen Nikolaus und Neujahr. Vielleicht ein wenig länger noch. Aber sicher azyklisch zur Radicchio-Saison. Und das aus gutem Grund.

»Das erste hat Gianna draufgemacht, damit ich an sie denke, wenn sie wieder weg ist. Das zweite hat Lorenzo drübergepresst, damit ich *nicht* an Gianna denke, wenn sie beide wieder weg sind, sondern an ihn. Und das dritte habe ich für Gionatan draufgemacht, weil er traurig war, dass ich nicht mitkomme. Und dann kam Jim und wollte alles ablutschen. Ich weiß auch nicht, warum.«

»Okay«, sagt die Frau über Eck. »Und dieser Jim und diese Gianna und die anderen Tattootypen sind…«

»… meine Kinder.«

Die Frau über Eck schaut mir gerade ins Gesicht, ihre Augen hat sie zu schmalen Schlitzen zusammengezogen. Misstrauisch, fast ein bisschen feindselig.

»Okay.« Diesmal murmelt sie es. Eher aus Versehen, eher, um Zeit zu gewinnen. »Und jetzt die Wahrheit.«

»Insgesamt sind es sechs.«

So geht es ping-pong, eine meiner Mitbewohnerinnen wird als Leumund berufen, ich muss Fotos zeigen, bis hinreichend belegt scheint: Ja, ich habe nicht geschwindelt, wir haben tatsächlich sechs Kinder.

Und jetzt: Was gibt's als Hauptgericht?

Jeder Mensch hat ein paar Themen, zu denen er häufiger befragt wird. Das ist oft der Beruf, eine Bekanntschaft mit einem Promi, ein ausgefallenes Hobby, ein aufregender Fleck auf der Iris, so was eben. Es sind Experteninterviews, die dann gegeben werden. Der eine fragt, der andere weiß. Für den, der weiß, ist die Sache oft wenig unterhaltsam. Sicher, er kann versuchen, einen neuen, noch undiskutierten Aspekt von Job, Hobby, Promi, Iris nach vorne zu stellen und so ein wenig Spannung für sich selbst zurückzuerobern. Aber das Feld ist begrenzt. Wer eine Frage einhundertzwölfmal gehört und sie einhundertzwölfmal in alle möglichen Richtungen beantwortet hat, der wird beim einhundertdreizehntenmal nicht mehr jauchzend aufspringen und nach neuen frischen Sätzen fahnden.

Im Beispiel der Frau über Eck lautet das Thema: »Sechs Kinder? Wirklich? Glaube ich nicht. Verstehe ich nicht. Kann ich mir nicht vorstellen.« Es geht ihr darum, ein wenig Nachvollziehbarkeit aus einer fremden Welt einzufordern. Darum, in irgendeinem Detail zu hören: Wir wollten das eigentlich auch nicht wirklich so. War nicht so gemeint. Schon okay.

»Sechs Kinder. Jetzt echt?«

Ich nicke. Nicht aufmunternd. Eher erschöpft. Erschöpft von dem, was da kommen wird. Es ist eine hellseherische, prophylaktische Zerschlagenheit.

»Sind da Zwillinge dabei?«

»Nein. Alles Einzelkinder in einer großen Familie.«

Pause.

Ich habe versuchshalber Unterhaltungen an diesem Punkt schon mal umgebogen und einfach Mehrlingsgeburten daher behauptet. Nach meiner privaten Untersuchung kippt die Wahrnehmung bei dem statistischen Wert von 2,6 Kindern pro Geburt. Das heißt im Klartext: Behaupte ich Zwillinge, wirkt die Nachricht dieser Mehrlingsgeburt noch überdurchschnittlich beruhigend auf das Gesamtgespräch. (»Ach so, die wollten eigentlich nur *ein* Kind und haben dann gleich *zwei* kassiert. Kann ja jedem mal passieren. Jetzt verstehe ich's.«) Gehe ich aber rauf und behaupte Drillinge oder gar mehr, übersteigt statistisch die Aufregung um Mehrlingsgeburten (»Was, ihr wolltet ein viertes Kind und habt dann Drillinge bekommen? Das ist ja Wahnsinn!«) den gesprächsberuhigenden Effekt, dass wir in eine Großfamilie hineingeschlittert sind, die wir so eigentlich nie geplant hatten.

»Alle mit der gleichen Frau?«

»Ja.«

Pause.

An dieser Stelle könnte ich natürlich auch eine gewitztere Antwort geben.

»Ja, und weißt du, was wirklich irre ist: Die Frau behauptet sogar, alle sechs Kinder seien von ein und demselben Typen. Krass, oder?« Ich könnte ein wenig den Kopf schütteln. »Manchmal glaube ich das ja selbst nicht.« Irgendwas in diese Richtung. Habe ich schon ein paar Mal gemacht. Bringt auch nichts Neues.

Nach einer längeren Pause kommt die Frau über Eck mit einem nur scheinbar neuen Thema.

»Bist du eigentlich religiös?«

»Schwierige, große Frage. Aber, falls das der Hintergrund der Frage ist: Nein, ich bin weder der Meinung, dass Kondome das HIV-Problem an der grundsätzlich falschen Stelle anpacken, noch habe ich ein generelles Problem mit Verhütung, zumindest kein ideologisches.«

In Tel Aviv war ich mal im Krankenhaus mit Camilla. Sie hatte sich den Unterarm ausgekugelt, was wir aufmerksamkeitsdefizitäre ADS-Eltern erst nach Stunden bemerkt hatten. Und so saßen wir im Wartezimmer, sie mit ausgekugeltem Unterarm, ich mit schlechtem Gewissen. Ich kam mit der Mutter neben mir ins Gespräch, einer Orthodoxen, etwa genauso alt wie ich, mit blickdichter Strumpfhose und Topfschnitt-Perücke. Wir erzählten uns ein bisschen aus unserem Leben. Drei Kinder hatte sie, eine Menge Haushalt und einen Mann, der ständig betete. In einer Gesprächspause sagte sie plötzlich: »Four kids?«, sie fixierte mich, schüttelte anerkennend den Kopf: »Four kids without religion!«

Die Frau über Eck stellt jetzt die Königsfrage.
»Habt ihr das eigentlich alles so geplant?«
»Was so geplant?«, stelle ich mich dumm.
»Eben das mit der Familie. Dass ihr mit Anfang dreißig plötzlich mit einer halben Fußballmannschaft dasteht.«
Vielleicht ist das ja der richtige Zeitpunkt, die Pferde rumzureißen, die Retourkutsche anzuspannen und die Frau über Eck ein wenig nach Tabus abzutasten: »Sag mal, darf ich dich fragen, wie oft pro Woche du eigentlich Sex hast? Welche Stellung magst du? Und welche machst du nur so mit? Mich würden die Themen Orangenhaut, Gehaltszettel und Intimrasur interessieren. Und wenn wir schon mal dabei sind: Was glaubst du, hält deine beste Freundin eigentlich wirklich von dir. Ganz ehrlich? Eine hässliche Wahrheit bitte.«
So etwa.
Mache ich aber nicht.
Ich könnte auch über Planung und Planbarkeit an sich

sprechen. Ich könnte Gurus ins Feld führen, Eric Young zum Beispiel, Koryphäe auf dem Feld der Veränderungsprozesse: Wir können nur zwei Dinge mit absoluter Sicherheit wissen, könnte ich dozieren. Erstens, dass in 20, sogar schon in zehn Jahren die Welt ganz anders aussehen wird als heute. Zweitens, dass alles, was wir tun, sich darauf auswirkt.

Das Blöde ist nur: Wir haben keine Ahnung, wie.

Vielleicht würde die Frau über Eck wieder ihr »Okay« reingeben. Und ich würde nur den Kopf schütteln.

»Nein, nichts ist okay. Wir hinken. Wir hinken gnadenlos hinterher. Noch immer verteilen wir Sternchen für Plan und Kontrolle. Noch immer denken wir, man müsse vor allem einen Lebensplan entwerfen, seine Ziele im Auge behalten. Dann, ja dann werde alles prima.«

Spätestens zu diesem Zeitpunkt würde die Frau über Eck auf Misstrauen umsatteln.

»Ja, was denn sonst? Sollen wir einfach so in den Tag hineinleben?«

»Wir tun es ohnehin«, würde ich antworten. »Längst ist klar: Plan und Kontrolle sind nichts anderes als Mist und Illusion. Lage ist Auftrag genug. Biographien werden heute nicht mehr entworfen und dann schlicht abgelebt. Wir leben im Zeitalter der strukturellen Unwägbarkeiten. Die Zukunft ist unbestimmbar. Zurück zur Eingeweideleserei. Wir alle fahren nur noch auf Sicht: Das sind harte Zeiten für Kontrollfreaks. Und gute Zeiten für diejenigen, die mit Unsicherheit leben können, die sich immer neu auf Veränderungen einstellen können.«

Das alles könnte ich sagen auf die Königsplanungsfrage. Ich könnte noch hinzufügen, dass eine Großfamilie nichts Geringeres ist, als das perfekte Trainingsgelände für Unwägbarkeiten. Könnte ich.

Stattdessen sage ich: »Ja, alles geplant. Von langer Hand. Ich war zehn Jahre alt, als ich meinen Lebensplan verabschiedet habe: Mit 22 heiraten, in den nächsten zehn Jahren sechs Kinder in die Welt setzen, dann ein Jahr Pause, ab 33 wollte ich dann glücklich sein. Und was soll ich sagen? Es hat funktioniert. Stick to the plan. Das Leben ist so einfach. Und alles ist genau so eingetroffen, wie ich es von Anfang an geplant hatte. Chapeau! Mein streng planwirtschaftliches Lebenskonzept.«

Die Frau über Eck blinzelt mich an, wieder lässt sie die Augen länger geschlossen als nötig. Diesmal ist es eine Mischung aus sexy und genervt. Oder ist sie nur noch genervt?

Und sie holt wieder Luft.

»Hast du Geschwister?«

Ich lächle. Ein Treffer. Das ist wie beim Schiffeversenken, wenn das kleine, gutgetarnte Zweierboot plötzlich angeschossen wird: »H4« – und das Ding ist gelaufen. Klar, mit etwas Glück bolzt sie vielleicht noch ein paar Mal ins Wasser rundherum. Eine Frage der Zeit. Sie hat mich.

»Fünf Brüder«, antworte ich.

Der Frau über Eck ist die Erleichterung anzusehen, das Aufatmen. Endlich. Das also ist das Geheimnis. Ein Konservativer. Einer, der einfach nachmacht, was ihm vorgelebt wurde: Copy and Paste. Er hat's einfach nicht besser gewusst.

»Fünf Brüder? Dann bist du das einfach so von zu Hause gewöhnt.«

»Jaja«, nicke ich.

»Wie der Vater, so der Sohn.«

»Ja, und da ist noch Luft nach oben. Mein Vater hat sieben Geschwister, meine Mutter sogar acht.«

Das Frau-über-Eck-Gesicht nickt mit breitem quod-erat-demonstrandum-Grinsen. Siehste? Fall abgeschlossen. Nächster, bitte.

Pause.

Dann sage ich: »Aber obwohl ich der Zweitjüngste bin, haben wir immer noch die absolute Enkel-Mehrheit.«

Jetzt schaut sie irritiert. So wie jemand, der es sich gerade auf der Terrasse gemütlich gemacht hat – die richtige Zeitung, Sonnenbrille, Latte Macchiato – und in dem Moment, in dem er sich zurücklehnt und vom zurechtgelegten Glück kosten will, vernimmt er das Klacken der Schuppentür von drüben, vom Nachbarn, kurz drauf das leise Quietschen der Rasenmäherräder, wenn das Gerät in Startposition geschoben wird.

»Alle anderen Brüder zusammen haben immer noch weniger Kinder als wir.« Jetzt wird der Motor angelassen. Ich sehe es ganz deutlich in ihrem Gesicht.

»Also das mit dem Großfamilien-Gen ist – sagen wir – zumindest vertrackt. Noch dazu: Meine Frau hat gerade mal einen Bruder.«

Ich könnte noch hinzufügen: Aber immerhin ist sie Ausländerin. Italienerin, verstehst du, die mit den Bambini und so. Aber ich will sie nicht verärgern, schenke lieber Wein nach.

Wir haben eine pinkfarbene, rückenschonende Klobrille. Pinkfarben, weil sie die zwei Frauen aus der WG ausgesucht haben, rückenschonend, weil das gerade im Angebot war. Das Rückenschonende an der Garnitur ist, dass man Brille und Deckel nicht selbst schließen muss, sich also nicht runterbuckeln muss. Es genügt ein kleiner Schubs, und die Garnitur schließt sich in Zeitlupe von selbst: geräuschlos, wahnsinnig smooth und ja: rückenschonend, einfach nur, weil die Scharniere etwas strammer angezogen sind, mit Gummischleifkontakt oder so was. »Soft-Schließ-Komfort« nennt das der Hersteller.

Ich dachte: So ein Scheiß. Nie im Leben könnte mich jemand überzeugen, eine rückenschonende Klobrillengarnitur anzuschaffen. Inzwischen überlege ich ernsthaft, unsere in München auszutauschen. Ohrenschonend.

Wie viel in meinem Leben ist so wie diese pinkfarbene Klobrillengarnitur? Wie oft ist es so, dass ich etwas nur dadurch toll finden kann, indem ich es ausprobiere? Wie oft ist mein Leben klüger als mein Kopf? Und vor allem: Was setzt sich warum durch?

Ich schlage eine Zeitschrift auf, eine von ganz unten aus dem Klostapel. Es ist eine Ausgabe von »Der Fliegenfischer«. Ein Mann mit Ulbricht-Bart und olivgrünen Gummistiefeln, die bis unter die Achseln reichen, kniet am Flussufer und hält einen absurd großen Fisch in die Kamera.

In meinem Hamburger Leben begegne ich Dingen und Menschen, die ich sonst nie streifen würde, die einfach zu weit weg von meiner Welt sind. Das ist oft nervig, dann nämlich, wenn ich sowieso schon bis oben hin voll bin mit meinem eigenen Leben, keine Kraft habe für Neues. Und doch gefällt mir die Vorstellung, dass selbst dann jemand da ist, der Löcher in meine Welt schlägt: so wie mein Ex-Mitbewohner Oliver, meine jetzige Mitbewohnerin Silke oder Ute. Das Schlimmste ist doch, Fachidiot seines eigenen Lebens zu sein.

Die Fischer-Zeitschrift hat Oliver dagelassen, als er nach Köln gezogen ist. Zusammen mit einem kaputten Flambierkit (im Küchenschrank), drei profillosen Winterreifen (unter der Treppe) und vier Atlantiklachsweibchen (in der Tiefkühltruhe).

Als ich mal spätabends in seiner Zimmertür stand, saß er über einen Schraubstock gebeugt, vor sich Fädchen, Federchen, Zängelchen, Lametta, Perlen, Fellstücke.

»Oliver? Alles okay?«

»Ich muss noch die türkisschwarze Sirgi binden«, antwortete er, ohne sich umzudrehen. Eine Fliege. Und nein, mit einer Fliege war hier kein Insekt gemeint. Eine »Fliege« ist ein Angelhaken, geschmückt wie ein Weihnachtsbaum.

Morgen gehe es wieder los, sagte Oliver, ein kleiner Nebenfluss der Skjern Å, irgendwo in Dänemark, sein Geheimplatz: Lachsjagd, und zwar ausgerechnet dann, wenn die Lachse die Flüsse aufsteigen und auf Laichwanderung sind. Dann also, wenn sie eigentlich keine Nahrung zu sich nehmen, auf nichts beißen, dann wird Oliver seine türkisschwarze Sirgi aufs Wasser peitschen. »Sirgi«, so hatte er die Fliege getauft, mit der er letztes Jahr genau an dieser Stelle gleich drei Dinger rausgeholt hatte. Mehr als sonst irgendjemand in dieser Fischerwoche.

»Sirgi ist die absolute Killerfliege.«

»Warum ausgerechnet dort? Wenn es da doch so schwierig ist?«, fragte ich.

»Sportlicher Ehrgeiz«, sagte Oliver. »Am angefütterten Fischteich kann's ja jeder.« Und jetzt hatte Oliver noch ein paar Varianten der Erfolgsfliege gebunden, immer dasselbe Sirgi-Muster.

»Aber top secret.« Immerhin würde er dieses Jahr das gelbe Trikot tragen, Titelverteidigung. »Immer schön sportlich bleiben.«

Ein paar Minuten später standen wir im Hof. Mitten in der Nacht, bei einsetzendem Nieselregen, jeder eine Rute in der Hand. Oliver holte aus, dreimal, dann warf er, holte wieder ein.

»Elf Uhr, elf Uhr, elf Uhr, ein Uhr«, feuerte er sich selbst an, während er erneut auswarf. Die Elf-Uhr-Bewegungen sind Schwungholer, die Ein-Uhr-Bewegung Auswurf. »Jetzt du. Denk an das Ziffernblatt. Dein Kopf ist auf zwölf.«

Ich stellte mich breitbeinig in die feuchte Nachtwiese, holte aus.

»Elf Uhr, elf Uhr, elf Uh…« Mein Wurf ging schief, und zwar schräg nach hinten. Ich landete im Hasenstall der Nachbarskinder, verhedderte mich. Die Rute bog sich.

»Hängt da eigentlich Sirgi dran?«

Oliver hatte uns einmal beim WG-Casting gerettet. Sonst wären wir heute vielleicht alle tot. Es kam ein schlaksiger, langer Mann mit hochgezogenen Schultern, der sich hinsetzte und nichts weiter tat, als auf unseren Küchentisch zu starren, damals noch auf den guten, großen, dunkel gebeizten.

»Hallo«, sagten wir.

»Ich bin Holger«, sagte er mit knisternder und gefährlich leiser Stimme. Er rollte das »R« stark, schien jede einzelne Silbe in seinem Mund zu zermalmen.

Schweigen.

»Und Holger, was machst du so?«, traute sich Oliver. Pause.

»Ich mache unglaublich gern Risotto.« Bei diesem »R« riss Holger den Kopf hoch, blickte sich nach rechts und nach links um, schob seinen Stuhl weg und stand auf. War der vorher wirklich schon so groß gewesen? Holger stellte sich an unseren Herd. »Risotto nimmt den Raum in sich auf.« Und er fuhr mit seinen hageren Händen langsam durch die Luft, holte sie sich von allen Seiten und knetete sie über unserem Herd. »Den Raum«, sagte Holger. »Hier kann ich mir das sehr gut vorstellen.«

Holger blieb dort am Herd stehen und schob langsam seinen Kopf mal in die eine Richtung, mal in eine andere, als ob er Duftinformationen empfinge. Keiner von uns traute sich, ein Wort zu sagen. Außer Oliver.

»Gut, wir überlegen's uns«, sagte er und drängte Holger mit dem Mut einer inoffiziellen Atommacht aus unserer Wohnung.

Oliver war es auch, der ein paar Tage später die Tür öffnete, als es klingelte. Dort stand er, Holger, ein paar blaue Abfalltüten übergeworfen.

»Und, habt ihr's euch überlegt?«

Holger ist nicht eingezogen. Dank Oliver.

Oliver arbeitet bei einer Gewerkschaft, in Hamburg war er lange damit beschäftigt, bei einem großen Discounter den ersten Betriebsrat zu gründen. Seit ich ihn kenne, sucht Oliver eine Frau. Zuerst einfach so, eine fürs Bett und zum gemeinsamen Frühstücken. Eine Zeitlang war er mit einer zehn Jahre jüngeren Kassiererin zusammen (»Georg, das ist so schön, so unkompliziert mit der. Da muss man nicht immer reden. Das ist so einfach«). Später mit einer zweiten. Dann ist das mit dem Betriebsrat endgültig gescheitert. Dann war Oliver wieder auf der Suche.

Diesmal suchte er nach einer »Mutter für seine Kinder«. So hatte er das ausgedrückt. Das klingt nach Witwer. Aber Oliver wollte Familie gründen, Vater werden. Und das hatte seine Perspektive total verändert.

Jede Frau, die in Frage kam, musste durch den »Bergsteigertest«. So nannte Oliver das. Der Bergsteigertest war ein Gedankenexperiment: Nur wenn Oliver beruhigt allein zum Bergsteigen gehen könnte, war es die richtige Frau, die die Mutter seiner Kinder werden konnte. »Beruhigt« bedeutete für Oliver: Er ist sich ganz sicher, dass seine Kinder in guten Händen wären, selbst wenn er verunglücken sollte. Eine Frau, die den Bergsteigertest nicht bestand, kam für ihn nicht mehr in Frage (oder nur für ganz kurz, zum Frühstücken).

Kurz bevor Oliver wegzog, nach Köln, nicht zur Mutter seiner Kinder, sondern zur Festanstellung, eines Morgens. Ich wollte gerade duschen, zog mich aus und den Vorhang zur Seite – da standen die Ruten in der Wanne. Oliver war wieder unterwegs gewesen – er, seine Freunde und Sirgi –, hatte die Tiefkühltruhe vollgemacht, seine Ausrüstung gesäubert. X-Files, Parallelwelten. Wann war ich eigentlich das letzte Mal Bergsteigen, allein?

»Lorenzo HNO« steht im Kalender. Ich sitze in meinem Zimmer, bin noch mal schnell verschwunden. Irgendwie war das Hauptgericht immer noch nicht fertig und mein Platz neben der Frau über Eck immer noch der einzig freie.

Viola und ich, wir haben einen gemeinsamen Online-Kalender. Mit ganz verschiedenen Farben. Ich bin grün,

Viola ist violett, gemeinsam sind wir blau, begleitetes Kinderprogramm ist orange, unbegleitetes rot. Geburtstage sind gelb, das Filmfest türkis. Jede Farbe lässt sich in die Übersicht einblenden oder ausblenden. Normalerweise habe ich in Hamburg nur meine grüne Ansicht offen, vielleicht noch gelb, mehr nicht, das andere Leben ausgeblendet. Aber manchmal luge ich dann doch rüber nach München. Und jetzt steht da für morgen früh: »9 Uhr 15, Lorenzo HNO.« Was ist da los?

Silke kümmert sich um das Hauptgericht. Sie wohnt jetzt in dem Zimmer, das früher dem Fliegenfischer gehört hat. Silke ist Biochemikerin, promoviert gerade, irgendwas mit Kristallen. Immer mal wieder stehen weiße Schraubgefäße in unserem WG-Kühlschrank.

»Proteine«, erklärt Silke.

»Und warum sind da Totenkopfsticker drauf?«, frage ich.

»Ich muss los«, sagt sie.

Silke weiß, warum das Wasser aus dem Nudeltopf der perfekte Soßenverlängerer ist (Stärke), und dass Mütter, die ihr Kind zwar mit dem iPhone hantieren lassen, die Milch aber auf keinen Fall in der Mikrowelle erwärmen wollen (»Da sind doch Strahlen drin, die empfindlichen Vitamine!«), keine Ahnung haben.

Silke schläft mit keinem Mann, mit dem sie nicht zuvor gemeinsam einen Aidstest gemacht hat. Sie mache dann immer gleich einen mit, sagt sie, das stifte Vertrauen.

Eigentlich würde ich sie gern mal fragen, wie viele Aidstests sie denn schon so hinter sich hat. Das traue ich mich aber nicht. Silke meint, das alles habe absolut rein gar nichts damit zu tun, dass sie Biochemikerin ist. Ich stelle mir vor, wie man gemeinsam irgendwo in einem Kliniktrakt auf Plastikstühlen hockt und auf den Sex-Persilschein wartet.

»Ich finde, das bin ich jedem anderen schuldig«, sagt Silke. »Ich weiß ja sonst nicht mal, wenn ich das Virus in mir trage.« Und das mit den Plastikstühlen sei Mist, sagt sie, nachdem ich sie mal drauf angesprochen habe, weil das Ergebnis per Post komme und auch erst nach einer Woche.

Und ich stelle mir das wieder vor: Man sitzt beim gemeinsamen Frühstück, isst Hörnchen, trinkt frisch gepressten Orangensaft, vielleicht ein Ei. Und dann kommt die Post. Ah, nett, das Gesundheitsamt schreibt: Mal gucken, wie der Aidstest so gelaufen ist.

Silke ist pragmatisch. Als es neulich im Labor überraschend irgendein neues Stipendium zu feiern gab, hat sie den Sekt kurzerhand in den Minus-80-Grad-Kühlschrank gestellt, neben Gewebepulver, Adenosin-Triphosphat und Glycerinstocks.

»Bloß beim Rausholen muss man aufpassen, dass man nicht ans Metall kommt, sonst gibt's Kältebrandblasen.«

Silke ist wirklich pragmatisch. Aber ohne die Magie und Absurdität des Augenblicks zu verpassen.

Silke hat zum Beispiel vergangenes Jahr von ihren Freunden einen Cheeseburger-Adventskalender geschenkt bekommen. An jedem Morgen in dieser feierlichen und andächtigen Zeit öffnete Silke ein Türchen und hinter jedem Türchen wartete ein Cheeseburgergutschein auf sie, gültig nur für diesen einen Tag. Und so aß Silke ihren täglichen Burger manchmal schon auf dem Weg zur Arbeit.

Silke hat eine Donnerstagsfreundin, mit der sie sich nie

verabreden muss. Nur ab und zu absagen, wenn sie nicht kann. Ansonsten treffen sie sich donnerstags. Neulich ist die Uroma ihrer Donnerstagsfreundin gestorben. Das Einzige, was sie aus dem Nachlass retten konnte, waren sechs Kristallgläser und eine Flasche Grand Marnier. Und am nächsten Donnerstag waren von dem Nachlass gerade mal noch drei Kristallgläser übrig und eine Silke, die mit ihrem Körper das Sofa in unserer Küche nicht mehr traf.

Die Frau über Eck hat neue Fragen, das sehe ich schon auf dem Weg zu meinem Platz. Sie nickt mir zu, sie ist präpariert, ein wenig aufgeregt, wenig sexy, eigentlich kein bisschen sexy. Es gibt diese Schnappatmung bei Menschen, bei denen irgendwas nach oben drängt, das sie mit Gewalt zurückhalten, runterschlucken.

Ich schenke mir neuen Wein ein. Man kann sich alles schöntrinken. Auch schlechten Wein. Die Frau über Eck läuft über.

»Wo sind deine Kinder eigentlich jetzt gerade, in diesem Moment?«

»Im Bett.«

»Im Bett?«

»Ja.«

»Und wer passt auf sie auf?«

»Unser Telefon.«

»Euer Telefon?«

»Genau.«

Das Tolle daran, sich alles aus der Nase ziehen zu lassen, ist, dass sich ein Parallelstrang entwickelt, ein Spiel: Selbst Mini-Infos kann man immer weiter kürzen, bis hin zur Nullinformation. Problem allerdings ist die schlechte Laune, die das Nasenspiel beim anderen verursacht. Man kann sie, wie Oliver vielleicht sagen würde, als sportliche Herausforderung lesen, sie mit in das Spiel hineinrechnen. Oliver eben. Ich aber knicke da regelmäßig ein.

»Was soll das heißen: Das Telefon?«

»Viola, meine Frau, ist gerade im Chor. Sie hat unser Telefon auf Babyfonmodus gestellt und neben die Jungs gelegt. Wenn einer von ihnen schreit, ruft das Telefon Viola auf dem Handy an. Sie kann dann abheben, reinhören, nach Hause rasen oder wieder einhängen.«

»Okay.« Pause. »Und warum ist das Telefon nicht auf dein Handy gestellt?«

»Ist es auch manchmal. Und manchmal ist es sogar aus, und wir sind zu Hause. Nur: Wir leben in München. Es macht also keinen Sinn, wenn ein schreiendes Kind bei mir in Hamburg anruft.«

Sind es rote Flecken auf ihrem Hals, oder bin ich schon so betrunken? Die Frau über Eck scheint sich auf einmal nicht mehr sicher zu sein, ob sie nicht doch auf den Arm genommen wird, ob das Ganze nicht doch nur der Scherz eines schlechtfrisierten Promovenden ist, der für seine Psychologiehausarbeit eine Versuchsanordnung testet.

»Ich bin nur fürs Büro hier, halbe Stelle. Zwölf Tage pro Monat.«

Als Hauptgericht gibt es Putengeschnetzeltes in Sahnesoße mit Reis. Ein Freund präsentierte dieses Gericht in Irland mal als typisch deutsche Küche. Er war gebeten worden, etwas Traditionelles zu kochen. Was ihr so zu Hause eben immer esst. Da war ihm nur Regionalquatsch eingefallen. Aber Putengeschnetzeltes in Sahnesoße mit

Basmati-Reis, das esse man doch in ganz Deutschland, oder?

»Und wie teilt ihr euch das auf?«, fragt die Frau über Eck.
»Meine Frau arbeitet. Ich gehe ins Büro.«
In Hamburg habe ich einen richtigen Arbeitsplatz, kleine, beschränkte Verantwortungen, einen richtigen Feierabend, und die Nächte kann ich durchschlafen oder durchmachen – wie ich will. Zu Hause arbeite ich frei, am Schreibtisch im Wohnzimmer oder in der Wohnung eines Freundes, in der Bibliothek oder auf dem Balkon. Ständig gibt es große und kleine Entscheidungen zu treffen, nachts stehe ich auf, weil irgendein Kind immer was hat.
»Das muss ganz schön hart sein...«
»Stimmt, das ist es.«
»... für deine Frau.«
Gibt es eigentlich noch Geschnetzeltes?
»Wie macht sie das nur?«
Nein, Geschnetzeltes ist aus.
»Mit links«, sage ich trotzig.
Wein, mehr Wein. Das Essen ist schwierig. Fleisch ist aus, der Reis zu weich, dafür im Überfluss.
»Und jetzt die Nachspeise«, ruft Silke und grinst in meine Richtung.
O Gott, die Rhabarberfußmatte. Die hatte ich schon ganz vergessen. Ich räuspere mich. Das sei ein wenig schiefgegangen, baue ich vor, mit dem negativen Effekt, jetzt auch noch maximale Aufmerksamkeit generiert zu haben. Als ich das Blech aus dem Ofen ziehe, verebben die Gespräche. Ein bisschen ehrfürchtiges, hauptsächlich aber unverschämtes Schweigen. In der Mitte: ich und die Rhabarberfußmatte – ein Mann und sein Mal-

heur. Rhabarber hat ja den Nachteil, dass er gebacken immer ein wenig suppt und schnell nach dreiwochenalt aussieht. Unglücklicherweise lebt gebackener Rhabarber auch noch in derselben Farbwelt wie Schimmel. Normalerweise kein Problem, weil der Eischnee das Ganze märchenhaft umwölkt. Das Problem: Den märchenhaften Eischnee habe ich gottverdammt nochmal vergessen.

Ute ist die Erste, die das Schweigen bricht. »Ich weiß doch«, sagt sie, »warum ich eingeladen worden bin.«

Ute, meine Eis-Connection, meine Rettung. Kennengelernt habe ich sie an einem Freitagnachmittag vor mehr als zwei Jahren am Hamburger Hauptbahnhof. Ich war auf dem Weg zu Gleis 14, nach München. Überall Menschen, alle wollten in ihr Wochenende. Und da war Ute. Sie schien in der Menschenmasse gegen den Strom zu gehen. Sie hatte eine lachsfarbene Styroporbox dabei, nur geringfügig kleiner als eine Couchgarnitur, die sie wie ein Postpaket mit Computerkabeln verschnürt hatte. Ihre Hand steckte im Kabelkreuz, die Stecker zogen sich in die Knoten hinein. Auf der Seite der Box ein Aufkleber: »Keep frozen«.

»Machst du illegalen Organhandel?«

Sie schaute kurz auf und stellte umgehend die tiefgefrorene Sofagarnitur ab, richtete ihre Körpermassen neu aus. Etwas, wovon Ute sehr viel hat.

»Eis«, antwortete sie.

Zwei Dinge sah ich in ihrem Gesicht sofort. Erstens: Sie benutzte irrsinnig roten Lippenstift (»Bobbi Brown«, verriet sie mir später.) Zweitens: Sie war saufroh, dass sie einen Grund für eine Pause hatte. Ute erzählte von Freunden und ihrer Arbeit bei Ben&Jerry's und dass sie nach Hannover fahren wollte mit dem Eis und ... Eis nach Hannover?, das klingt wahnsinnig, dachte ich.

»Da können wir ja zusammen fahren.« Schließlich war ich auf dem Weg nach München: derselbe ICE, Gleis 14.

»Das geht leider nicht.« Sie schüttelte den Kopf. »Ich fahre schwarz.«

Okay, dachte ich sprachlos. Sie redete schon weiter, erzählte von Ägypten, vom Fahrradfahren dort, von halal-tauglichem Eis; irgendwann meinte ich, ich müsste nun los. Ticket kaufen und so.

»Alles Gute.«

Ich hatte mich schon umgedreht, als Ute fragte: »Willst du auch mal Eis?«

Seitdem treffen wir uns alle paar Wochen, essen irgendwelchen arabischen Kram zusammen, und sie erzählt davon, dass sie gerade drauf und dran ist, ihren Job, ihre Sozialversicherungen, ihr Leben hier aufzugeben und ein kleines Häuschen in Ägypten baut. Sie zeigt Fotos von schiefen Wänden und Klos, die keine Türen haben. Was sie da eigentlich machen will? DVDs gucken (»Das Omen, alle drei Teile und danach: Die Zürcher Verlobung«), vielleicht ein Buch schreiben, den einzig wahren Milchreisführer durch Ägypten zum Beispiel, ein kleines Taxiunternehmen aufbauen und sich um die Mangoplantage vorm Haus kümmern, für die ihr bis dato aber noch das Geld fehlt.

Ich bewundere Ute. Mut, Tatkraft, Selbstvertrauen bis ins letzte Gramm Körpergewicht. Und sie erzählt irre Geschichten. Zum Beispiel von ihrem ägyptischen Lover, einem Gärtner aus Luxor, Theben West, mit dem sie regelmäßig Telefonsex hat.

Telefonsex ist etwas, was ich schon unter normalen

Umständen nicht so recht verstehe. Und die Umstände von Ute und ihrem ägyptischen Gärtner sind alles andere als normal.

Sie hockt sich dann zu Hause an den Küchentisch, zieht die Eieruhr auf 55 Minuten (eine Nachspielzeit ist hier schon mit einkalkuliert). Das Vodafone »Reiseversprechen« gilt genau für eine Stunde, ab Minute 61 wird es teuer. »Reiseversprechen« ist eine Tarifoption, gemacht für die Anrufe bei den Lieben zu Hause, wenn man seine Woche All-inclusive-Ägypten-Urlaub abfeiert und Muttertagsglückwünsche loswerden oder über den Hotelservice fluchen will. Für Menschen, die zu faul sind, eine Postkarte zu schreiben, und nicht warten können, bis sie wieder zu Hause sind.

Ute ist anders. Sie hat die Prepaid-Karte ihrem Lover nach Ägypten geschickt. Und immer freitags um sieben steckt der ägyptische Gärtner die SIM-Card mit dem Reiseversprechen in sein Handy und wartet auf Ute mit der Eieruhr.

Ihr Arabisch sei zwar lausig, meint Ute, untenrum aber ganz ordentlich. Und wenn sie kommen will, sagt sie ihm, er solle von seiner Zeit als Soldat in Assuan erzählen. Das mache sie richtig heiß.

In unserem WG-Kühlschrank lagern jetzt also, im Fach über den Lachsweibchen, acht Töpfe Ben&Jerry's. Ute stellt sie auf die alte Tür auf den Böcken.

»Das muss jetzt erst mal antauen. Und ich werde dieses Rhabarberdings probieren.«

In meinem Zimmer klingelt das Telefon.

»Lori hat Halsweh. Mandeln und Lymphknoten dick, weiße Beläge.« Es ist Viola. Sie mache gerade noch die

Steuererklärung fertig, was denn der Bewirtungsbeleg »Futuro« über 85 Euro gewesen sein könne. Nächste Woche brauche sie drei Tage zum Arbeiten, ob das gehe. Und übernächste Woche seien zwei Feste, beide außerhalb des Babyfonradius, ob ich noch Babysitterideen habe.

»Ja, klar: drei Tage. Der arme Lori – mit Fieber? – Futuro? Ich glaube, das war ein Abend mit Axel. – Dann Babysitterideen... Eltern? Brüder? Babyfon zum Nachbarn?« Mein Kopf dreht sich ein wenig. »Bis bald«, sage ich. »Ich vermisse dich.« Ich klebe das Telefon zurück hinter die Tür, auf das breite Band Klettverschluss.

Meine Mutter nannte Klettverschluss immer »Ruckzuck«. Keiner außerhalb der Familie hat sie je verstanden. Als kleiner Junge fürchtete ich mich im Schuhladen stets vor dem Moment, in dem meine Mutter die Verkäuferin fragen würde: »Haben Sie auch welche mit Ruckzuck?« Später lernte ich, Schnürsenkel zu Schleifen zu drapieren, und der Klettverschluss verschwand aus meinem Leben.

Mit den eigenen Kindern kam er zurück. Und zwar nicht nur an den Schuhen, sondern überall. Handys und Geldbeutel haben einen Streifen aufgeklebt, Schlüssel, USB-Sticks und Nagelschere hängen an einem Ring, daran ein Klettverschlussstreifen. Es ist unser System, mit dem wir ein wenig Überblick über die Dinge bekommen. Die Gegenklettstreifen hängen im Büro, im WG-Zimmer, am Kinderwagen, an meiner Umhängetasche, am Handschuhfach. Ich habe sogar einen knallroten Gürtel aus Klettverschluss, der aussieht wie eine Bürgermeisterschärpe. In München haben wir Klettstreifen auf verschiedenen Höhen, je nach Altersfreigabe. Ich rupfe einfach ab, was ich brauche. Schluss mit Kramen. Ruckzuck.

»Hast du eigentlich gar kein schlechtes Gewissen?«, fragt die Frau über Eck, während sie gerade Vanilla Caramel Fudge aus dem Topf schält. »Das ist doch unfair. Deine Frau so ganz allein zu lassen.«

Ich mag jetzt kein Eis. Und auch keine Rhabarberfußmatte. Lieber Wein.

»Schlechtes Gewissen«? Das ist doch selbst ein Arschloch. Das schlechte Gewissen ist nicht mehr als eine Art Notfallplan, wenn alles falsch gelaufen ist. Wenn die Moral beleidigt in der Ecke hockt und man die Seele auf Autopilot stellt. Wer aufgegeben hat, aus eigenem Antrieb zu entscheiden, was richtig und was falsch ist, der kann das Ruder dem schlechten Gewissen überlassen. Oder sich darin suhlen und dann – ach, Gottchen – mit dem ach so schlechten Gewissen auch noch leben müssen. Natürlich: Niemand ist gefeit. Trotzdem ärgere ich mich jedes Mal, wenn ich etwas aus schlechtem Gewissen tue. Und ich ärgere mich noch mehr, wenn mir jemand einen Gefallen tut, nicht, weil ich es wert bin, nicht weil unsere Freundschaft oder unsere Liebe es wert ist, sondern aus schlechtem Gewissen. Ich will keine Beziehung, in der Miteinander und Rücksicht vom Diktat des schlechten Gewissens bestimmt werden. Fuck off, schlechtes Gewissen!

Und »unfair«? Ja, unfair ist es. Aber das ist doch alles. Da brauche ich gar nicht wegzugehen. Wenn Viola mit sechs Kindern beim Bäcker ist und eins heult, weil es keinen Krapfen bekommt, dann heißt es: »Die hat ihre Kinder nicht im Griff. Selber schuld. Warum hat sie auch so viele? Besser aufpassen.«

Wenn ich mit denselben sechs Kindern bei demselben Bäcker stehe und irgendeines der Kinder seine Butterbrezel an die Glasvitrine schmiert, weil ich gerade ein anderes davon abhalte, die Marmeladenauslage abzuräumen, dann heißt es: »Wirklich toll, wie der sich bemüht. Endlich mal ein Vater, der sich engagiert, der sich einbringt. – Und das sind wirklich alles Ihre Kinder? Ich finde das ja super.«

Und »allein«? Ja, natürlich. Auch da hat sie recht. Allein. Und nie Pause. Allein mit sechs Kindern ins Schwimmbad, zum Zahnarzt, in die Schultheaterpremiere. Immer on. Immer auf dem Grat des irgendwie gerade noch Zumutbaren. Für drei Wochen Italienurlaub packen?

»Das müsstest du allein machen. Ich komme dann direkt aus Hamburg, mit dem Flieger: Handgepäck.«

Alles, was gemacht werden muss, muss sie organisieren. Und niemand ist da, der etwas einfach so macht, nebenbei. »Das habe ich schon mal vorbereitet«, gibt es eben nur in Kochshows. Es ist nicht mal einer da, den man anraunzen kann, wenn mal was schiefläuft.

Unsere Familie funktioniert in Systemen, die keine Fehler vertragen, die auf Anschlag geplant sind, ohne Puffer. Brenzlig wird es, wenn die Routine aus dem Tritt kommt, wenn der Alltag nicht pariert. Das können dann ganz kleine Sachen sein: ein Kind, das mit Scharlach im Bett liegt; zwei Kindergeburtstagsfeste, die zur gleichen Uhrzeit enden; ein Wocheneinkauf vorm kaputten Aufzug; allein mit sechs Kindern im Nachmittagschaos, und das Telefon klingelt.

»Mach dir bloß keine Umstände«, sagt die Urgroßmutter. »Ich bring Kuchen mit. Bis gleich. Ich freue mich.«

Und da gibt es die anderen Situationen, in denen das Alleinsein einem hochkommt wie Magensäure.

Wir hatten gerade mal drei Kinder. U-Bahn-Haltestelle Innsbrucker Ring. Vorne zwei Mädchen, vier und zweieinhalb Jahre alt, händehaltend; dahinter der Kinderwagen mit noch einem Mädchen, dahinter Viola.

»Ihr setzt euch bitte sofort hin!«, ruft Viola nach vorne, während sie die Hinterräder des Kinderwagens in die U-Bahn bugsiert. Genau in dem Moment schließen die Türen und schlagen ihr gegen die Handgelenke. Reflexartig zieht Viola ihre Arme zurück, lässt den Kinderwagen los. Die Türen schließen sich. Drinnen: drei Kinder, zwei sitzend, eins im Kinderwagen. Draußen Viola, die sich ganz sicher ist, dass die Tür-Automatik gleich wieder aufgeht. Das ist doch heutzutage alles videoüberwacht. Sie drückt, sie winkt in Richtung Fahrerhäuschen, fast gelassen.

Das Nächste, was sie hört, ist dieser komisch hohe Ton, den die anfahrende U-Bahn verursacht. Sie trommelt gegen die abfahrende Bahn. Sie steht da. Allein.

Und als ob das alles nicht genug wäre, gibt es da ja auch noch das Alleinsein als Paar. Eltern sind grundsätzlich gefährdet, sich selbst zu übersehen, in der Familie unterzugehen, sich einzugraben in Organisation, Kinderterminen, Verwandtschaftsverpflichtungen. Regelmäßig fahren wir dann hoch aus rastloser Betriebsamkeit.

»Und wir? Wo bleiben wir?« Dann kämpfen wir um Inseln für unser Leben, allein zu zweit. Raus aus der Routine und Kinder abstoßen. Wer dafür eine Rechtfertigung braucht: Nur glückliche Eltern sind gute Eltern.

Die Abende nach acht gehören uns, immer mal wieder eine kleine Bergtour – allein, zu zweit. Und neulich waren wir zwei volle Wochen in New York. New York – wir waren total beeindruckt. Von der Stadt, klar – aber auch von unserer Fähigkeit, planlos in den Tag zu stolpern. Elf Jahre Großfamilienmanagement sind nahezu schadlos an uns vorbeigezogen. Nichts verlernt. Das ging schon am Münchner Flughafen los mit dem falschen ESTA-Formular und zog sich hin über Tage voller Faulheit, Müßiggang und Fehlplanung auf dem Rad durch New York bis zum letzten Tag, an dem wir abgeklärt und routiniert – wir kannten das U-Bahn-System nun wirklich in- und auswendig – in die Bahn stiegen. Zum falschen Flughafen.

Die Kinder hatten wir mit meinen Eltern in unseren Bus gepackt, das Navi auf Toskana programmiert, zu den Schwiegereltern: den Betreuungsschlüssel verbessern.

New York, East Village, zweiter Morgen unserer Reise, Frühstück mit dem Freund einer Freundin, den wir noch nie gesehen hatten. Den müssten wir unbedingt treffen, meinte sie. Und fahrlässig, wie wir nun mal sind, hatten wir keine Rücksicht genommen auf Tagesstimmung und schon vorab etwas vereinbart. Kurz bevor wir ihn begrüßen konnten – es fehlten noch 15 Meter – läutete mein Handy. Italien. Meine Mutter.

»Hallo New York.«

»Du, es ist gerade ein wenig ungünstig.« Ich nickte dem Freund zu, versuchte zu grinsen, deutete mit der freien Hand auf das Telefon. Gleich, ja gleich.

»Also, wir haben jetzt doch einen Gips an das Bein machen lassen.«

Viola begrüßte den Typen. Fragte mit Gesten, ob sie schon mal reingehen sollten.

»Wie? Welcher Gips? Welches Bein?«
»Ja, Camilla eben.«
»Wie ›Camilla eben‹?«
»Ja, die im Krankenhaus hier meinen, dass es eben doch gebrochen sei.«
Ich hörte noch das Wort »Baum«, dann riss die Verbindung ab. Und wir waren wieder allein. Mit Frühstück und dem Freund der Freundin.

Ich schaue die Frau über Eck an, nehme einen tiefen Schluck. Damals am Innsbrucker Ring ging alles noch mal gut. Oma war nämlich dabei und Oma ist als Erste in die U-Bahn eingestiegen, ist mit abgefahren. Viola hat den Vorgang trotzdem der Münchner Verkehrs Gesellschaft geschildert und um Stellungnahme gebeten. Nach gut zwei Wochen kam eine Antwort: Der Fahrer habe sich korrekt verhalten, werde aber »darauf hingewiesen, den Dienst künftig kundenorientierter zu verrichten.... Wir möchten Ihnen auch empfehlen, den Kinderwagen nicht loszulassen...« Kein Wort der Entschuldigung. Nur die Ermahnung, dass der Aufforderung »Bitte zurückbleiben« unbedingt Folge geleistet werden müsse.

Also wirklich die Frau allein lassen? Für dieses merkwürdige Hamburger Leben? Hier fahre ich ohne Fahrradsitz durch die Stadt, ohne Notbanane in der Tasche, ohne verräterische Kinder-Speichel-Rotzspuren auf der Schulter. Hier rammt kein Bobbycar Sonntagfrüh um sechs mein Bett. Hier wache ich irgendwann auf mit Kater. Im Kopf, in den Beinen, in den Schultern. Von den Drinks, vom Tanzen, vom ungesunden Leben. Hier bin ich ein ganz normaler Thirty-something auf der Suche nach Spaß, Hirn und Sinn. Ich bin Halbtags-Single, und auch das arbeite ich verblockt ab.

Die Familie fährt währenddessen auf Sparflamme: telefonieren, immer mal wieder ein Brief. Zwei-, dreimal haben wir es auch mit Skypen probiert. Da habe ich den Laptop durch die Wohnung getragen, den Kindern gezeigt, was ich gerade koche, was für ein Chaos bei mir im Zimmer herrscht, welche Kinder im Hof schaukeln. Die zwei Kleinen haben das aber nicht so recht kapiert und dann in München alle Zimmer nach mir abgesucht. Also lieber wieder warten, Funkstille.

Noch ein Schluck, ich schaue der Frau über Eck gerade in die Augen. Sie ist aufgebracht. Ich habe sie aus der Reserve geschwiegen.

»Entschuldige, wenn ich ein wenig ruppig bin, aber: Lebst du in Wahrheit nicht auf Kosten deiner Frau?«

Auf Kosten meiner Frau?

»*Ihr* mache ich sechs Kinder und *mir* ein schönes Leben? Meinst du das? Hier Tanzen, da Familienidylle. Von allem ein bisschen und immer nur die Rosinen?«

»Schon irgendwie«, sagt die Frau über Eck. »Und deine Frau stellst du in den Regen.«

Ich blase die Backen auf, nicke ein wenig vor mich hin. Eckige, unabgefangene Bewegungen. Wie ein besoffenes Huhn, das Körner aus der Luft lesen will, picke ich in die Abendgesellschaft hinein, jede Silbe ein Kopfnicken: IN – DEN – RE – GEN.

Ich könnte jetzt Vorteile einer Großfamilienfernbeziehung aufzählen. Ich könnte davon erzählen, wie toll das alles ist. Davon, länger arbeiten zu können, ohne das mulmige Gefühl, eigentlich schon längst woanders sein zu sollen und zu wollen. Davon, keinen Büro-Stress mit nach Hause zu bringen, weil der sich irgendwo zwischen Harburg und Ingolstadt in der ICE-Air-Condition verfängt. Und dann bin ich da, ein Blankomann, ohne Programm: zwei Wochen München.

Denn zwei Wochen Hamburg ist für mich auch die Chance, Arbeit zu beschränken, mal weniger arbeiten zu können; die Arbeit nicht so übergriffig werden zu lassen. Wie viel Vaterchance hat man denn sonst so? Wer voll arbeitet, ist eben auch voll weg. Da ist es schon fast egal, wo man wohnt: Ich wäre kaum vor acht zu Hause, käme sogar zu spät für die Gutenachtgeschichte.

Ich könnte davon erzählen, dass manchmal das, was auf den ersten Blick alles so viel komplizierter macht, eben auch eine Entlastung sein kann. Manchmal ist es wirklich einfacher, wenn der andere weg ist und man allein verantwortlich ist und ein eigenes System entwickeln kann. Dass es manchmal entlastend ist, wenn da niemand ist, mit dem du dich abstimmen musst; niemand da ist, der die Windelcreme woandershin legt, genau da, wo man sie nie findet; bei dem die Kinder andere Sachen dürfen als bei dir. Dass es manchmal einfacher ist, wenn gar nicht erst zur Debatte steht, ob sich vielleicht nicht auch der andere darum kümmern könnte: das Kind trösten, zum Alpenverein bringen, nachts aufstehen, die Hausaufgaben kontrollieren, vom Kindergarten abholen. Und selbst für den Fall, dass etwas nicht geschieht, dass etwas schiefläuft, kann das einfacher sein. Denn dann ist ganz klar, wer daran Schuld ist: der Andere, weil der verflucht nochmal nicht da ist, nie da ist.

Ich zumindest empfinde das so. Wenn Viola ein paar Tage ganz weg ist, ist das natürlich sehr anstrengend und trotzdem auch sehr befriedigend. Und wunderschön, wenn sie wiederkommt.

Ich könnte vom Sehnsuchtsstau schwärmen, davon, dass Beziehungen doch Amplituden brauchen, Ausschlag, Wellenbewegungen. Davon, dass es nichts Schrecklicheres gibt als so einen Abfahrtssonntag, an dem ich zwar noch da bin, aber mit dem Kopf schon weg: noch mehr als eine ganze 2-Wochen-Hamburg-Periode vor mir. Und davon, dass es nichts Schöneres gibt als die letzten paar Meter in München bis zur Haustür. Freitagnacht, der Rollkoffer dröhnt auf dem Asphalt: Startbahn in den Himmel.

Die Frau über Eck holt schon wieder Luft. Ich schenke noch mal Wein ins Glas, einen winzigen Schluck: für den Kampf.

»Und Rosinenpicker? Was sagst du? Warum machst du das? Warum lässt du Frau und Kinder zu Hause und haust ab nach Hamburg?«

»Weil es einfach so ist. Punkt. Lebenskonzepte werden nun mal nicht einfach gefeuert, sondern immer nur ersetzt.«

»Was soll das heißen?«

Ich nehme noch mal einen Schluck, dann sage ich: »Das Karma ist kein Girokonto.« Ich bin ein wenig zu laut, murmele leise dazu, dass es im richtigen Leben eben keine Cash-Group gebe, keine Festgeldzinsen, keine Bausparverträge. »Man kann nicht einfach hier ein bisschen scheiße sein und das durch Tollsein dort wieder ausgleichen. Einbuchen, ausbuchen, auf den Zinsen hocken – das funktioniert nicht.«

Die Frau über Eck schnaubt, dann grinst sie.

»Warum bist du jetzt, in diesem Moment nicht gerade in München?«

»Wrong but strong.«

Sie lacht. Immerhin: sie lacht.

Später in der Nacht sitze ich noch ein wenig an den Böcken. Alle waren irgendwie verschwunden, durch die Haustür, hinter die Zimmertüren, sogar die Rhabarberfußmatte war weggegangen – nur ich sitze noch an der quergelegten Tür auf Tapezierböcken in meinem unbewohnten Leben.

Ich spüre es: Hannibal naht, er wird bald wieder auftreten. Sich aufblasen, die letzte Chance verkünden, von irgendwas. Alleinsein? Siebtes Kind? Russland?

»Lass ihn doch stampfen«, sagt Patachon. »Hauptsache nicht normal!«, und schwimmt zufrieden in meinem weinvollen Kopf.

In ein paar Stunden, um 6.30 Uhr wird in München das Internetradio Alarm schlagen: Rai Due, die Nachrichten. Aufstehen. Um 7.23 Uhr wird das Telefon klingeln – so wie programmiert – und die Schulkinder zum Bus schicken. Um 8.30 Uhr schließen sich im Kindergarten die Türen der Regenbogengruppe. Weit weg. Alles ganz weit weg.

Ich schenke mir noch ein Glas ein, stochere in die Salatreste vom Vorvortag, den die Kinder mal wieder nicht aufessen wollten. Bis ich auf etwas Hartes beiße: Es ist eine von Jims Mörmeln.

Inhalt

München
wo die Salami überm Ehebett hängt, Eltern zu Toreros werden
und Entenform-Eiswürfel im Gin schwimmen
7

Florenz
wo ich dank eines Schwiegermuttertricks, Rehschlegel und der
Tochter vom Polizeikommandanten zum Italiener werde
36

Edinburgh
wo es Heroin im Krankenhaus gibt, Schokoriegel frittiert
werden und man mit Bastkörbchen Leberkranke rettet
111

Tel Aviv
wo mir Yorkshire-Terrier-Momente, Uli-Hoeneß-Bub und
Ajami-Araber kräftig einheizen
181

Hamburg
wo ich zwischen Sex-Persilschein, Lachsweibchen und
schlechtem Gewissen rangiere
250